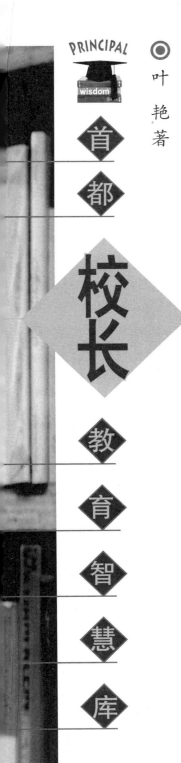

PRINCIPAL
wisdom

◉ 叶 艳 著

首都

校长

教育智慧库

U0639979

长教育

北京日报 报业集团

◎同心出版社

图书在版编目（ＣＩＰ）数据

扬长教育 / 叶艳编著. -- 北京：同心出版社，
2014.8
ISBN 978-7-5477-1188-0

Ⅰ．①扬… Ⅱ．①叶… Ⅲ．①小学教育－研究 Ⅳ.
①G62

中国版本图书馆 CIP 数据核字(2014)第 151639 号

扬长教育

出版发行：同心出版社
地　　址：北京市东城区东单三条 8-16 号　东方广场东配楼四层
邮　　编：100005
电　　话：发行部：（010）65255876
　　　　　　总编室：（010）65252135-8043
网　　址： www.beijingtongxin.com
印　　刷：山东旺源印刷包装有限公司
经　　销：各地新华书店
版　　次：2014 年 10 月第 1 版
　　　　　　2020 年 1 月第 2 次印刷
开　　本：787 毫米×1092 毫米　　1/16
印　　张：17
字　　数：217 千字
定　　价：48.00元

《首都校长教育智慧库》编委会

《首都校长教育智慧库》发起校长 （按姓氏笔画排列）

王　时　北京市第二十七中学校长

王　阔　北京市顺义区西辛教育集团校长

齐振军　北京市朝阳师范学校附属小学校长

刘卫红　北京小学通州分校校长

刘向东　北京市顺义区木林中心小学校长

刘显洋　北京小学丰台万年花城分校校长

兰永平　北京市昌平区第四中学校长

闫　伟　北京市海淀区永泰小学校长

纪世铭　北京钢铁学院附属中学校长

沙晓燕　北京市房山区良乡中心小学校长

李文凤　北京市史家小学通州分校校长

张兆宏　北京市通州区运河小学校长

张桂明　北京市大兴区团河小学校长

张富国　北京市第二实验小学大兴实验学校校长

吴晓波　北京市延庆县第一小学校长

杨　东　北京市通州区梨园镇中心小学校长

郝素梅　北京市大兴区黄村镇第一中心小学校长

段兰华　北京市丰台区实验小学校长

尉小珑　北京市西城外国语学校校长

高　淳　北京市东城区校尉小学校长

彭　藐　北京市东城区和平里第一小学校长

廖文胜　北京市光明小学校长

《首都校长教育智慧库》支持发起媒体

《北京日报》专刊部

《当代家庭教育报》

同心出版社

总　序

智慧塑造教育品质　责任彰显生命精彩

　　校长的教育智慧是校长学习、思考、反思、感悟的内化凝炼。它直接影响着一个学校教育品质的形成，同时也是校长开展好教育及学校各项教育教学工作的内在力量源泉。一直关注、关心首都教育并一直支持着《首都校长教育智慧库》组编工作的陶西平老师曾说，校长要静心思考教育，一方面，校长间要交流，通过交流，产生碰撞，促进思考；另一方面要加强反思，通过反思，系统梳理，提升思考。

　　近几年，在首都校长间流行着一种"微沙龙"，不同区县的校长，少则三五人，多则八九人，不定期相聚在一起，交流观点，互陈心得，倾心探讨，颇有收益。这其中，有教育智慧的碰撞，也有对学校管理工作的精辟见解，更有对解决教育中现实问题的真知灼见。言谈间展现了作为一名校长的责任感，展示了对促进教育发展的执着追求。参与微沙龙聚会的各位校长认为，这种"微沙龙"是促进校长成长的一个途径。校长们觉得，如果这些碰撞出的校长智慧能够留住，惠及更多的校长，会更有意义。于是汇编"校长智慧文库"的动议便呼之欲出。

　　这一动议很快得到了一些校长的积极反馈。段兰华、刘显洋、郝素梅、尉小珑、张兆宏、齐振军校长从不同角度提出了"智慧库"的整体构思，建议将文库的系列图书定名为《首都校长教育智慧库》。联合更多的校长参与，本着自发、自愿的原则，共同围绕落实"教育纲要"、践行"北京精神"做件实事，从成长、发展、创新的角度展示首都校长的智慧风采。

　　在2011年仲秋和2012年初冬，全程参与策划的李江先生分别与刘显洋校长、彭貌校长邀请北京市不同区县的17名中小学校长，在北京小学丰台万年花城分校和北京市东城区和平里第一小学召开了《首都校长教育智慧库》策划商讨会。刘显洋校长、彭貌校长作为东道主分别主持了商讨会。

　　会上，校长们就《首都校长教育智慧库》的编辑工作进行了充分讨论，大家一致认为：编辑《首都校长教育智慧库》是展示首都教育的平台，是首都校长思想智慧交流的平台，是促进校长专业发展的平台，有利于促进校长静心深入思考教育，梳理教育思想，总结办学思路，对落实《国家中长期教育改革和发展规划纲要》，促进首都教育的均衡发展、提升首都教育综合水平有着重要意义，还能够有效地树立首都北京的文化创新形象，也是校长心系学生发展、心系首都教育、

心系纲要落实的具体创新行动。

会上，校长们就《首都校长教育智慧库》的组稿工作进行了充分讨论，确定了组织、内容、编辑等工作思路：

根据尉小珑校长的建议，将组织参编《首都校长教育智慧库》的过程，定位为"校长调动思想内存，全方位思考教育，服务教育的提升过程"。将校长多年以来对教育思考、实践进行梳理和总结。

根据齐振军校长"挖掘校长智慧"、"校长要自觉、自愿"的建议，将"热爱教育、善于思考，具有创新发展意识，重视学生成长、可持续发展"作为"入库"校长的基本条件。校长自发参与，更能体现校长对教育的热爱，更能体现校长的责任意识。

根据刘显洋校长"要体现首都特质"的建议，确定了"面向全市，定向邀请，自愿参与"的组稿原则，"入库"校长涵盖北京市16个区县，各区"入库"校长能体现本区的高水平，"全库"校长能体现首都教育的水平，最终要体现首都校长们的思考的智慧。

根据李文凤、张兆宏、张桂明、杨东、刘显洋、闫伟等校长建议，确定了书稿内容要求。即全书内容要突出"四性"：独特性、实践性、实用性、前瞻性；具体内容要突出"三鲜"：鲜活、鲜明、鲜实；观点、案例要立足"二本"：本校、本人；所有内容围绕"一心"：促进教育发展为中心，体现校长的最高教育智慧。

根据郝素梅校长的"要严格保证科学性"、"要把好审读关"的建议，确定了"先读后编"原则。即所有稿件先由二位以上校长作"第一读者"，之后再进入编辑程序。把编辑过程当作交流、提升的过程。进一步完善了编辑思路。会后，根据推荐和自荐的原则组成了以现任校长为主体的《首都校长教育智慧库》编辑委员会。

编委会就相关出版事宜与同心出版社进行了沟通，得到了出版社的赞赏和支持，专门成立了编辑组，并将《首都校长教育智慧库》列为同心出版社重点图书选题，根据出版社建议，郝素梅、李文凤、刘显洋校长撰写推荐函，推荐申报北京市重点图书选题。

《首都校长教育智慧库》的起点，源于首都校长的智慧；《首都校长教育智慧库》构思的完善，受益于首都校长的智慧；《首都校长教育智慧库》的出版，体现的是校长教育智慧的升华。将会展现首都更多校长的智慧和他们心系学生成长，献身教育事业的风采。

真诚地期望《首都校长教育智慧库》能为首都教育的发展出点力，能对广大校长朋友的专业成长有所帮助。

《首都校长教育智慧库》编委会

2012年5月

自 序

　　每个学生都有自己的天性和禀赋，每所学校都有自己鲜明的文化与品质，在义务教育阶段，没有最佳或标准化的育人模式，对不同区域不同学校的每一个学生来说，只有最适合的教育。

　　正因为如此，每一个教育工作者都有自己的不同的教育梦想，可谓异彩纷呈，百花齐放。虽然各具特色，因人而异，但都基于对教育的深刻理解：教育传递人间大爱，教育传承人类文明；教育为未来奠基，服务学生的长远可持续发展。

　　文明的传承是通过人的成长、人的发展、人的完善来实现的。由于义务教育阶段小学生的心理认知特点所决定，在这个过程中，做好小学教育工作，充分把握这一育人关键期就显得尤为重要。作为一名小学教育工作者，一个校长，从自身和学生的实际出发寻求"适合教育"，是对教育的担当和育人智慧的具体表现。

　　所有这些表现可大体分为两大类。一类是工业型，设定一个"合格"的标准，在承认优势的前提下，像流水线一样，让学生的"不足"与"标准"靠齐，主张"合格的全面"和"全面的合格"，在"合格"上实现优秀，其核心观点是"要更多的责任担当和育人智慧"、丰富多彩的"育人思路"、"学校特色"、"教育模式"等，都是"不同标准"主导，强调"培养"。另一类是农业型，认为学生是一粒"种子"，教育是培土、浇水、阳光，让"种子"发芽，成长，果实累累，突出"个性"发展，激发潜能，自我完善，强调"个性绽放"、"因材施教"。

　　我认同"工业"的标准，但更欣赏"农业"的个性。教育不能让每一名学生都成为科学家，也不是每一名学生都愿意或都适合成为科学家。教育就是成其所是，是胡杨就让它参天，是花朵就让它绽放。

　　北京市石景山区实验小学的"扬长教育"是"农业"的。它承认学生差异，尊重学生个性，欣赏学生长项。

　　扬长是一种欣赏的心态，它引领发现和挖掘师生自身的积极因素和独特优

势，注重师生自信品质的培养，让每个人在扬长中成就自己。

扬长是一种关爱氛围，它从人的禀赋和个性出发，以"差异化追求，品质化提升，特色化发展"为策略，强调扬长而非补短，使每一位师生的个性得以张扬，特长得以发展。

扬长是一种正能量场，以"长善救失，格物致知"为核心价值观，以长促长，以长促全，让学生全面发展，让学校有质量、有特色、有品质、有文化。

扬长更是一种服务成长文化，扬学生个性之长，真心地爱护每一个孩子，公平地为每一个孩子的成长创设机会，真诚地欣赏每一个孩子的长处与进步，使每一个孩子在关爱、赞美和欣赏中度过美好的童年。

每一个学生都是一片不同但独具美丽的叶子。扬长教育就是欣赏这种美丽，尊重这种多彩，相信每一片叶子都有一个多彩的梦想，相信每一个孩子都能有一个多彩的未来。

给孩子自信，给孩子一个多彩的未来，是我们十几年如一日探寻思考扬长教育的内在动力。

以此为序。感谢石景山区实验小学全体教师干部和我携手同行，为孩子成长、为学校发展所做的一切，一切。

叶 艳

2014年7月

目 录

第一章 扬长教育引领学校

　　扬长教育是一种个性教育，是一种学校教育和学生发展的策略，是一种教育质量观，它从人的禀赋和个性出发，引导师生发现和挖掘自身的积极因素和独特优势，以扬长促进师生的和谐发展，以扬长促进师生探索创新，从而培养人自信的品质，让每个人在扬长中走向成功。

　　北京市石景山区实验小学的扬长教育以"差异化追求，品质化提升，特色化发展"为学校发展战略，以"长善救失，格物致知"为核心价值观，引领学校成为一所有质量、有特色、有文化、有品质的学校，让每一位师生的个性得到张扬，特长得到发展。

第一节 扬长教育的基础建构

一、扬长教育的哲学思考

北京市石景山区实验小学（以下简称实验小学）是北京市小学规范化建设工程的样本校。

新一轮的课程改革强调"以学生为本"。"为了每一位学生的发展"是新课程的核心理念，其抓住了推进素质教育的核心问题和关键环节，重新定位课程功能，重新构建课程结构，重新设置课程内容，为新世纪基础教育发展注入了新的活力。新一轮课程改革为基础教育发展，也为实验小学的进一步发展注入了新的活力。学校要把提高人才培养质量放在突出地位，大力推进素质教育，培养学生的创新精神与实践能力。

为此，我们把教育的理想与信念，同实验小学的发展现状有机结合，坚持以学校文化建设引领学校发展，提出了"在继承发展的基础上，尊重个体，张扬个性，追求卓越"的教育信念，结合世界教育的大趋势和学校发展实际建构了实验小学"塑造实验精神，提升学校品位，为提高学生的综合素质、教师专业素养营造良好的文化氛围"的学校总体发展框架。确立了"扬长教育"办学理念。提出了"培养具有'自信、求索、创新'品质的英才少年"的育人目标。创建了以服务为中心的实验小学扬长教育生态管理系统和实验小学扬长教育生态成长系统，营造"人"可持续发展的生态环境。

实验小学全体教职员工从信念出发，以学习理论，转变观念，提升认识为先导，以课程改革，模式创新，减负提质为动力，以张扬个性，自主发展，培育英才为重点，全面实施"七大经营"策略：凝心聚力的凝聚工程、高端领军的人才工程、研训一体的质量工程、培育英才的育人工程、身心健全的健康工程、服务为尚的信息工程、绿色生态的优化工程。全面实施素质教育，全面提升学校办学品质。

校长是学校之魂。这种旗帜的地位和作用，决定了校长首先是教育思想的领

导，其次才是行政管理的领导。而学校"扬长教育"办学理念的形成，首先是校长基于"办什么样的学校？怎么办？""培养什么样的人？怎么培养？"的哲学思考。

思考一：办什么样的学校？怎么办？

一所学校教育是否能够得到社会的认可，家长的满意，是衡量学校是否可持续发展的重要标准之一。我们既要按照国家的教育方针去办学，又要结合学生的个性特点和发展实际去办学，还要满足社会对人才培养的需要去办学。实验小学提出了："以朝气蓬勃的热情，团结拼搏的精神，克难攻坚的勇气，锐意进取的作风，全力营造'和谐向上的校风、严谨扎实的教风、健康活泼的学风'倾心打造'人民满意的学校'的发展目标"。

通过问卷调研，数据分析，梳理规范化建设五年成果，在全校师生反复讨论的基础上，大家达成了共识，大家一致认为：要把实验小学办成一所"人民满意的五有学校"。

一是办一所有思想的学校。校长要根据现代教育理念，从学校实际出发，引导全体教职工统一认识，确定学校校本化的办学思想。实验小学在以往办学中学校以严谨、扎实的治学风格，教师以勤奋、敬业的工作态度，学生以全面、优异的学业成绩赢得了社会广泛认可。如何实现学校的新发展？实现师生的可持续发展？结合学校自身发展的优劣，我们提出了"扬长促全，让每个生命都精彩"的办学宗旨。

二是办一所有质量的学校。学校要生存，必须要有良好的教育教学质量，学校要发展，仍需要良好的教育教学质量做保障，学校产生良好的社会效应，还是要有质量。质量是学校生存和发展的基础。我们要将学校的办学质量作为学校发展永恒不变的主题。

三是办一所有品质的学校。教育的目的在于立德树人，在于涵养气质，培养具有高贵品质的人。实验小学确立了坚持"高起点规划，高品位提升，高质量管理，高效益发展"的办学思路，以"人的和谐发展"为核心，通过"以长补短，以长促长，以长促全"的教育方法，在管理与教育教学实践中，遵循"差异性与可塑性"的原则，构建学校"扬长"文化。

四是办一所有特色的学校。特色是一所学校的校园文化多年积淀的结果，有什么样的校园文化就有什么样的学校特色。我们从人的发展需要出发，尊重人的差异性与可塑性，提出了"学生自主管理，自我教育，自主发展"的育人思路，以学生的自主选择、主动参与、自主管理为前提，结合我校"扬长教育"办学理念挖掘学校的教育优势，开展激发学生的自主意识，尊重学生的主体地位，努力创设学生自主发展的育人环境，创设利于学生自主管理的学校文化。

五是办一所有文化的学校。常言道：三流学校的管理靠校长，二流学校的管理靠制度，一流学校的管理靠文化。学校文化是学校的核心竞争力。学校结合"扬长教育"的办学理念，努力构建人文生态的文化环境。即：扬学校管理之长，扬教师专业之长，扬学生个性之长，扬家校协作之长。

思考二：培养什么样的人？怎么培养？

"培养什么样的人"问题，是一切学校教育改革的出发点和归宿点。我国的教育方针是把受教育者培养成为德、智、体、美全面发展的社会主义事业的建设者和接班人。这就要求我们必须全面贯彻党的教育方针，必须坚持以人为本，全面实施素质教育，根据社会发展的特点规划教育改革，并考虑到21世纪对人才提出的要求，将跨世纪新型人才的素质要求作为思考教育改革的突破口，实验小学将学校育人目标确立为"培养具有'自信、求索、创新'品质的英才少年"。重点是尊重生命、尊重规律、尊重差异、面向全体，促进学生全面发展，着力提高学生服务国家、服务人民的社会责任感、勇于探索的创新精神、善于解决问题的实践能力和乐于接纳多元文化的国际视野，引导学生形成正确的世界观、人生观、价值观，坚定学生对中国共产党领导、社会主义制度的信念和信心。

扬长教育理念的提出

扬长教育理念的提出，经过了一个认识和思考的过程。随着学校的不断发展壮大，办学质量的不断提升，实验小学学生的学业成绩和专长发展得到了社会的广泛认可。与此同时我们也清醒地发现这样一个问题：以学业成绩一把尺子衡量学生的现象比较严重，唯分数论。学校以学生的学业成绩去衡量老师的功与过，家长以孩子的学业成绩评价学校的优劣。在这种评价方式中，不仅加重学生负担，而且使学生没有自信。大家觉得这种评价方式制约师生的发展。于是，学校在反复讨论的基础上，借鉴多种教育理论和教育经验提出了"扬长教育"办学理念。

一是多元智能理论。多元智能理论由哈佛大学认知心理学家霍华德·加德纳于20世纪80年代提出，他提出每个人都拥有八种主要智能：语言智能、逻辑——数理智能、空间智能、运动智能、音乐智能、人际交往智能、内省智能、自然观察智能。后来加德纳又补充了一个存在智能。加德纳提出每一个体的智能

都各具特点，并受环境和教育的影响与制约。其本质在于智能是由同样重要的多种能力而不是一两种核心能力构成，各种能力是多维、相互独立地表现出来，而不是以整合的方式表现出来。

根据加德纳的理论，学校在发展学生各方面智能的同时，必须留意每个学生都有相对优势的智能领域，学校要注意发现学生的优势智能领域，并加以挖掘，使其优势智能得到最大化发展，提高学生的自尊心、自信心。同时，教师应该在充分认识、肯定和欣赏学生优势智能的基础上，鼓励和帮助学生将其迁移到其他智能或弱势智能中去，从而使其弱势智能尽可能得到最大化的发展。需要注意的是，当学生未能在其他方面追上进度时，也不要让学生因此而受到责罚。

每个孩子各有优劣，有的孩子学业成绩不是很理想，但是他的运动技能特别棒，有的孩子艺术技能特别好，有的孩子观察力和空间想象力特别好。如果仅仅用学业成绩衡量他，有的孩子的优势就会被抹杀掉。所以，教师要善于发现隐藏在学生身上的优势，帮助学生挖掘自身潜能，采用多种方法，使其潜能得到最大的发挥。

二是"数子十过，不如奖子一长"。我国清代著名教育家颜元曾经提出："数子十过，不如奖子一长。"意思是数落孩子十个错误，不如表扬、奖励孩子的一个长处、优点或进步，教育效果更好。这句话强调了表扬的重要性。正确的表扬符合人的身心发展规律，故而应用极其广泛。每个人都渴望得到肯定，每个人都有自尊心，满足人类普遍需求，实现人性深处的渴望，最好的方式就是表扬和赞许。尤其是孩子，心智尚不成熟，生性敏感而脆弱，采用批评要慎之又慎。

俗话说：寸有所长，尺有所短。世上没有一个十全十美的人，同样，也没有一个一无是处的人。对于优等生，我们很容易就可以列举出他们的优点，很容易就可以奖其所"长"。而对于学困生，我们往往在其名目繁多的缺点下看不到其闪光点，犹如金子被一层厚厚的沙砾所覆盖着。教师经常会碰到基础不好的学生，他们自己都会感觉学习很吃力，甚至有要放弃的念头，如果在这个时候教师还是过多地指责、埋怨、批评，往往可能导致他们真正开始放弃学习。但如果抓住时机，积极地去寻找他们的闪光点，及时地进行鼓励，公开、大声地表扬，或许，你的赞扬会重新点燃他们的希望之火。

三是鲸鱼哲学。鲸鱼哲学源于美国的一位女演讲学家肯·布兰佳写的一本书《鲸鱼哲学》。鲸鱼哲学强调的是永远关注和强化正向的东西，要发现别人做的正确的事情。"你越去注意某一个行为，这个行为越有可能被重复。"注意力就像阳光一样，你注意什么，什么就会成长，你忽视什么，什么就会枯萎。给我们的启示是要表扬学生做得正确的事情，表扬学生的进步，相信表扬的力量。

四是马斯洛的心理需要理论。心理学家在研究许多科学家、政治家、社会学家等杰出人物的创造活动中指出：自我实现就是要做出创造性贡献，只有这样才能达到一个更加完善，更加充实的自我。每个人的天赋不同，素质不同，所长不同，重视特长发展，才能把每个人的闪光点放大、升华，实现最优发展。其实，每个人都可以在某一个方面胜过别人，都能在特长方面拥有优秀成绩。

基于以上的思考，在广泛征求师生意见和专家建议的基础上，实验小学提出了"扬长教育"办学理念。

二、扬长教育的理念凝练

如何以"扬长教育"理念引领学校发展成为人民满意的"五有"学校呢？我们在全校范围内开展建议征集活动，我们召开教师座谈会，下发学生、家长问卷，对搜集上来的数据进行整理和剖析，同时对学校近年来的办学基础进行了全面的分析。

分析一：学校办学优势

多年来，学校在"尊重，赏识，探索，创新"的校训引领下，坚持走文化强校之路，学校教育教学质量稳步提高，师生持续多元发展，学校办学特色不断彰显，赢得了社会广泛认可，学校发展迅速，由小区配套学校发展成为区域优质学校。

其一，学校办学思想正确

近年来，学校秉持"在继承发展的基础上，尊重个体，张扬个性，追求卓越"的教育信念，以"扬长教育"为办学理念，以"培养具有'自信、求索、创新'品质的英才少年"为育人目标，以"实验乐土，自信家园"为办学目标，以"塑造实验精神，提升学校品位，为提高学生的综合素质、教师专业素养营造良好的文化氛围"为经营框架，实施"五有"策略，恪守教育理念，实现理念引领；严把质量关口，实现优质取胜；规范策划机制，实现文化驱动；推进课程建设，实现品质提升；彰显办学特色，实现品牌带动；获得社会认可，实现持续发展。全面推进素质教育，全面提升学校的综合实力，实现学校的可持续发展。同时，学校注重与港台及国际交流，与德、日、韩学校建立友谊校，接收港澳台地区和韩国、美国学生来校学习，教师赴英、美、澳、日、韩、新西兰教育考察和

培训，拓展国际视野，增进国际间交流。目前学校已构建了"扬教师专业之长——扬长教育生态管理系统"和"扬学生个性之长——扬长教育生态成长系统"，形成了适合于师生可持续发展的人本的、和谐的生态环境。

其二，干部管理务实创新

学校班子不仅结构合理，务实进取；而且团结协作，廉洁自律。工作勤奋、能力强。班子成员努力掌握和运用一切科学的新思想、新知识、新途径，着力提升理论素养、拓宽视野，提高推动科学发展、促进社会和谐的能力，制定办学治校策略。管理规范，有章法。在实施制度化、规范化、科学化的管理同时，注意教育管理的人文意识，形成自我管理、自觉管理的机制。教学管理制度齐全，校本课程研究有特色；德育活动落实较好，育人模式初步建立；总务后勤管理有章法，建立了预约式服务平台，更好地为师生发展服务。专业扎实，敢创新。班子成员精通教育教学和学校管理。班子每位成员坚持一线任课，有较强的业务功底，能够引领教师进行课堂教学模式创新、课程开发利用、信息技术与学科教学整合的实践与探索。

其三，教师团队和谐向上

实验小学教师团队爱岗敬业，为人师表，师德高尚，在育人的同时育己，做到教学相长，在焕发学生生命活力的同时焕发自己的生命活力。教师尊重教育规律和学生差异，智慧地、艺术地教育学生，灵活地、巧妙地驾驭课堂。教师的科研意识较强，善于捕捉教育教学中的真问题进行研究。教师具有较高的信息素养，能够熟练掌握现代信息技术，并能灵活地运用到教育教学实践中去，为自己的教育教学服务。

其四，科研管理建章立制

学校坚持科研兴校，质量立校的方针，制定了《科研工作管理办法》《科研试导制度》《科研考核制度》等，改变了科研不规范、无意识状态。实施了《学校教科研量化考核制度和管理办法》《学校校本课题管理办法》等，建立了课题立项申报流程，实施课题分类管理。这些制度的建设和落实，使学校的科研工作规范、有序，为学校的科研工作提供了保障。

其五，学生成长自主管理

实验小学多年来一直秉承"扬长教育"办学理念，坚持"高起点规划、高品位提升、高质量管理、高效益发展"的办学思路，将培养"自主"意识与能力作为学生培养的核心目标。以学生为主体，抓住"主人"这个核心，采取各种措施，积极引导学生主动参与教育教学活动，以学生的自主选择、主动参与、自主管理为前提，开展激发学生的自主意识，变"要我做"为"我要做"，进而培养有独立自主和创新思维的人才。实验小学的学生阳光、自信、富有朝气，敢于创新。

其六，学校评价注重过程

学校在实践探索的过程中，通过完善"扬长教育"评价机制，逐步淡化以学业成绩一把尺子衡量学生的方式，而以学生自身能力的提升、全面素质的发展作为评价的主要依据。善于发现、善于创设不同的条件，让学生通过发扬自身优点，去克服自身的短处，达到提高信心、力求平衡、缩小差距、全面发展的目的。对教师评价实行"常规考核与发展性评价相结合"的办法。建立教师专业成长档案袋，科学记录教师专业发展过程，完善教师发展性评价体系，以此实现教师的自我认识，自我完善，自我提高的目标。

其七，课程改革稳步推进

实验小学课程创新的起点和灵魂是学校的核心理念，学校按照国家课程夯实基础、地方课程灵活精彩、校本课程创新发展的思路进行三级课程构建与实施。学校成立课程建设领导小组，制定课程管理制度、课程纲要，安排课程授课方式，编制校本活动用书。在"扬长教育"核心理念的引领下，学校进行了课程实践创新，实现了在办学理念和育人目标的统领下，各类课程的整体构建、整体推进。

其八，文化环境绿色生态

学校文化建设以"人的和谐发展"为核心，通过"以长补短，以长促长，以长促全"的教育方法，在管理与教育教学实践中，依据多元智能理论，遵循"差异性与可塑性"的原则，努力构建"扬学校管理之长，扬教师专业之长，扬学生个性之长，扬家长协作之长"的学校文化。学校具有规划力和执行力的干部队伍；具有自主发展和专业素养的教师队伍；具有国际视野和社会责任感的学生群体，具有灵动高效的生本课堂；具有自主研发的扬长教育课程体系；具有平等互助、教学相长的师生关系。学校形成了绿色生态的文化环境。

其九，信息技术助力发展

学校在信息技术建设中，坚持以人为本，应用为核心，服务为宗旨的原则，结合学校信息化建设现状，利用先进技术手段构建数字化的教学、科研、管理和服务环境，建成支撑教学业务综合管理和学校文化可持续发展的数字化环境，建

立数字化工作体系,提高工作效率和管理水平,推进学校现有优势发展,提高学校的核心竞争力。

分析二:学校面临的挑战

近年来,学校虽然在办学条件、科学管理、教育科研、课程改革、德育品牌和文化建设方面做了大量的工作,取得了比较显著的成果,但我们清醒地认识到新形势下,我们所面临的挑战。

第一,干部实干精神很强,但对学习重视不够,凭经验去管理,经验型的管理干部占75%。部分干部理论水平不高、知识陈旧,新的知识、新的理论"摄入"不足,思想观念转变不能与时代发展保持同频共振,不能与社会进步合上节拍,不能与教育改革相适应。

第二,学校德育框架的建构仍需完善,学校德育课程的系统性不够,学生的整体素质与学校育人目标还存在一定的差距。

第三,校本研究的针对性、实效性、深入性有待加强。教研还存在就问题泛泛而谈,深入探究问题原因不够,解决的措施针对性不强,过程研究不够缜密,研究成效不大等问题。教育科研没有成为助推学校发展的核心。

第四,缺少名师。学校现有3名市骨干教师,其中英语2名,音乐1名,语文、数学学科市骨干缺乏。缺少名师会逐渐成为制约学校发展的瓶颈。

第五,学校、教师与学生和家长缺少沟通,家长对学校的规划、措施、干部队伍、教师教育教学、学生培养等方面了解不够,家校协同工作的合力没有完全形成。

思考一:凝练"扬长教育",弘扬"实验精神"

"扬长教育"是从"道人之长,越道越长"的教育原理出发,发现并挖掘师生身上的积极因素和独特优势。"扬"的意思是发扬光大,表扬、欣赏。"长"指向师生突出的优点、特长。"扬长"字面的意思是发扬人的长处。其背后的理念是尊重、赏识他人。摒弃只用学业成绩一把尺子衡量师生的评价方式,充分发掘和发挥每个人长处,通过期待、激励、训练使隐藏在师生身上的潜能随时处于喷发状态,并将在此基础上形成的良好心态逐渐迁移到其他方面,以"扬长"促进师生和谐发展,以"扬长"促进师生探索创新。

"实验"一词在词典中是这样解释的,它指为了检验某种科学理论或假设而进行的某种操作。"实验精神"是指激励师生去探索、求索。"实验"最终的结果是创造,创造有价值的东西,包括有价值的生活。根据加德纳的多元智能理论，他强调实践能力和创造意识，这与"实验精神"是相符的。

"扬长教育，实验精神"的意思就是尊重、赏识师生，激励师生发扬长处，努力探索创造有价值的生活。从而培养人自信的品质，让每个人在扬长中走向成功。

思考二："扬长教育"观点

"扬长教育"从人的禀赋和个性出发，引导和激励学生发现和发挥自己之所长，在创新中扬长，在扬长中形成优势和特色，实现自身的社会价值。它包含三个观点：

一是扬长教育是个性教育也是创新教育。《国家中长期教育改革和发展规划纲要》中指出："中小学教育要由'应试教育'转向全面提高国民素质的轨道，面向全体学生；全面提高学生的思想道德、文化科学、劳动技能和身体心理素质，促进学生生动活泼地发展，办出各自的特色。"学校开展扬长教育研究，是由应试教育向素质教育转变的一种尝试。我们承认学生存在着巨大潜能，承认学生个体间的相对优势，承认学生的"长"是可以迁移的。

人们认为素质教育是合格＋特长，但人们习惯上总认为不合格的谈不上扬长，于是千方百计先让他合格，置学生长处（或优势)而不顾。更有错误观念，认为扬长影响合格。我们认为对学生先不要求全责备，而应以鼓励为主，让学生的"长"更长，通过发展他们的特长或通过一个闪光点引发全身闪光，会极大地调动他们的学习积极性，增强他们的自信心，使他们获得学习的主动性。这种积极的学习状态，可以提高教学质量，加快学生素质的提高，这样既让学生扬了长，又促进了他们全面发展，使合格与特长这两个目的都能达到，素质教育的目的就会得以实现。

二是扬长教育是一种学校教育和学生发展的策略，资源投向侧重于发挥优势，而非弥补不足，即强调扬长而非补短。教育部基础教育司原司长、原国家副总督学王文湛曾经说过："发展个性的教育重在扬长。扬长的教育是发挥学生优势的教育，我们要扬长，不要补短。对长处投入时间，充分发展，对短处进行控制，避免深化。"爱因斯坦说："人的差异产生在业余时间。""避短"，并不是等同于现行的"辅差"。从原因来看，短的出现可能是由于与此对应的智能较不发达，比如，有的天生身体运动智能较差，体育就是其短。短的出现还可能是由于自身对之不感兴趣，如有的学生对英语不感兴趣。从效益来看，要提升"短板"，投入的时间与精力会更多，而且还经常事倍功半，投入产出不成比例，效

益不佳。所以，对"短"要以控制为宜，避免深化。一旦出现"短板需求"的情况，则可能提升短板，甚至化"短"为"长"。

三是扬长教育是一种质量观，主张特色就是质量，没有特色就没有质量。苏霍姆林斯基曾说："世界上没有才能的人是没有的。问题在于教育者要去发现每一位学生的禀赋、兴趣、爱好和特长，为他们的表现和发展提供充分的条件和正确的引导。"扬长教育是一种新的教育观，也是一种教育方法，扬长离不开特长，但不以发展特长为目的，而是以发展特长为手段。因此，兴趣爱好、特长上的成就并不那么重要，重要的是由此而来的成就感，由此而不断增进的良好的自我观念。

三、扬长教育的价值引领

"扬长教育"做为办学理念，要求我们把"扬长促全，和谐发展"的思想贯穿学校教育教学始终，以发挥其引领学校优质发展的价值。而要实现"扬长教育"对实验小学的价值引领，关键要先确定基于"扬长教育"的学校战略定位、发展愿景、发展目标和培养目标。

（一）学校战略定位

所谓战略定位是指：在综合分析各种条件、因素、趋势的基础上，通过创造性的预测和谋划，确定努力的总体方向和要实现的远景目标，以确保在竞争中处于某种优势地位。

随着现代科技的发展，尤其是现代信息时代的到来，社会呼唤各类人才的快速到来。人才成长提倡非同步化的观念：允许打破常规，超越程序，鼓励并积极创造条件，帮助各方面突出的人才及时脱颖而出，特别是要尊重个体差异，使人人得到最适合自己的教育，尊重差异是教育最大的公平。

我们基于学校的历史发展、传统优势以及对学校优质化发展的认识，以"扬长教育"为引领，确定学校的发展战略为：差异化追求、品质化提升、特色化发展。

战略一：差异化追求

目前，我国教育改革和发展进入了一个新的阶段，"为了每一个学生的终身发展"成为新阶段教育发展的核心理念。由于教育的主体是"人"，而人的发展受环境、先天素质、生理特点的影响是有差异的，这就需要我们要关注到每一个人的个性化发展，以尊重师生主体、尊重师生差异、尊重师生选择，对每一个人的发展负责的理念，成为学校的价值追求，彰显对人的个性、人性和生命的尊重，也彰显了我校扬长教育的本质和核心。

战略二：品质化提升

学校以"扬长教育"提升学校品质，不管是校园的育人环境，还是学校的办学水平；不管是教师的工作状态，还是学生的文明素养，都上了一个新的台阶。使实验小学：有独特深邃的办学理念；有人本和谐的管理文化；有优美宜行的校园环境；有完善现代的硬件设施；有锐意进取的教师队伍；有丰富多彩的校本课程；有师生互助的课堂教学；有协作共赢的家校联盟；有灵动自信的实小学子；全校师生都浸润在"扬长"文化氛围里。

战略三：特色化发展

学校特色化发展是现代学校创新的必由之路，学校特色化发展的宗旨在于培养学生的个性，促进学生的全面发展。最终的成果体现在学校和"人"的发展，这个"人"首先是学生发展，通过特色活动打造展示平台，让学生从中受益。另外，促进教师的专业化发展，有了高水平、高质量的教师，才有高质量的教学，高水平、高素质的学生，因此也有了高素质的学校。在学校的未来发展过程中，学校要以"扬长教育"的实践探索为主线，大力弘扬"实验精神"，全面提升学校的办学质量，把学校建成富有浓郁的扬长文化，且师生个性张扬，特长彰显的品牌学校。

（二）学校共同愿景

美国管理学大师彼得·圣吉在《第五项修炼——学习型组织的艺术与实务》中指出，共同愿景即组织中人们所共同持有的意象或景象，是在人们心中一股源于共同的关切且令人深受感召的力量。

实验小学基于"扬长教育"办学理念及学校的战略定位，提出了"扬长促全，和谐发展"的学校发展愿景，即让师生在扬长教育文化的浸润下，通过丰富多彩的课程建设和活动体验，挖掘师生的潜能，为师生的发展提供可选择的个性化发展空间，培养特长明显的创新型人才，以实现人的健康、可持续发展，以此践行素质教育。

一是扬长促全。"促全"是指以突出能力为主的全面素质的提高和发展。不求全责备，以鼓励为主，让学生的特长更长，让创新意识得到激发，一个闪光点引发全身闪光，一个创新意识点燃创造的火花。"扬长促全"是让学生在展示自己特长、表现自己能力的同时提高自信心，进而促进全面发展的创新型人才的成

长。

二是和谐发展。"和谐"是我国传统文化中具备代表性的概念，它既是一种内涵的积淀，又是一种品位的体现。建设和谐校园是一个永恒的主题，它需要以发展增进和谐，以环境促进和谐，以公平求得和谐，以稳定保证和谐。"和谐发展"是教师之间的和谐互学，是学生之间的和谐互动，是干群之间的和谐互敬，是学校之间的和谐共生，是学校、家庭、社会的和谐一体。

（三）学校发展目标

目标一：转变教育思想，变"弃长补短"为"扬长促全"

教育思想的转变是根本的转变。变应试教育环境下的"弃长补短"为"扬长促全"，是我们实施扬长教育的前提。通过发展特长、树立自信、培养创新意识，促进学生整体素质的提高，使学生成为创新型人才。

每个学生都有创新的潜能，关键在于教育者怎样开发。扬长促全，开发学生的创新潜能，是针对全体学生而言，不是只抓少数学生。我们改变过去只注重少数学生进行特长培训的情形，为每个学生创设扬长的机会，充分相信每个人都有自己的长处和创新意识，只是有的在萌芽状态，没被发现；有的处于潜伏状态没有显露。这就要求教师善于尊重学生的主体地位，善于发现、善于创设条件，让其显露出来，只要引导得法，就有长可扬，就有提升的空间。

目标二：拓宽扬长渠道，变"单一活动"为"扬长课程"

教育策略的创新是实现目标的有效途径，我们依托"校园主题节日"进行扬长教育活动，学校每月一节：3月华彩音乐节，4月缤纷书画节，5月头脑奥运节，6月星星火炬节，9月激情体育节，10月快乐读书节，11月创新科技节，12月Super英语节。

活动的形式虽然是一种学生最易接受的教育形式，但与活动课程相比在内容的普及性、时间的保障性、对象的参与度，体验的过程性等方面还是存在很大差距。为此，我们在现有课外活动的基础上，逐步将扬长教育的具体内容课程化，让学生通过自主活动，获取直接经验，锻炼、培养动手能力、创造能力、社交能力……真正落实素质教育的要求。

目标三：建立评价体系，变"单一评价"为"多元评价"

科学有效地评价，可以激发人的潜能，调动其内驱力。评价工作是一项重要的工作，事关一个人的"成败"。"成功"的评价可让"失败"的人"成功"，"失败"的评价可让"成功"的人"失败"。目前，学校对师生的评价关注成绩多，对未来发展关注少，评价内容单一，缺少评价的广泛性、系统性。因此，学校要建立科学、客观的师生评价体系，其应包括德、能、勤、绩、业等多方面内容，评价工作应紧紧围绕这些方面，运用科学的方法对师生的思想、态度、过程、方法及效果进行系统的价值判断，提升师生的综合素养。

（四）学校培养目标

学校以"身心健康、人格健全，基础扎实、学有特长，自主学习、富于创新"为培养目标，采用学生喜闻乐见的方式，激发学生乐学、好学，提高学生动手动脑能力和实践创新能力，从而培育学生的科技素养、人文素养和艺术素养。

身心健康——体魄强健，心态平和，心胸豁达，和谐交往。

人格健全——目标明确，意志坚定，谦虚包容，善于合作。

基础扎实——扎实好学，思维活跃，学有方法，富有成效。

学有特长——了解自我，广泛挖潜，勤于实践，持之以恒。

自主学习——积极参与，乐于探究，勇于实验，勤于思考。

富于创新——善于观察，富于想象，大胆质疑，标新立异。

学校课程紧紧围绕培养目标，全面贯彻国家课程计划，确保国家培养目标落实到位；学校开发"丰富"的校本课程，促进学生人文、科学、艺术素养的综合提升；学校为孩子特长发展创设"个性"化课程，力争让每一个孩子的潜质得到发掘。

第二节 扬长教育的实践思路

一、扬长教育的行动基点

从学校的实际出发，源于学校的办学基础，实验小学将学校的办学理念凝练为"扬长教育"这一创立校本化的过程，是一个动态生成的过程，体现在践行于"扬长教育"进程中，为把实验小学办成"高起点规划，高品质提升，高质量管理，高效益发展"的富有特色知名小学，以更好地服务于师生，服务于家长，服务于社会，学校将在办学理念引领下，把"以人为本、立德树人、内涵发展、品质提升、品牌建设"作为学校一切工作的出发点和立足点，把握机遇，明确目标，加快改革，提升学校办学品质。

基点一，凝聚工程

形成全校师生共同追求愿景：扬长促全，和谐发展。为实现这一愿景，学校建立规范、科学、系统的规章制度，强化竞争机制，以聘任制为突破口，盘活人力资源。充分发挥党组织的监督保证作用，完善广大教职员工的民主参与管理制度，规范议事程序。搭建平等对话平台，运用数字化办公管理平台，建立标准、聘用、评价、考核、绩效系统，畅通沟通渠道。加大学校管理工作的透明度，运用多种有效手段，严格落实校务公开工作，确保全校师生的知情权，倡导相互尊重、平等和谐的人际关系。

基点二，人才工程

建设具有先进性、原则性、合作性、实践性、创新性的干部队伍。实现以青年骨干为主体，少而齐、齐而精，专兼职结合、多功能组合，实现专业互补、个性互补的学校干部队伍。

1.建设具有先进性的干部队伍

领导干部要成为群众的表率。在思想上、品行上是出类拔萃的，且术有专攻、业有专长，言行规范，有职业修养，在教师中有威信。通过建立完善岗位目标责任制，强化责任，实行"年度述职评议"制度，进行干部效能考评，检查目标承诺落实情况。提高办事效率和服务质量，按照谁主管谁负责，逐级管理，层层落实的原则，树立干部队伍的良好形象。

2.建设具有原则性的干部队伍

领导干部要成为关心体贴群众，执政为民的带头人；与时俱进，开拓创新的改革的先锋；奋发向上、求真务实的有为群体；依法行政、勤政高效的廉洁团队。本着突出重点、求真务实、注重创新的原则，对各部门实行目标管理，常规工作和重点工作相结合，目标任务细化、量化到人，落实到位。

3.建设具有合作性的干部队伍

领导干部要学会与人合作。学校工作会涉及各部门、各条线，涉及学校、家庭、社会等方方面面，领导干部要学会合作、学会协调、学会统筹工作关系，为工作的开展铺平道路。

4.建设具有实践性的干部队伍

领导干部要勇于实践，敢于创新。干部工作实践性强，每位领导干部要深入教学一线及走进教研组，要在做中学、做中练、做中精，在实践中积累，在实践中探索工作规律和成功途径。

5.建设具有创新性的干部队伍

学校干部有创新精神，工作才能出彩、出色、出成果。增强科研意识，深入科学研究，通过科研引路，实现工作创新，提高工作成效。

教师整体发展目标：

以德修身，博学笃志；善于钻研，勇于实践。关爱学生，民主施教；处变不惊，沉着冷静。机智果断，随机应变；以退为进，循序渐进。有的放矢，因势利导；真诚沟通，家校合作。

基点三，质量工程

践行科学质量观，科学、规范地进行教学质量监控，实现教学质量新跨越。开展扬长课堂改进项目研究，不断完善各学科有效教学模式探讨，进一步提高教学规范化、高效化水平，创造课堂教学新效能，构建学科扬长课堂评价指标新体系。

开发校本特色课程，形成学校课程特色。根据三级课程设置要求和特色建设需要，充分发挥教师的专业特长和优势，积极开发校本教材，为有特长的教师、学生发展提供所需要的环境，促进师生可持续发展。

积极改进和优化学校科研工作方式和策略。强化科研制度建设，形成有利于

教育科研可持续发展的良性机制。创新和优化科研培训机制，加强科研骨干培养，建设具有较高研究水平的科研团队。

基点四，育人工程

努力做到德育管理顺畅、德育队伍精良、德育方法创新、德育途径广泛、德育资源优化。构建实验小学具有人本化、生活化、科学化的德育工作体系。坚持以"扬长教育"理念为指导，以课程德育为载体，构建以人为本、德育为先的育人模式，达成学校的育人目标。

基点五，健康工程

健康的身心是做好一切工作的保障。实验小学贯彻执行《学校体卫工作条例》《教育部关于学习贯彻＜中共中央国务院关于加强青少年体育，增强青少年体质的意见＞的通知》《中小学健康教育指导纲要》等要求，根据小学生心理、生理发展特点和规律，运用心理健康教育的理论和方法，培养小学生良好的心理素质，促进他们身心全面和谐发展。做到三个面向，即：面向教师，普及心理知识，缓解压力；面向学生，集体与个体辅导相结合，指导其掌握自我调式的方法；面向家长，积极宣传，加强互动，转变家长重智轻体的观念。

基点六，信息工程

坚持"从实际出发，因地制宜，以应用促建设，以需求促发展"的策略；坚持"突出重点、合理配置、注重效益、分层推进、逐步到位"的工作方针；以现代教育思想和理论为指导，以改革教育教学模式为关键，以教育信息技术设施建设为基础，以教育信息资源的开发应用和人才队伍的培养为重点，不断提高广大教师、学生对现代教育信息技术的应用水平，为全面推进素质教育和实现教育现代化服务，为师生的发展服务。

加强学校现代信息技术硬件设施和网络软件建设，完善网络教育教学资源库，提高网络教育资源共享效率，推广课堂交互式教学，提高课堂教学的创新效益。加强信息技术学科建设，以新课程改革为契机，深化教学研究，提升专业技术水平，为学校信息技术发展提供强大的技术支撑。积极开展学校教育管理软件的应用开发工作，完成学校信息网络建设，实现办公无纸化、备课电子化，管理信息化，推进信息技术与学科课程的整合。

在各个年级中组织各类兴趣活动小组，开展各项实践活动；举办优秀作品展览，为学生提供展示平台；利用专题特色网站，鼓励学生广泛参与网站的建设和应用，提高学生运用信息技术手段研究解决问题的能力。

发挥学校的网络资源和信息平台的作用，引导家庭、社区广泛参与信息技术教育。通过专题网站平台，发动家长参与学校专题网站的建设与应用。加强与社区的联系，充分运用学校现有的信息化现代设备，为社区的各项公益宣传活动提供信息资助。

基点七：优化工程

遵循扬长教育理念，构建"扬长教育"的育人模式；以人力资源建设为主线，努力提升学校办学品质；以营造尊重和谐的文化环境为重点，努力建设健康向上的学校文化；以数字校园建设为核心，努力打造现代化的管理平台；以学习型组织建设为前提，努力实现学校发展的共同愿景。

全面实现"深入有效实施素质教育，大力推进教育现代化，努力构建教育品质学校"的发展目标，着力打造办学理念先进，教育环境和谐，文化氛围浓厚，学校特色凸显的具有独特办学品质的学校。

二、扬长教育的行动思路

实验小学"扬长教育"以"差异化追求，品质化提升，特色化发展"为学校发展战略，以"长善救失，格物致知"为核心价值观，以"扬长教育"为特色，以"弘扬实验精神"为核心，努力将学校办成内涵丰富，特色彰显，富有品质的北京市乃至全国的示范学校。

（一）策略推进

四高并举：

高起点规划——立足本区，辐射北京，走向全国。

高品位提升——学校的特色由学校的文化来体现。秉承扬长教育理念，扬长促全，让每个孩子体验成功；创设灵动课堂，让每个生命焕发精彩；营造和谐氛围，让学校、家庭、社会和谐共处。

高质量教学——学校坚持成人与成才并重的原则。抓教师的综合素质、抓学生的综合能力、抓学校的特色发展，实现教育教学质量的最优化。

高效益发展——学校的文化建设与学校的教育氛围形成，学生的质量提高，会给学校带来新的发展生机，形成良性循环。

四策并进：

师生的"长"具有差异性、潜在性、复杂性和多样性。促进师生扬长发展的教育基本观点是以人的差异为起点，培养各具特色的人才；以师生为本，促进其

自主发展；以优势发展为主导，促进其全面发展。因此，要建立发展性评价机制策略，引导师生认识自身优势，激励其使长更长，促短变长；要实施师生专长展示策略，增强师生自我意识，完善师生扬长发展的基础；要崇尚师资队伍的优质化策略，培育并发挥教师专长，以带动学生的发展；要强化学校现代化管理策略，强化在校长负责下，各处室通力合作，各年级、班级创造性贯彻、落实学校精神。

四段递进：

第一阶段：研发阶段

梳理学校的办学经验，研制以"扬长教育，实验精神"提升学校品质的行动规划实施方案，在充分调研，广泛论证的基础上，确定"扬长教育"七大行动项目，每个项目有专人负责，制定出项目实施计划。成立"扬长教育"实施领导小组，项目行动小组和督导评估小组。

第二阶段：实施阶段

按照学校扬长教育特色发展规划实施方案，全面启动实施。领导小组负责项目推进的组织与落实；项目行动小组在制定详尽的实施计划的基础上，负责本项目的实施工作，并做好信息反馈及资料的积累；督导评估小组负责对收集上来的信息进行数据分析和有效性论证，对项目的推进提出建设性意见。

第三阶段：总结阶段

对实施情况进行全面总结，撰写实施工作报告，总结研究成果。

第四阶段：升华阶段

领导小组组织各项目组结合实施过程中的优劣分析，着手研制新的以"扬长教育，实验精神"提升学校品质的行动规划，促进学校持续发展。

工作措施：

1. 成立机构、加强领导。成立校长为组长，副校长、各处室主任为成员的"学校扬长教育特色发展规划"领导小组，具体负责规划的制定、各阶段的实施工作的监督，确保规划顺利实施。

2. 整合资源，抓住机遇。学校优化整合各级、各类教育资源，借助北京市数字校园建设工程契机，努力构建学校扬长教育模式，创新"扬长教育"品牌。

3. 强化培训，提高素质。实行教师素质提升计划和专业教师培养规划，建立长期的教师培训和考核机制，采取"送出去学"和"请进来教"的方式加大教师专业技能培训，加快培养双师型教师队伍，尽快提高现有教师队伍的专业素养与综合能力，为学校发展提供人才保证。

4.创新机制、深化改革。进一步完善学校管理体制，强化依法治校、依法治教的意识。完善学校管理，建立健全各项规章制度，使学校各项工作实现制度化、规范化运作；使学校发展步入可持续发展的轨道。

（二）行动原则

主体性原则：

实施扬长教育，教育者能否转变教育观念是极其重要的。

在教学中，师生是承担不同角色、不同任务的平等的人，学生是教育过程的主体。扬长应始终以学生为中心，应相信学生、尊重学生、努力发现学生的独特性。

在教育活动中，教育者必须站在学生的角度理解他们的需要，尊重他们的人格，张扬他们的特长，赏识他们的成功。提倡多发现学生的优点，少指责，甚至不指责他们，让每位学生都确确实实感到自己是一个有用的人。

科学性原则：

扬长是使学生获得成功的第一秘诀，但不是唯一秘诀。因此，针对教育者而言，其不仅是一门技术，而且是一门艺术，这就要求教育者在实施过程中体现以下内容：

扬长的目标要适度。每位学生各有其长，针对学生之间差异性，教育目标应该具体可施。

扬长的时机要恰当。应以敏锐的观察力，及时准确地把握机会，卓有成效地张扬他们的个性和特长。

扬长的强度要合理。教育者实事求是地把握分寸，可张可弛，灵活多变地操作。此外，值得注意的是扬长不是不允许揭短，也不能代替避短。

开放性原则：

从受教育者角度说，我不赞同"严师出高徒""棍棒出孝子"的观念。扬长教育必须开放学生口、眼、头、手……各种感官，开放他们学习的时间、空间，开放对他们的评价方式。不仅从学习知识上扬长，尤其从情感上扬长。

从教育者的角度说，扬长必须面向现代化、面向世界、面向未来，必须建立一个以学生为中心的学校、社会、家庭教育网络，取长补短，齐心协力；必须摒弃，恨铁不成钢的心态、主动挖掘铁的优点，树立让孩子成为有用于社会的人的理念。

民主化原则：

师生关系的民主和谐是实验成功的保证，教师应该创设民主氛围，爱护学生的特长和自主精神，让他们体验扬长的快乐、提高必胜的信心。

三、扬长教育的实施保障

组织管理、资源整合、评价激励、监督评估是践行"扬长教育"的四大保障。有健全的组织管理，"扬长教育"行动才能全面展开；有丰富的资源整合，"扬长教育"行动才能有效展开；有多元的评价激励机制，"扬长教育"行动才能有序展开；有常态的监控评估，"扬长教育"行动才能稳步推进。

保障一：健全的组织管理

学校建立以校长为组长的"学校扬长教育特色发展规划"领导小组，负责特色发展规划的制定、论证、分解、实施、评估等过程管理，充分发挥学校党支部的政治核心作用，引导每位党员在特色项目推进中，发挥模范作用。发挥共青团组织的青春活力，赋予其策划、实施、改革创新的重任。发挥学校工会统筹协调的桥梁作用，做到人人有事做，个个都负责。学校建立了教学处、德育处统筹校内各项文化环境建设，后勤处、少先队、年级组互相配合，学校经费保障各项工作全面开展的管理格局。

保障二：丰富的资源整合

为了保障项目的推进，学校加强资源整合力度。一是师资的整合，学校结合教师自身特点，采取有针对性的培训，提高教师专业素养同时，提高其指导学生特长发展的技能。二是经费的整合，学校将特色项目推进的各个板块所需资金进行通盘考虑，使资金投入的目的性更强，实效性更突出。三是校内、外资源的整合，学校积极争取社会、家长资源，使学校的特色建设既满足自身发展需要，又使社会了解学校，扩大学校的影响力。

保障三：多元的评价激励

一是多元评价，学校采取自评、他评、师评、校评、社区评的方式，引导师生从中发现问题，解决问题，不断激励自身发展。二是多维评价，在常规的评先选优的基础上，学校每年进行"实验之星"、"感动实验人物"和"实验达人秀"的评选，以此激励师生准确自我定位。三是多效评价，在评价中，既要关注个体的发展，还要关注对他人的影响带动作用，更要关注团队的凝聚力与战斗力的形成。

保障四：科学化管理保障

基于"扬长教育"理念，我们在特色项目推进过程中，加强制度建设，建立工作流程，明确责任分工，保障特色项目稳步推进。学校"尊重、赏识"每一位师生，为师生的健康和谐发展搭台铺路。学校坚持动态管理，从师生的发展需求出发，实行动态管理。让师生在扬长教育中，个性得到张扬，特长得到发展。

第二章　扬长德育润泽学校

　　我国早在先秦时期，道家就提出了"关注人"的教育主张，主张自然人本主义，主张把自然精神融入教育目的论，并一以贯之地渗透进人的主体成长或发展中，更重视人的主体意义和价值，更侧重自然主体人格的培养。这和我们今天所倡导的教育的本质即育人是完全一致的。育人就是促使每个学生有最适合的发展之路，有健全的人格，从而成为社会需要的人，成为对社会有贡献的人。教育的这一本质，要求学校必须确立人的主体地位，必须以人为本，必须以培养人格健全的新一代为己任，一切从实际出发，面向每一位学生。

　　我们发现只有发展个性、尊重人性的教育理念才能使受教育者得到长远的发展、全面的提高。而这个教育的过程应该是通过开展润泽的德育，帮助孩子身心放松、心灵舒展，形成良好的个性品质。

第一节 扬长德育的创新机制

实现学生的长远可持续发展只有发展学生的个性，尊重学生的个性，用教师家长的"长"扬学生的"长"。简言之，这个过程应该是通过开展一系列润泽的教育活动来实现的。这里所说的"润泽"是指滋润，使不干枯，而富有光泽的。即我们的教育是在追求"成人"而不是"成事"，追求"养成"而不是"速成"，追求"内化"而不是"外塑"，追求"润泽"而不是"浇灌"的过程中达到立德树人、润泽生命的境界。这个德育的过程应该是在潜移默化中塑造学生的心灵、启发学生灵魂的过程，是遵循学生成长的自然规律、按照学生的身心发展特点与规律开展的德育过程，是让每一个学生张扬自己的个性、体验成功、扬长促全的德育过程。

德育管理机制的创新是新时期教育发展的需要，根据学生自身特点，构建育人体系是符合现代教育的要求。因此无论从德育工作制度建设，还是从德育工作机制完善和评价机制完善等方面来看显得尤为重要，是学校教育改革与发展的源泉。

一、扬长德育的队伍优化

在推进扬长德育队伍建设的过程中，学校秉承"扬长教育"理念，遵循"差异性与可塑性"的原则，通过"扬长德育"促进学生发展及德育队伍的建设。

《中共中央关于进一步加强和改进学校德育工作的若干意见》中提出：优化队伍结构，建立一支专兼结合、功能互补、信念坚定、业务精湛的德育队伍的要求，是加强和改善学校德育的重要条件，是学校德育管理必须重视的长远的任务。

首先，要建立一支思想品德好、有爱心、善于发现学生优点，理论水平、政策水平高，业务能力、组织能力、活动能力强的德育队伍，在学生日常的学习生活中以德育人。

第二，建立一支由市紫禁杯班主任、区十佳班主任及区优秀班主任和校德育

骨干组成的学校骨干德育队伍。充分发挥骨干德育队伍之长，带动学校德育工作，使学校的德育工作有计划、有措施、有检查、有总结、有成效，保证学校德育工作不偏离方向。

第三，发挥班主任在德育工作中的主导作用。要求班主任积极、主动地围绕学校的育人目标开展班级工作，形成人人有特长、班班有特色的集体。

第四，发挥导师的作用。通过有特长的导师对学生加以引导，使学生发现自身优势，以长促长、树立信心、提升自我，得到全面发展。

第五，发挥家长的育人功能。形成家校教育合力，构建实验小学的扬长德育队伍。把各种力量有机地组合起来，形成统一力量、统一目标、统一组织、统一计划、统一措施的校内、外联动的教育格局。

（一）班主任队伍建设

班主任是班集体的组织者和管理者，加强班级常规教育、行为规范训练，形成良好班风是班主任的重要职责之一。班主任的工作是培养人、教育人、塑造人的工作，是学校德育工作的生命活力所在。可见，建立一支素质高、服务意识强并且工作有特色的班主任队伍尤为重要。

1.班主任工作制度

探索班主任工作制度。实验小学班主任工作制度包括：学习制度、例会交流制度、班级特色管理制度、特需生管理制度、家访制度、班主任常规工作制度、班主任的考核评价制度、班主任承担课题制度等。学校力求通过规范的制度来指导班主任工作。

班主任学习制度。要认真学习专业理论，加强自身师德素养，不断提高班主任工作的科学性和艺术性；要虚心学习他人的实践经验，取人之长，补己之短；认真贯彻《中小学班主任工作规定》，使自己工作严谨、规范、有成效。

例会交流制度。建立月例会、学习总结会、班主任年会制度。搭建平台开展班主任工作经验、工作总结、优秀案例、教育故事等方面的交流，实现教育思想的碰撞，指导班主任创新开展班级工作，不断提高班级管理水平。

班级特色管理制度。确定班集体发展规划与目标，制定班级工作计划，组建班级小干部队伍，制定符合班级实际的规章制度。积极探索、创建富有特色的班级管理方法，努力营造积极向上的班风。组织班级学生开展丰富多彩的班级活动和社会实践活动，建立具有本班特色的班级文化。

特需生管理制度。建立特需生关爱档案，制定帮扶计划和实施方案，确定达成目标，形成问题诊断机制，搞好特需生的教育工作。

家访制度。做好家校协同工作，经常和家长联系，建立寒暑假家访制、面访制及平日随访制。明确家访比例，落实家访计划，保证家访实效。认真接待家长来访，客观反映问题，争取家长理解与认同。

班主任常规工作制度。做好学生综合素质评价工作，组织学生积极参加学校校园节日中的各类竞赛，做好活动的宣传、动员和组织，力争取得好成绩；培养学生良好行为习惯，努力形成良好的班风；督促学生按时打扫并保持教室和清洁区的卫生，让优美的环境滋润学生健康成长。

班主任的考核评价制度。为提高班主任工作质量，学校建立健全班主任工作评价机制，概括为："一查二听三深入"。一查，查看"班主任工作站"，了解班主任日常工作实施情况；二听，听取学生、家长、任课教师的反馈信息，检测班级教育效果；三深入，深入课堂，直接与师生接触，感受班容、班貌和班风。

班主任承担课题制度。班主任积极参与德育课题的研究，结合班级实际确立研究专题，每个班主任至少参加一项专题研究，使班主任的理论学习与实践应用有机结合，提升班主任研究问题、解决问题的能力。

2.班主任培训

加强班主任培训，提升班主任队伍的整体素质和工作能力。学校采取组内经验交流研讨与全体学习提高相结合，外请专家理论指导与我校十佳班主任、骨干班主任、区优秀班主任专题讲座相结合，为他们创造多学习、多借鉴、多交流的机会，提升班主任专业化水平，使班主任在工作中不断进取，扬己之长，做"用心"的班主任。

培训目标：一是班主任树立新的教育理念，进一步了解和掌握小学不同阶段学生身心发展规律，掌握现代学校班级管理理论，有针对性地开展教育引导工作。二是明确班主任工作任务和职责，探究班主任工作的一般规律，掌握科学的工作原则和方法，提高组织指导、协调工作的能力，全面提高班主任的综合素质和专业能力。三是学习优秀班主任的工作经验和方法，积极主动地开展班级管理工作，提高班主任工作的实践性和创造性。四是培养班主任发现问题、分析问题、解决问题的能力，提高案例分析和经验总结的能力，提高班主任的科研能力。

培训原则：培训要根据不同学段班级管理工作的特点和要求，针对班主任工作中的问题、困惑和需要，研究设计培训内容。

一是实效性原则。坚持理论联系实际，从班主任的实际工作和实际需要出发，面向班级管理和学生管理的实践，针对现实问题设计与安排培训内容，重视经验交流，突出案例教学，注重反思学习。

二是创新性原则。创新班主任培训形式，丰富培训的内容、方法，不断提高班主任培训工作的效率和质量。

三是灵活性原则。学习的形式灵活，采用集中学习与个人自学相结合、各中心组研讨与聘请专家讲座相结合，通过多样的学习形式来提高培训的实效性。

培训内容：学校为保证班主任培训能够顺利开展，学校在班主任学习的时间上给予方便，建立班主任的例会制度。

一是理论层面：注重对最新教育方针政策的解读，对新的教育理论的阐释等。学校专门为每一位班主任订阅了《班主任杂志》及《中学生时事报》，以提高他们理论水平、拓展他们的工作思路。学校对班主任进行培训的内容有：《北京市班主任工作管理规程》《教育学》《德育工作纲要》《国务院关于加强未成年人思想道德建设的若干意见》《班主任工作暂行规定》及其他有关文件、法规，指导班主任从法律法规层面把握工作要领；有《第五项修炼》《中国教育风暴》《班主任管理艺术》《魏书生》光盘辅导讲座，指导班主任学会透过现象看本质，提高分析问题、解决问题的能力；有《班级管理的艺术》《班主任实施心理健康教育的途径分析》《关于主题班会的几点思考》《班主任的科学与艺术》《班级的组织管理》《班主任与学生家长交往的艺术》等工作策略辅导，指导班主任从多角度理解把握班主任工作技巧和方法。

二是操作层面：学校注重信息技术与班级管理的有机结合，通过"班主任工作站"的丰富、校园内网的使用、班级网站制作、家校互动平台的开通、班级博客的建立等形式加强信息技术手段与班主任工作的融和。学校根据数字校园建设的要求，不仅对班主任进行先进理念和专业知识方面的培训，还对他们进行信息技术应用方面的培训。以此实现信息技术与德育管理的整合，使全体班主任具备现代信息技术能力，充分借助现代信息技术手段开展班主任工作。

三是理论与实践结合层面：研究理论与实践的结合点、切入点。我校在培训中更加注重实际操作层面的指导，通过开展案例分析会、班主任沙龙等活动，对班主任工作中存在的问题，产生的困惑进行深入的剖析，用理论指导实践，结合大家的智慧，挖掘问题根源，探寻解决策略，从而有效地解决了班主任工作中的实际问题。

四是总结与反思层面：将班主任培训与科研结合，加强"根据学生年龄特点培养学生良好行为习惯"的课题研究，将有效的措施和方法与教师共享。通过课题研究寻找科学解决问题的策略，引导班主任掌握最有效的、最适合本班实际的工作方法。

培训形式：

一是文件学习。领悟学校德育计划，工作重点。学习国家市区级有关文件，如：《北京市德育工作会精神》《石景山区绿色教育理念》等。

二是专家讲座、光盘学习、经验交流等。学校积极给教师创造培训机会，聘请具有先进经验的专家对班主任进行培训，定期收看学习光盘，组织经验交流等。

三是专题研讨。学校定期召开专题研讨会，每学期一个主题，让大家带着问题去思考、在思考问题中提出经验和方法，解决班主任工作中问题。

四是年级研讨会。在班主任自学的基础上，由年级中心组带领，结合本年级的学生情况、开展专项研讨。从学生现实表现、心理特点、性格特征、产生问题的成因等方面相互研讨交流，思想碰撞，寻求班主任工作的最佳途径。

五是案例分析。从典型案例中获得启迪、寻求解决问题的思路，这种培训模式具有较强的针对性，效果较好。

六是科研探究。在加强班主任理论学习的同时，我们还要求他们积极进行教科研实践探索和研究，鼓励教师积极申报德育、心理健康教育、家庭教育等方面的课题。以教科研为先导，使班主任工作充满生命力，富有时代特色。

3.教育案例

种下汗水，收获幸福

李颖晖

自从走上三尺讲台，幸运地成为一名小学教师，肩头上便多了一份责任。随着年龄的增长，我感到除去责任，心中更多了一份感动，这份感动来自我的学生们，是他们让我重新认识了教师这个职业，是他们让我感受到教师的神圣与伟大，同时也让我了解了幸福、快乐的真正含义。

曾经教过这样一个女孩：平时沉默寡言，不喜欢与同学交往，也不喜欢参加体育锻炼，更不喜欢参加集体活动。她的各科成绩都不理想，体育成绩更是提不起来，不夸张地说，她连一个仰卧起坐都做不起来。针对她的情况，我利用课余时间找她谈话。刚开始，她把头垂得低低的，声音也特别小，经过几次推心置腹的谈话，她对我产生了信任。我了解到，她认为自己特别笨，各方面都不如别

人，她怕老师、同学会看不起她，上课从来不敢接触老师的眼光，平时更不愿与同学接近，与她接触的人也仅仅局限于两个性格内向的女生。学习上有了困难也从不问老师、同学。了解情况后，我经常找她聊天，给她讲一些名人小时候的故事，使她逐渐对我产生了信任，也逐渐对自己有了信心。课堂上，我经常有意向她投去亲切的目光和友好的微笑，并让她回答一些较容易的问题，答对了便进行表扬、鼓励，还常常利用课余时间耐心地帮她补习基础知识。经过这样晓之以理，动之以情，因势利导的教育，使她真心地感受到老师是多么关心我、帮助我、爱护我，从而恢复了自尊心。对老师从满怀戒心变为充分的信任，从一开始的疏远变为愿意亲近老师，不仅学习成绩有了明显进步，人也变得开朗起来，在班里经常能听到她和同学玩耍时发出的开朗的笑声。看到这些，我幸福地笑了。

还有这样一个孩子：平时比较散漫，不遵守纪律，动不动就爱发脾气，只要碰到稍有不顺心的事，他就很难控制自己的情绪，总要拿哪个人或哪件东西来出出气。上课受了批评，就跟老师怄气。同学们有哪些不小心碰到他的时候，不管是谁他都发脾气；总而言之，就是喜欢发脾气。而且，他的脾气还有个特点，那就是怪别人不好。比如，同学扫地时，扫把不小心碰到了他的脚，他就骂同学。别人反抗他就动手，人人都把他当成班里的不定时炸弹，谁惹他谁倒霉。这个孩子学习成绩很差，跟同学的关系自然不太融洽，也不能融入班集体，对班级事务也比较冷淡，对科任老师的教育很不服气。面对这样的孩子，我陷入了沉思，我知道这种个案学生不少，于是查阅了一些资料，也咨询了一些有经验的班主任。经过观察、分析原因，对他进行了耐心的教育，对他提出争取进步的具体要求，当他比以前遵守纪律，认真听课，学习成绩有所提高时，我就在班上表扬他的进步。

针对他的暴躁情绪，我也采取了一些措施。每当他控制不住自己，与同学发生冲突时，我会让学生们先避开，暂时躲一躲，以免刺激他发怒。在他稍微平静后，我会让他想想以下问题中的任何一个：我为什么生气？这事或这人值不值得我生气？生气能解决问题吗？生气对我有什么好处？然后耐心细致地帮他分析发怒的原因，帮他找到自己的问题所在，使他真正认识到自己的错误。现在，每当他要发脾气时，他都会尽量控制自己，在即将动怒时对自己下命令：不要生气！坚持一分钟！一分钟坚持住了，好样的，再坚持一分钟！再坚持一分钟！两分钟都过去了，为什么不再坚持下去呢？慢慢地，他学会了用理智来控制自己的情绪。

本学期，他还参加了小队长的竞选活动，同学们看到他的进步，都不由自主地投了他一票，使他在前进的道路上又迈出了新的步伐。看着他肩上鲜红的一道杠，我由衷地笑了。

　　工作二十年，我不断品尝着班主任工作的酸甜苦辣。每当我心情低落的时候，看到的是孩子们一双双关切的眼神。是他们，让我感受到了当老师的幸福；是他们，让我体验到了做班主任的充实；是他们，让我沐浴在太阳底下最崇高的事业的光辉中。播下的是一滴滴汗水，收获的是无尽的希望、幸福！

一盒巧克力的故事

刘雪梅

　　那是一个周五的早上，我照例走进教室。离上课的预备铃声打响还有几分钟的时间。只见几位女生兴奋地围着王丽（化名）笑着、闹着。而王丽一边羞红着脸，一边在试图抢回一样东西。我担心有什么事情发生，就走近她们，问："什么事，这么高兴？"她们听到我的声音先是一愣，随即就把一盒东西递到我的手里："老师，给您，巧克力！"我接过来定睛一看，一盒心形的德芙巧克力，用红丝带进行了包装，上面还覆着一张封面是一大束红艳艳玫瑰花图案的贺卡。"哟，谁这么有口福？王丽的生日礼物？"这几个女孩子没有回答，但是都抿着嘴暧昧的乐着，而王丽则红着脸低下了头。

　　顿时，我猜着了几分：王丽，一个长得漂亮的姑娘。她不仅能歌善舞，写得一笔好字，还是班里的干部。学习勤奋努力，各学科成绩优异，是一个同学眼中的好学生，父母眼中的乖乖女，老师眼中的好帮手。也耳闻过班里的张某喜欢她，总是在她面前充当"乐于助人"的角色。不过，我这个当班主任的，总觉得这些现象是这个年龄段男女生的一种异性交往心理的萌芽，还是不挑明的好，平时也就装着不知道过去了。

　　可是，今天经她们几个一闹，其他人也都很兴奋地望着，小声议论着我手中的巧克力……我知道，再回避不行了，就故意大声说："有什么大惊小怪的，王丽过生日，同学送巧克力很正常嘛！"话音没落，就有一个男孩子大声说："老师，不光是过生日的礼物，是张某的特殊礼物……"这回答，又引来班里一片哄笑声。"特殊？不就是说张某喜欢她，给她送的礼物吗？我也很喜欢王丽呀，她

能歌善舞，字又写得漂亮，又守纪律，又勤奋努力。这样的同学，谁都喜欢。"我故意宽泛"喜欢"的概念，想淡化这盒巧克力的含义。这时，仿佛是"救场"预备铃响了起来，我松了一口气，随手将巧克力递给王丽，转身走向讲台。

一节课很快过去了，这件事就这样平息了。但我清楚地知道，在小学高年级，很多同学从网络、杂志、电视等渠道都会了解一些"恋爱"的事情，难怪语文课上用"恋"组词的时候，一人脱口而出"恋爱"，其他人或者东张西望或者害羞地笑呢！小学高年级学生的"异性交往"中，"爱"的问题已经不容回避。怎么办？是还装着不知道来回避？还是正面处理这看似正常又很让人担忧的"异性交往"？

对此，我经过思考，没有郑重其事地找两人谈话，也没有大张旗鼓地请家长，而是通过家访和电话与家长进行"沟通"，让他们意识到孩子长大了，进入青春期后，开始对异性产生了关注。但这并不是坏事，我们应当各尽所能帮助孩子正确理解喜欢和爱的含义，珍惜同学的友情。接下来，我尝试利用班会课，借助学生们最喜欢的童话故事《白雪公主》、《灰姑娘》和电视剧《大长今》，展开了如下讨论：

1.我最喜欢的人物是谁？

2.我最感动的情节是什么？

3.这些主角人物都爱谁？他们是用什么行动爱的？

这是一节前所未有的全体同学都积极投入的班会课。在耳熟能详的故事情景中，大家第一次大方地谈论起自己好奇又羞涩的"爱"的问题。可以肯定的是，尽管一节课，不能解决他们成长中"爱"的困惑，但是讨论中，他们不再用欲说还休或假装回避的态度来好奇窥探"爱"的问题；他们也一定对"爱"的责任、义务、行动有所思考。一节"爱"的教育课，让班里不再有暧昧的笑，起哄的"闹"。

事后，我再次与家长沟通，得到了欣慰的回答：家长利用餐桌上的时间跟孩子探讨喜欢和爱的含义，接着用亲情告诉孩子：爱有很多种——亲人的爱是无价的、老师的爱是无私的、同学的爱是难忘的，让孩子懂得了我们应该爱身边每一个关心自己、帮助自己的人。

这起因为一盒巧克力引发的事件，让我有了以下思考：

一、回避非良策，家校合作在生活中顺势开展"爱"的教育

人的性意识和性心理的发展是一种极其复杂的现象，当小学高年级学生刚刚

体验到对异性的一种好奇、敏感和吸引的时候，他们对两性之间的关系认识是有一个过程的。青春期的朦胧情感中的"异性交往"，是一个人成长中必然要经历的体验，他们需要这方面的教育来引导他们成长。而此时老师和家长对有关"爱"的内容跳过、屏蔽，反而起反效果。但是如果专门开辟时间，一本正经的教育反而会让孩子觉得又是老一套的教条，不如随机应变，从日常生活中引出讨论，顺势开展"爱"的教育。就自己的思考，我在家长会上，也与所有的家长进行了沟通，都认为回避不是办法，应适时引导。比如，看电视看书的时候，关于爱情的内容，就可以跟她们开展讨论：为什么他会追求这个姑娘？为什么他们的恋爱没有成功？这时就可以跟孩子谈谈关于爱情的责任，孩子也容易接受，或者有所感悟。

二、要正确区分，把握好尺度

教师和家长要对小学高年级学生异性交往有一个正确的认识，不能将所有正常的异性交往都与"早恋"等同，避免"弄假成真"的现象发生，更不能随意怀疑学生，盲目地怀疑，并公开自己的怀疑，这样就会造成一种压力，使学生无所适从。

三、先当倾听者，再当指导者

当教师和家长面对孩子存在异性交往时，教育方式对孩子的影响也是极大的。小学阶段高年级学生一个典型特点就是开始有逆反心理。如果教育方式不当的话，会激起孩子的逆反心理，反而发生负面影响。许多孩子最初只是具有对异性的一种好感，而这是由此时学生心理发展特点决定的。如果处理得当，孩子就会把握好与异性交往的尺度，不会陷入误区。可是由于方法不当，反而促使一些孩子"早恋"。当然也不能走另外一个极端，对孩子的早恋现象不管不顾。因此，从心理学角度来考虑，若想让此时的学生接受师长的指导，前提是要先尊重他们这些正常的情感行为，倾听他们的心声，然后以平等的姿态来讨论，将指导蕴含在"谈话"中。

总之，面对小学高年级学生的"异性交往"，教师和家长都不能回避，而应该联手在生活中顺势开展"爱"的教育。在遇到学生有"异性交往"问题时，一定谨慎进行区分，把握住尺度。当要面对他们解决问题时，请先尊重理解他们，先做一个好的倾听者，再做指导者，这样才能有良好的效果。

（二）导师队伍建设

未成年人思想道德建设是一项涉及亿万家庭切身利益的民心工程，根据党中

央、国务院《关于加强和改进未成年人思想道德建设的若干意见》文件要求，加强学校德育工作的主动性、针对性、实效性，要把德育工作落到实处。在实际工作中，我们认为实施导师制是行之有效的方法之一，把需要更多帮助的学生的教育任务分解给导师，让更多的导师关心、指导学生的思想、生活、心理健康和学习，形成了既管又导、整体推进的学生思想工作新模式。为加强导师队伍建设，我校深挖导师的特长来带动学生，以教师之长促进学生发展。导师与需要指导的学生建立联系，及时进行个别指导，为学生创造主动发展的空间，促进学生全面发展。

1.成立导师制领导小组

为保证学生导师制工作能够顺利地开展，学校成立"导师制"领导小组和实施工作小组，明确职责，确保导师制工作实施有保障。

领导小组职责：主要负责对学生导师制工作方案的审批和实施指导，确定学生导师实施小组成员，监督和评价实施成效。

工作小组职责：主要负责制定和落实《实验小学学生导师制实施方案》，确定学生导师成员及受导学生名单，并负责对学生导师队伍进行相关培训、管理与考核工作。

2.明确学生导师职责

一是学生导师的任务与职责。学生导师的任务是帮助受导学生正视问题、解决问题。其职责主要集中在"思想引导、心理疏导、生活指导、学力辅导"等方面。首先，由班主任提出申请，明确受导学生。然后，领导小组对各班提交的受导人员进行审批。受导人员每学期确定一次，其中有注意力差，需要老师、家长相互配合共同引导、加强训练的；有父母工作忙，对孩子疏于管理的；有学习习惯不良，需要导师进行行为矫正的；也有智力方面发育不良，学习能力低，接受能力弱的特需生。受导对象确定以后，导师要多方面了解学生的学习目标、学习现状、兴趣爱好、个人特长、家庭背景等情况，然后结合学生现状，因人而异、因势利导地进行有针对性地指导，促进学生健康和谐发展。

二是导师工作的方法与途径。导师深入调研，制定工作计划，建立受导学生个人档案。领导小组每月调研一次，并汇总工作情况。要求导师每周至少和受导学生沟通一次，每月家访一次，并做好记录工作，导师工作记录必须坚持保密性原则。建立谈心辅导制度，辅导要有实效性，问题要有针对性，谈话要有指导性。建立导师相互交流的平台，沟通经验，加强培训并积极撰写导师工作案例和小结。

三是导师工作的评价与考核。学校导师制实施工作小组，采取定量与定性、过程与结果相结合的方法对导师制工作进行评价。一是评价每位导师的工作手册记录情况、转变方法、途径和效果。二是由受导学生和家长对导师工作的态度、责任心、辅导方法、与受导学生的关系等进行评价。三是根据受导学生的实际表现，包括品德和学习情况，特别是变化进程来评价导师的工作成效。

四是导师工作的认可与激励。一是导师在评优、评先、晋升职称及各类推优的评选中，在其他条件相同的情况下可优先考虑。二是学校每学期对导师进行考核，评出若干名"校级优秀学生导师"。三是学校对担任导师的教师优先提供外出学习机会。四是导师工作考核优秀的教师，学年考核增加积分30分。

（三）小干部队伍建设

小干部队伍建设是培育队伍建设重要组成部分之一。

班级干部队伍建设：一个好的班集体，必须要有一支优秀的班干部队伍和一大批热心班级工作的积极分子支撑。他们信息灵、观念新、脑子活、接受力强。每个孩子都有表现自己的欲望，他们大多想当一回班干部，在为大家服务的同时展示自己的才华。所以，培养一批班干部，锻炼他们的胆量，提高他们的能力，完全是可行的。学校要做的是，保护孩子们身上那些积极的因素，引导他们做得更好。班主任要正确选拔、培养和使用学生中的积极分子，建设一支能独立工作的班级干部队伍，并通过他们使班级的整体目标、工作计划得到全班同学的拥护和参与，通过他们有效地把全体学生组织起来，推动班级各项工作的开展，使学生真正成为班集体的主人。

大队干部队伍建设：从大队集体结构看，干部队伍是大队集体的重要组成部分。创建大队集体既要靠全体队员的努力，也要靠大队干部的带动和组织。大队干部在广义上可分为两类：一类是由各级队组织聘用、委任的，在队内担任一定工作责任的队员，如大队长、副大队长、大队组织委员、大队旗手等；另一类是在少先队社团组织中担任职务的队员，如红领巾广播站播音员、鼓号队队长等。一个大队里可以成为干部的队员越多，也就标志着大队集体发展水平越高。因此，培养少先队员成为大队干部，明确其职责任务，有着十分重要的意义。在少先队干部队伍的培养和形成的过程中，有其发展的规律，符合这些规律才能取得应有的效应。

1.选举少先队小干部，用尊重与赏识搭建队员成长的舞台

受队员信任、民主选举产生的、富于活力的少先队小干部是队集体教育和建设的内部动力因子，是开发少先队组织功能，发挥少先队组织作用的基本保证。自主、自治、自动的好队长，会像"火车头"一样，带动整个集体，在队旗下齐步前进。

辅导员把小干部岗位当做队员自我展示和锻炼的舞台。通过队员自荐或竞争上岗的方法，给队员创造自我展示、自我挑战的机会。尊重队员们的自主意识、竞争意识，充分给予队员们展示自我的平台，在此氛围中从不同角度认识到队员们的价值，肯定队员们在不同方面的成长与成绩。在自下而上的选举过程中，少先队员自主而积极向上的参与意识有所增强，自我认可度提升，从而促进了队员的成长，自主管理能力也得到了不断提高。

2.培养少先队小干部，用优秀品质与过硬本领拓展小干部能力

挑选出一批好干部，建立起大队组织机构，并不意味干部队伍建立的结束，只有通过不断培养教育，使他们有了管理好一个大队的能力，才是真正担当起大队干部的责任。如何培养大队干部呢？

一是培养少先队干部的优秀品质。少先队干部在大队里处于核心地位，他们的道德品质、行为习惯，影响着整个学校的少先队。大队的好品德、好作风、健康的舆论、新型的人际关系，很大程度上是在干部的带动下形成的。培养干部的优秀品质并非在一朝一夕，需要辅导员在一点一滴的工作中不断对其进行指导、锻炼。小干部必须以平等、尊重、尽职、主动为正确的指导思想，工作起来才会得心应手，游刃有余。

平等：每个队员，不论成绩如何、性格如何、担任什么职务，在少先队组织中都是平等的，没有身份的高低之分。

尊重：少先队干部是其他队员的服务者，不是高于其他队员一等，对组织中的每一个队员都应该尊重，没有权利发号施令。

尽职：对自己负责的工作切实负起责任，不辜负其他队员的信任；对不是自己负责的工作，要做好组织协同，确保政令上通下达。

主动：有问题不推诿，迎难而上，积极主动，不等不靠。

二是培养少先队干部的组织管理能力。创建大队集体是一个自我教育的过程。只有大队具有了自我教育能力，少先队集体才能建成。这就要求大队干部首先建立起自我教育意识和具备组织自我教育的能力。由于年纪限制，大队干部所能够建立的自我教育意识可能很肤浅，甚至很幼稚，但无疑会使他们思路开阔，

创造出许多巧妙的方法，使创建少先队集体的活动搞得有声有色，丰富多彩。在这个工作过程中，辅导员更应该从旁指导，要营造一定的氛围，让他们在管理中感受到做好工作的责任感、紧迫感，领略到成功的喜悦。因此，少先队干部的组织管理能力的培养需要经过明确主旨、自立自强、总结经验的实践过程的磨炼。

明确主旨：做任何一件事时首先明确事情的要求。围绕活动的宗旨，想出对应的办法。例如：成立少先队监督岗，目的就是发挥小干部自主管理作用，维持好学校秩序。因此参与监督岗工作时，应做好自己的本分，认真的履行职责，不能凭自己的感情兴趣参加活动。在检查队员穿校服、佩戴红领巾或队徽、课间活动秩序等情况时，一是佩戴标志，准时到岗；二是认真履职，不徇私情；三是纠正问题，及时准确；四是评价反馈，公正透明。运用这样的方式就能在工作中逐步培养他们认真履职的责任感和不负众望的使命感。

自立自强：遇到问题要鼓励队员开动脑筋去独立思考，想出解决问题的办法，养成互帮互助的好习惯，并通过讨论研究，从问题中找出解决办法。例如：在庆祝节日活动中，辅导员把布置学校环境的任务交给少先队，要求队员独立完成。队员首先讨论研究得出布置校园环境的方案后，然后明确责任主体，开始分工合作，提出时间结点，最后队长带领队员总结落实情况，提出改进意见。这样既发挥队员的智慧能力，也凝聚了集体的力量。

总结经验：在做好每件工作后，要引导小干部学会反思与总结。在反思中得出经验教训，明确再进步的方向。比如，学校"红领巾广播"节目播出后，我们发现广播效果不佳，有些队员对广播不满，大家反映红领巾广播的内容不新颖，形式太单一，板块不明确。小干部了解情况后，及时走进队员了解心声，听取大家意见和建议，及时调整改正，让大家满意。

对于大队干部来说，他们还要具备制订目标、安排实施计划、召开主题大队会、筹划各种各样活动、解决各种在创建中产生的问题以及检查评比等能力。

3.培养少先队小干部，开创特色自主管理发展文化

"自己管理自己，自己教育自己，自主开展活动，争做少先队组织的小主人"是我校少先队的组织目标。少先队们遵循"我的队伍我管理，我的权力我行使，我的活动我创新"的原则，开展少先队活动。在少先队组织中完成自主生命成长的历程，逐步构建形成了学生自主管理文化模式，践行立德树人的发展观。学校少先队活动逐步具有两个显著特色：自主管理和快乐自信。

我的队伍，我管理。依据《实验小学少先队小干部选拔制度》，按照"一荐、

二推、三选"的程序完成少先队小干部选拔。"一荐"即队员自荐，队员通过中队扬长舞台进行自我展示。"二推"即中队推选，中队民主推选本中队候选人参与新一届大队委员会选举。"三选"即大队选举，大队按照选举程序，通过候选人风采展示之窗、竞选演讲、才艺展示等流程，民主选举新一届大队委员会。在自下而上的选举过程中，少先队员民主意识逐步形成，自主管理能力不断提升。

我的权利，我行使。秉承"扬长教育"理念，我们通过每年一届的少代会，充分给予队员行使民主权利的机会。2013年6月实验小学召开了第二十届少代会，月初推选代表，月中征集、整理提案，大会秘书处共收到29个中队提交的提案表87张，提案786条。队员们从少先队工作、活动、生活、学校建设、教育教学工作、师德师风、学校周边环境等方面入手，以少先队员的视角发现问题、提出问题。代表们站在队员的立场来维护同学的正当权益，加强队员与学校的交流沟通。通过少代会，每一名队员不但体验到集体主人翁的自豪感，而且学会了作为一个小公民，在一个法制社会中，如何按照规定的程序，提出自己合理的诉求，并能够协商解决。少先队民主管理的平台，最终让队员们懂得权利与责任，自主与自律共存的道理。

我的活动，我创新。"把有意义的事做得有意思"，遵循学生心理特征与情趣爱好，在少先队活动中，学校重视开展丰富多彩主题特色实践活动，为学生搭建交流展示平台。

学校建立学生社团，鼓励学生个性发展。"红领巾社团"是学校少先队组织建设的品牌。目前已形成了包括爱迪生发明社团、英语小导游社团、竹声响响曲艺社团等27个红领巾社团。社团坚持"自我管理、自我教育、自我完善"的活动原则，并按照自荐、评审、成立、招募的流程来建立。如"竹声响响曲艺社团"团长是由快板爱好者，并多次在全国、市、区荣获佳绩，经过自荐选拔当选的，团员是校内广泛招募的，社团还自主聘请指导教师对团员进行传统艺术及竹板技能的培训。在学校，他们为来宾表演传统快板节目，传播北京曲艺之精华；在校外他们为福利院老人送去温馨的祝福。团员们在发挥特长，追求爱好的同时，锻炼了自身技能，充满自信，也增强了热心公益的意识。

学校建立学生社团，鼓励学生个性发展。实验小学有自己特有的"校园节日"。在节日活动中，学校用"赏识信任"的眼光给孩子们提供展示才华的舞台。队员们以"创意无限，快乐实践"为原则，从项目的制定到活动的策划实施都是由队员自己承担并自主开展的。星光灿烂的华彩音乐节，艺术畅想的缤纷书画节，放飞梦想的创新科技节……丰富的节日活动不仅让队员充分地展示自我，而且培养了队员创新能力。

学校建设少先队体验课程，培养学生自主能力。学校在少先队课程建设过程中，遵循"从活动中学习、从经验中学习、从行动中学习"的原则，坚持自主管理的理念。

我校以培养队员和谐发展为目标，以实现教育可持续发展为己任，以"扬长教育"理念为引领，以"校园节日文化"为载体进行我校的少先队课程建设。结合学校每月的节日文化来开设少先队活动课程。

石景山区实验小学"少先队校园节日文化"

月份	主题	内容	完成板块
3月	学习雷锋做红领巾小志愿者	升旗仪式—实验小学志愿者活动启动仪式。各中队学习习近平总书记"三节三爱"号召内涵。进行"三节"的倡议，践行并寻找身边的先锋榜样。 一至三年级"我心中的志愿者"故事交流会。 四至六年级"当今社会如何学雷锋"讨论会。社会实践活动走进博物馆。小志愿者为其他年段学生进行博物馆介绍。 长效机制活动—— 1. 社区敬老：各中队志愿者代表定期到老人家进行慰问。 2. 社区宣传：各中队志愿者代表到社区定期进行法制宣传、消防宣传、语言文字宣传、文明公民宣传、垃圾分类宣传等志愿服务。 3. 社区服务：各中队志愿者代表进行社区体育器材常年擦拭，绿地认领服务。 4. 击剑馆：实验小学场馆志愿者定期到击剑馆进行讲解、引导等志愿服务。	民主参与 岗位锻炼 学习榜样 团队关爱 手拉手活动 养成道德好习惯 劳动实践活动
4月	清明节网上祭扫先烈	中队会形式开展学习榜样活动，网上祭扫先烈。 高年级进行网上祭扫后，制作心灵小报进行全校的展示宣传。	学习队章 礼仪感染 民主参与 学习榜样 养成道德好习惯
	阳光体育运动会五年级军训活动。	结合学校体育工作开展体育活动，队员自行申报体育活动项目。一、二、三年级进行阳光亲子运动会；四、五、六年级进行竞技比赛，其中以小队为单位进行趣味游戏体育活动。	民主参与 团队关爱 阳光体育活动 少年军校活动

	捐书活动	每人奉献一份力带给他人一份爱,将自己的闲置图书、杂志等学习书籍以中队为单位进行募捐,统一发往山区学校,为山区小朋友建立图书馆。	民主参与 团队关爱 "手拉手"活动
5月	走进博物馆	分年级进行走进博物馆社会实践活动。活动前小志愿者进行场馆、博物馆的熟悉以及知识的积累,之后为其他年段学生进行博物馆介绍。	劳动实践活动 岗位锻炼 团队关爱 养成道德好习惯
	感恩母亲节	根据不同年龄特征搜集感恩方案,在队员中进行筛选,并通过反馈进行优秀推选。	养成道德好习惯 礼仪感染 民主参与
	疏散演习	一~六年级进行自我安全知识的再次普及,遇震自救方法的互动实践,以及常规疏散演习。	平安行动
6月	星星火炬节	召开少先队代表大会以及庆祝六一活动。	学习队章 礼仪感染 红领巾心向党 祖国发展我成长
7月	党的生日	认识一面旗:开展"巧手画党旗"、"蜡笔绘党徽"等活动;学唱一首歌;学唱一首爱党儿歌或童谣;举行"党是太阳我是花"歌谣会。 以小队为基础,开展"走进家门找变化,采访长辈问变化,走向社会看变化,回到中队讲变化"等系列活动,感受幸福生活来之不易,传递人民的幸福期盼。	红领巾心向党活动 祖国发展我成长
9月	激情体育节	举办"阳光健身达人秀",通过个人秀、小队秀、自由组合秀等形式展示队员的体育技能。	阳光体育活动
	教师节	在感恩活动中,引导队员热爱父母、爱戴老师,表达珍重、敬重和感激之情。感激师长的严格要求和及时鼓励,用行动回应师长的关怀和帮助,体验感恩的价值,传递回报亲情的道德情感。	养成道德好习惯
10月	国庆节	举行"爱国主义"系列活动:摄影、绘画比赛和展览;收集图片、视频和走访材料,召开"喜看国家新发展"、"听妈妈讲那过去的故事"、"我们的幸福生活"等主题队会。 开展少先队网络互动和祝福祖国手机短信比拼活动,培养队员的自豪感和自信心。	祖国发展我成长

		组织少先队员作风评比和展示活动。绘画和情景模拟；诚实、勇敢、活泼、团结作风的具体表现；评选优良作风好队员；网络群体交流，学习好榜样。	学习队章礼仪感染
	建队日	开展"我与 2020 同飞翔"、"20 年后的我"活动，具体表达队员对未来的梦想。描绘自己心中的小康社会，畅想祖国美好的明天。	
		收藏队员梦想，约定 10 年、20 年后重聚。	
11 月	科技节	进行科学小探究的实践活动。变废为宝的动手改造活动。组织科技发明竞赛。撰写科技小论文。红领巾网络读书活动。	少年科学院活动
		开展电脑小玩家交流活动。	
		举办科技小成果展示队日："缤纷才艺秀"、"小小作品展"、"科技发展故事会"。	
12 月	少先队总结表彰	举行"金银铜牌颁章仪式"，回眸一年少先队精彩生活，分享难忘的争卡过程，奔向新目标的进步经历。为小学少先队组织留下珍贵礼物，畅想下一年度少先队的新生活。	礼仪感染民主参与
1 月	新年展望	小干部进行年度总结，设置年度计划安排，组织全体队干部进行年度总结培训会。	岗位锻炼

课程的设计结合学生年龄特点，丰富学生情感体验，注重学生自我教育，增强学生自主能力。

在少先队工作中，辅导员起着重要作用。但这只是外因，要想使少先队建设取得成效，必须调动大队的内在力量。选拔好大队干部，通过他们推动大队集体建设。大队干部是集体的骨干力量，在少先队中他们是组织者，是队员中的先进部分，充分认识并发挥他们的职能作用是少先队得以全面建成的关键。

二、扬长德育的环境文化

校园文化是学校本身形成和发展的物质文化和精神文化的总和。是凝聚人心、展示学校形象、提高学校文明程度的重要体现。校园文化对学生的人生观、价值观产生着潜移默化的影响，而这种影响往往是任何课程所无法比拟的。健康、向上、丰富的校园文化对学生的品性形成具有渗透性、持久性和选择性，对

于提高学生的人文道德素养，拓宽学生的视野，培养英才少年具有深远意义。

校园文化建设的终极目标就在于创建一种氛围，以陶冶学生的情操，构筑健康的人格，全面提高学生的素质。

校园环境文化的核心内容和深层结构是学校的校风、文化生活和心理氛围，它以"外显内隐"的行为模式感染着受教育者的思想观念、道德行为，潜移默化地发展着学生对某种价值的追求，影响着学生走上社会后的发展。因而学校是否针对现代学生的心理需求以及未来社会的发展需要来加强对校园环境文化的阵地建设，无疑是一个教育不可忽略的重大问题，理论和实践都告诉我们必须重视对校园环境文化的建设。

（一）建设校园环境文化，营造浓厚的文化氛围

营造校园环境文化气息是学校思想教育的重要阵地。校园环境文化，它具有特殊而多样化的育人功能。如果说教师和学生是教育教学活动的主角，那么校园环境文化好比是他们活动的舞台，缺少这个舞台，师生的活动就失去了依托，并将直接影响教育教学活动的进程和效果。校园环境文化在学校思想教育中表现是：

第一是凝聚功能。学校环境文化建设的核心是树立群体的共同价值观，通过它的影响力在学生中形成一种无形的向心力和凝聚力，把学生行为系于一个共同的理想信念和价值追求之上，从而在高雅古典的精神生活中，陶冶健康向上的审美情趣和文化品格。

第二是激励功能。不同的校园环境文化会将教育教学活动导向不同的境界和水平，产生不同的育人效果。良好的校园环境文化，必然会形成"健康向上，和谐发展"的氛围，深刻影响着师生的内心，激发着师生的工作和学习热情，比起千遍万遍地说教方法，教育效果自然事半功倍。

第三是熏陶功能。学校按照审美的要求去加强对校园环境文化建设，这对学生的审美理想、审美趣味和审美观念的形成具有无形的熏陶、感染和潜移默化的作用。

第四是益智功能。校园环境文化对学生的智能发展具有促进作用。一般地说，在丰富良好的环境文化因素刺激下，不仅可以促进学生智力发展，而且能激发学生积极的情感，并以此为中介来促进智能的提高，特别是学习兴趣的提高。

由以上功能可见，校园环境文化是学校开展思想教育的极好阵地，必须加强重视和强化建设。

实验小学在校园环境文化建设中，注重"立体式、多元式、互动式、自助

式"建设，力求体现润物细无声的教育效果。

1.立体式文化设计

校园环境文化建设不是单一的，应该呈现一种立体化的文化建设，以精神文化、环境文化及活动文化三位一体的"立体化"文化建设，从而形成的多维、交错的立体式文化教育模式。促进人、学校与自然的和谐发展。

加强校园环境文化"立体化"建设是优化育人环境，实施德育的重要途径。浓郁的文化氛围、优美的育人环境，体现一个学校的文化积淀和底蕴，它不仅对师生的学习、生活、心理起到良好的调节作用，而且对规范学生的行为习惯，促进学生全面素质的提高起到潜移默化的作用。

实验小学占地15877平方米，一校两址，拥有2座独立教学楼，36个教学班，1376名学生，106名教师。学校充分利用有限的空间，力图创建温馨、向上的校园环境。学校重视校园环境文化建设，力求让每面墙壁会说话，每面墙壁都有亮点，能够对学生的发展起到积极的引导作用。

走进校门，左侧一排整齐的宣传橱窗是我们校园文化的宣传阵地。它信息丰富，记录着学校优秀教师对事业努力追求的事迹，记录着师生外出实践活动的掠影，记录着校园吉尼斯的精彩瞬间，记录着学校不断攀登发展的足迹。展板上展示了我校骨干教师队伍的强大阵容，反映出我校良好的社会声誉。是学校对外宣传的第一道亮丽的风景线，反映出学校师生不断努力、奋力拼搏的决心与信心。

校门口安全通道的主题是"防止伤害、远离危险"，通道两侧展示了同学们收集的各种安全标志，时刻提示小伙伴们要注意防范、保证安全。合理避险、自救逃生的模拟演练；信号灯、斑马线的交规体验；安全知识、救护技能的转盘游戏；内容丰富、情景再现的互动大屏……时刻都在提醒大家增强安全防范意识。

极目远望，古色古香的"国学墙"，不得不令人驻足观望。我校"国学墙"的内容是国学经典《弟子规》。《弟子规》是根据《论语》等经典编写而成，集孔孟等圣贤的道德教育之大成，提传统道德教育著作之纲领，是接受伦理道德教育、养成有德有才之人的最佳读物，目的就是要对孩子们进行启蒙教育，为将来成长和发展奠定基础。它采纳《论语·学而》篇中"弟子入则孝，出则悌，谨而信，泛爱众，而亲仁，行有余力，则以学文"的文义，加以引申扩展，以三字一句，两句一韵的形式进行论述，阐释了"弟子"在家、在外、待人接物、为人处世、求学等方面应具备的礼仪与规范。

走廊文化建设，通俗讲就是把学校环境文化以走廊的形式体现出来。走廊文

化是极具传播力和渗透力的校园"墙上媒体"和"第二课堂",能让学生陶冶情操、熏陶品性、激发志向、开阔视野,同时也能反映一所学校的办学特色、办学宗旨和办学内涵,还能直观反映一个学校的眼界和胸怀。是知识、教育、艺术的有机融合体。我校走廊文化主题是根据学校楼层功能来定,主要包括天文地理、经史子集、科学人文、行为养成等,符合时代特点、学校特色和学生实际。

我校一楼展厅是师生每天的必经之路,在这里展示着学校的校训、校徽、校歌,发展目标、学校的昨天、今天与明天,具有强化师生的使命感与责任感的作用。在展厅中摆放着我校自1988年建校以来,全体师生共同努力了二十多年,为学校赢得的奖杯,座座奖杯默默地提醒着实验人,今天我因实验而精彩,明天实验因我而自豪,鼓励全校师生不断进取,不断创新。

教学楼一层的主题是"品行修养"。与操场的"国学墙"相呼应,这里介绍了中国传统文化,学生通过传统美德的长廊文化教育,从中受到熏陶、得到启发,促进自身道德修养,传承和弘扬中华美德精神,感受人生具有的真善美品质。

二层的主题是"扬长促全"。从诺贝尔获奖者的奋斗历程到学校校园文化节日的介绍,鼓舞和激励着孩子们。名人事迹的介绍,旨在鼓励学生养成爱读书、勤动手、善思考的好习惯,找到自己的兴趣点,充分发挥想象力、思考力。各种节日活动的介绍及活动留影,记录下孩子们发挥潜能,张扬个性,拓宽知识的过程。一幅幅画面,带给大家难忘的回忆。孩子们经历的点点滴滴,历历在目,他们不时向周围的同学讲述自己努力的过程,自信和自豪感油然而生。

三层的主题是"身心健康"。详细地介绍了关于轮滑、柔道、网球、独轮车、篮球、足球、围棋等运动项目的相关知识,引导、鼓励学生从小掌握一项适合自己的运动项目及技能,为良好心理发展、为锻炼健壮的体格打下基础。学生在主题墙的感召下,积极参与体育活动,注重自己心理需求,学会主动寻找帮助,使他们身心更加健康。

四层的主题是"美与艺术"。学校努力营造一个"以美促德、以美益智"的育人环境。学校充分利用走廊和墙壁张贴学生书法、绘画作品,在橱窗、展示架上摆放师生手工作品,营造艺术氛围。展品的布置既要体现教育性,又要反映学生情趣,发挥学生的创造性和想象力。学校还将师生的作品经过加工,制作成校园文化纪念品,送给来我校参观、学习的来宾,当看到来宾爱不释手的样子,看到自己的作品能为学校文化宣传发挥作用,师生们的自豪感油然而生,创作欲望更加强烈,对艺术鉴赏的水平提高的同时,师生的自我认同感也在不断提升。

在"美与艺术"的主题中，除了学生作品外，还有很多关于风筝、剪纸、京剧、面塑等多彩的民族传统艺术介绍。风筝，对于学生来讲并不陌生，但中国的风筝已有两千多年的历史令学生大为惊讶，尤其当他们知道，据史料记载："世界上最早的飞行器是由中国的风筝和火箭产生的灵感。"英国博物馆把中国的风筝称为"中国的第五大发明"时，学生对我国的民族传统艺术产生了极大的兴趣。

俗话说，一方水土养育一方人，原汁原味的传统艺术的展示，形成一道亮丽的民俗文化景观，学生感受到，在漫长的岁月里，我们的祖先创造出优美的凝聚着中华民族智慧的文字和绘画，反映出人们对美好生活的向往和追求。学生在长期的民俗行为和精神的熏陶中形成的民俗心理，被地方特征明显的艺术形式唤起心中的乡土情感和民族自豪感，由此更加热爱自己的国家、自己的民族、自己的家乡，更加珍惜自己的学习环境，更热爱自己的学校。

2.多元式文化渗透

所谓多元文化也是文化多元化，就是指在继承本民族的优秀文化基础上，兼收并蓄其他国家或民族的优秀文化，从而形成以本国或民族文化为主，外来文化为辅的百花齐放，百家争鸣的和谐育人氛围。孔子言："和而不同"，其意思是世界上的各种文化和民族之间应和谐而又不千篇一律，彼此不同而又不相互冲突；和谐以便于共生共长，"不同"以利于相辅相成，按照这一思想，世界各种文化应在和平竞争中取长补短，在求同存异中共同发展。因为每一种文化都是一个民族的基本象征，包含着一个民族特有的价值观念与行为方式，凝聚着一个民族的精神实质。文化的多元共存为各种文化的相互交流、取长补短提供了条件，各种文化在彼此借鉴优势、共同发展和繁荣的过程中产生了互相依存的共生性，从而形成了多姿多彩、魅力无穷的人类文化景观。

让多元化的环境影响学生，使学生在环境文化的熏陶中形成良好的道德观念、体验现代知识带来的震撼、感受民族文化的魅力。我校校园环境文化中除了教育学生要"秉承传统文化"，还要"放眼世界文明"，我们将这个特色展区命名为："世界！你好！"在展区中，陈列着与我校建立友好关系的国家或地区的记录、图片和来访者馈赠的特色礼物等，其中有瓦努阿图总统夫人到学校访问时全校师生热烈欢迎的场面；有来自德国、美国、日本、哥伦比亚的教育参观团到校交流的场面；有同学们前往日本、韩国进行交流的场景。同学们通过对这些国家了解，知道了对一个国家的了解不但包括它的地理位置、气候特点、物产资源、风俗习惯等，还要知道它的国旗、国徽、国歌甚至是吉祥物以及关于国家的文

化、历史背景、现在发展状况等，从而和中国相比较，找到不足与优势，激发自己的学习热情和动力。

3.互动式文化展示

从字义上理解，"互"是交替；相互。"动"使起作用或变化，使感情起变化。归纳起来"互动"就是指一种相互使彼此发生作用或变化的过程。

曾有人说，好的教育是细节教育。那么一个优秀的校园环境文化也应是把校园的任何一个角落甚至是一花一草都能纳入校园环境文化规划当中，赋予它新的内涵，灵动起来。立体、多元的文化还需不断的互动，使校园环境文化具有极强的生命力。

在实验小学除了有会"说话"的墙，还有会给人启迪的楼梯。"千里之行始于足下"、"态度决定一切"、"读书改变命运"、"今天的付出是明天的收获"等中英文对照的格言警句，通过每级楼梯呈现在学生的眼前，体现在学生的日常行为习惯中，可谓用心良苦。

心理咨询室和资源教室是学校专门为有特殊需求的同学设置的。心理咨询室是为学生、老师、家长解开心结的场所，当他们遇到烦心事就会到这里来寻求老师的帮助，通过谈话、减压等方式，让每位学生又能开心的学习生活，让老师、家长得到放松。

资源教室是为有特殊需要（如肢残、智残、多动症、自闭症）的学生提供的训练、学习的场所，按功能分为活动区、学习区、训练区等，在这里有专业的训练设备、丰富的训练器材，在参与训练过程中，为了使他们减轻心理负担，提供了保密性的窗帘。这样，他们可以安心在这里由老师或父母陪伴做训练，尽可能缩短与正常孩子的差距，加快他们融合到正常孩子当中的速度。

围棋，是一种脑力体育竞技项目，每年的实验小学"扬长杯"围棋大赛都会如期举行，一位位优秀的围棋选手从这里诞生。学校围棋教室的墙上有国内外著名棋手的介绍，仿古条案上的一块棋盘犹如一块阵地，一黑一白的棋子在阵地布阵、厮杀。学生严谨的思维得到锻炼，如：在布局阶段提高了孩子抽象思维能力，培养了孩子全局思考问题的习惯；在中盘攻击防守时，提高了学生计算和逻辑分析能力；而官子阶段学生的耐心和细心得到了培养。

学校的钢琴教室和古筝教室都是从2008年开始使用至今，它环境幽雅安静，为方便学生练琴，琴房对外开放，无论是钢琴，还是古筝，学生们都从中找到了音乐带给他们的快乐，体会到掌握一门技能要付出的艰辛和意志力磨炼的道理。

我校最具特色的科学教室，屋顶上有九大行星；四周的展示窗里介绍了人类探索宇宙的艰辛历程和中华民族飞天梦想的实现；展板上、展柜里是学生亲手制作的作品。齐全、配套的实验设备，使一个个难于用文字解释的物理、化学、生物现象，直观地展现在孩子面前，小小的实验，锻炼了学生的观察能力、阅读能力、动手能力和思维能力，这里成为他们探究科学奥秘的起点和摇篮。

在学校"互动空间"的"发布角"，同学们将自己的所思、所言，张贴在这里，和大家一起讨论；有的学生在这里举办个人收藏或才艺展示，有的学生将自己的手工作品拿来展示，有的将自己环保小创意拿来进行宣传、推广，还有的学生在这里招募到与自己兴趣相投的社团成员。学生们在这里对一个话题可以畅所欲言，各抒己见，激烈争论。虽然学校鼓励大家张扬个性，彰显自我，但前提是要遵守"发布角"的规则，因为，没有规矩，不成方圆，通过"发布角"规则的设立，孩子们能够理解"世界上没有绝对的自由，建立规则并遵守规则才能体验真正的自由"。

"发布角"规则

1. 发布任何消息、言论要以尊重个人隐私为前提。

2. 发表内容要以鼓励自己和他人积极向上为题材。

3. 对待发表不同观点的同学要表示尊重。

4. 学生的作品要自己负责保管好。

4.自主式文化交流

自主就是遇事有主见，能对自己的行为、自己的事情负责。自主不仅是一种权利，也是一种能力。一个没有主见的人，很难在生活中自立。为了使实验小学的学生成为自主、自立的有个性的学生，学校在每楼层开辟出一块"自主园地"的休息场所，给学生发挥自我想象、挑战自我、自我独立的机会。

问题抢答墙。以问答形式，向学生普及历史、地理、文学、音乐、美术、体育、科学、环境等基本知识的地方。抢答题的内容每周定期更换，学生可以将问答题的答案第一时间上报给负责老师，答对了可以得到一张奖励卡，每十张奖励卡换一张成长卡，成长卡积的越多，学年结束时，竞争金银铜牌队员的实力越强。在孩子们看来，他们换到的不仅是一张小卡片，更是因知识的丰富而换来的喜悦和自信。这种环境文化的互动形式起到对学生读什么书、多读书的引领和鼓

励作用。时间久了，学生自主学习的意识逐步形成。

智慧吧。魔方、九连环、七巧板、围棋等益智玩具，吸引着学生，也是他们下课最爱来的地方，在这里既达到放松的目的，又使学生不断创造新纪录。

艺术吧。也叫涂鸦墙，学生可以在这里随意创作属于自己的艺术作品，也可以互相合作，共同创作美丽的图画，展示个人艺术才华。通过参与游戏，他们的想象力、记忆力得到提高，小手变得更加灵巧、头脑也变得更加聪明了。

健康吧。学生在课后锻炼眼力的地方，在视力板上有视力远眺图，来缓解用眼疲劳，使眼睛达到放松状态，为下一节课的用眼起到放松作用。通过视觉能力的强化，提高大脑活动力，学会自我调节、放松。

为丰富学生的课余时间和锻炼内容，学校在操场四周设有篮球架和乒乓球台、健身器等设施，还提供滑板车、铁环、独轮车、空竹、球类等小型体育器材，为了方便同学借、还，学校在操场的一角设立了器材小屋，同学们按照要求借器材、还器材，有了种类繁多的活动器材，学生们兴奋而有秩序的参与活动。

（二）开展校园文化活动，理解深厚的文化内涵

校园文化活动是自发的，也是自觉的，是受社会生活影响，也受自我心灵主宰的，是无处不在的，是充满现代意识的，是受着时代文化潮流影响的，人生与社会、理想与追求、情与爱，都会在校园文化中表现出来。借助校园环境文化，开展校园文化活动，对学生进行思想品德教育、行为习惯养成、环保意识的树立都起到了积极的作用。

1.借气候环境育主人公意识

每年的三、四月份正是杨树开花，俗称毛毛狗"当道"的时候，每到这个季节，是孩子们快乐、老师恼火、搞卫生的校友挠头的时候，随着春风徐徐吹来，树上的杨树花随风摇摆，有的杨树花掉下来，撒满操场，有的孩子把杨树花当炮弹一样，扔来扔去；有的孩子把杨树花当作花朵，向天空抛洒。上课的铃声一响，孩子们带着身上、头上沾满的杨树花走进教学楼，在楼道内、楼梯上、教室里到处是杨树花的影子，搞卫生的师傅头痛了，每节课刚扫干净，一到课间休息，又是遍地杨树花。还有的孩子，因为在玩杨树花时产生矛盾，老师要来解决……总之，都是杨树花"惹的祸"。这样的情景在每年的11月~1月也会出现，只不过"惹祸"的不是杨树花！而是秋天的落叶、冬天的雪。在处理问题的过程中，我们发现用"堵"的方法，硬性规定不许学生玩，只能适得其反，而且压制了学生的天性，不如像大禹治水一样，用"疏导"的方法来解决。于是我们制定

了一个关于全校学生每年春季（3月~4月）捡杨树花、秋季（11月份）捡落叶和冬季（12月~1月）扫雪比赛的活动方案。此方案的制定，本着与实际情况相结合，根据孩子爱玩的天性、极强的集体荣誉感和强烈的竞争意识，以比赛的形式进行杨树花、落叶、积雪的清理活动。如：捡树叶。学生每天利用课余时间，自愿捡落叶，操场周边的一棵大树为一个班的收集点，学生捡满一袋子，就放到本班的树坑内。上课时，由卫生老师负责清点各班捡树叶的情况，然后拉走。就这样，几天的工夫，操场的落叶被清理干净了，因为捡树叶的活动，有的孩子，又找到了新的伙伴，有的对他人有了新的了解，校园又恢复了往日的洁净，孩子们又开始了欢快的游戏。我们清楚地感到，孩子们在悄悄的发生着改变，这个变化是孩子的集体荣誉感更强了，环保意识增强了，对落叶、杨树花、雪的形成发生了兴趣，产生了探索的欲望。

借助良好的校园环境文化，看似一个小小的活动，背后却蕴含着巨大的能量，这些能量形成一个紧密相连的链接，在这个链接中，老师们始终充当着协助者的角色，关注着孩子的一举一动，整个活动的过程，我们又一次发现孩子的能力是无限的，从分组、分工到任务完成情况的检查，始终是孩子们充当着"领导"的角色，孩子们在活动中找到自己的位置，发挥了自己的潜能，活动促使孩子成长，也让老师对孩子有了新的发现。

如果说，通过捡杨树花、落叶和扫雪等活动，是在保持校园清洁干净的基础上，渗透培养学生主人翁意识的话，那么在教学楼周边的"集水桶"，则是一道独特的校园环境文化的风景。每年的雨季，大量的雨水积满校园，老师们都要在课余时间来清理。在学校环保谏言活动中，学生提出可以将雨水、雪水集结到一起，利用它来浇花、浇树、冲厕所等，学校认为这个建议有价值，于是开始制订方案、搜集资料，最后设计成了现在的"集水桶"，从楼顶一直接到地面有几根排水管，以往排水管排出的水直接排到地面上，在师生的建议下，学校把排水管截短，排水口接到集水桶，这样，楼顶的水被储存起来，这个创意并不是简单节约用水，更重要的是这种创意培养了孩子们节能减排的意识，所以，在"集水桶"的带动下，孩子们对校园环境问题更加关注，如：在厕所、洗手间出现了学生用手绘制的提醒大家节约用水、节约用电的宣传画，在楼梯拐角处出现了孩子们自制的注意安全的提示牌等。学生主人翁意识被唤醒，他们爱校如家。

2.借文化环境育自信精神

学校的"国学墙"的作用，不只是一种装饰，更是将国学深入到孩子的生

活、学习中，为了提高学生对《弟子规》的深入了解，我们组织学生，在一楼"扬长舞台"举行国学诵读《弟子规》擂台，擂台比赛中，取胜的要将本组最感兴趣的《弟子规》的一个片段，用孩子们的理解表演出来，让评委一看，就能知道表演的是哪一段，表演优秀的，要在校园节日中进行展示。借助校园环境文化，用孩子乐于接受的方式表达出来，做到学国学、释国学、做国学。

"扬长舞台"还为孩子们提供了一个随时展示自我的平台，课间里、午休时、放学后，他们或三三两两或小组集结，到扬长舞台自发开展活动，这种自我展示的意识来自他们对自我的肯定，来自那一颗颗充满自信的心灵。

学校教学楼二层有孩子们智慧比拼的空间，有考察思维机敏的"华容道"，有表现力学动感的"万有引力"，有植物发展变化的"奇妙世界"……孩子们可以在这里一试高低大显身手，成功的喜悦唤起了学生对科学的向往，对未知世界的进一步探索的欲望。

在良好的校园环境文化中，开展丰富多彩的校园文化活动，给孩子们带来一个又一个惊喜，惊喜中有品质的培养，有环保意识的培养，有主人翁意识的培养，良好的人格和个性品质在校园环境文化中孕育。

（三）健全文化管理机制，建立良好的文化制度

校园环境文化是一个学校理念的体现，校风的体现，健全的文化管理机制，建立良好的文化制度，对学校发展、学生发展的影响具有深远意义。学校环境管理应从学校管理层面做出总体规划并组织实施，学校各部门积极参与和推动，其参与主体包括学校管理者、各职能部门教职员工和学生。

1.确立学校环境政策，建立学校环境管理体系，评估学校环境绩效。首先，学校领导和老师必须转变过去"环境管理是企业的事"的传统观念，充分认识节约型学校的建设不仅对我国资源节约、降低污染的总体目标有实际的贡献，而且能通过全校师生的参与，提高师生环境意识，有效促进教育发展。其次，学校根据当前环境形势和学校自身的办学理念与特点，确立学校环境文化政策，以便全校师生能根据这一政策，设计、组织和开展相关的环境管理工作。一个学校的环境政策的制定，实际也就是提升自身的社会形象，扩大自身的社会影响。例如，节约资源一项工作，就可以统计出学校全年的用水量、用电量、垃圾分类回收量、纸张节约量、食堂的燃料使用量等，而且可以采用数据统计、图表示意、调查研究等方法，检查学校一年中，在资源节约方面的成绩与不足，分析原因，进而提出改进方案，为下一年度的学校环境文化管理工作做准备，从而对学生进行

环保与节能教育。

2.坚持以人为本思想，构建和谐进取校园，建立、健全校园文化建设制度。要做好任何一件事情必须有健全的制度作保证，而这种健全的制度首先在于领导的高度重视。我校一直重视校园文化建设，我们在打造出适合学生身心健康发展的优美环境的基础上，每年都要进行校园文化建设的规划，做到有计划、有目的、有具体措施，每学年度有目标管理，既有宏观规划又有近期目标，使得学校在校园文化建设方面可操作性更强。

搞好校园环境文化建设，创建良好的育人环境，不是一蹴而就的，它需要随着社会的发展不断变换，不断完善的；校园环境文化建设，不是哪个部门的事情，而是需要学校所有的人积极参与进来，包括领导、行政人员、教师、学生甚至还有家长和一些社会团体，将自己对校园环境文化的所闻、所见、所思、所想提出来，为校园文化建设出谋划策。

为此，在加强校园环境文化建设中，我校成立了校园环境文化建设规划小组，小组成员包括学校的各部门代表，还有学生与家长代表，定期召开各层级的调研会和研讨会，集思广益、统筹安排、统一认识、确定目标、研究方案、筹措资金，本着立足当前、着眼未来、坚持方向性、整体性、教育性原则，将校园环境文化与学校的发展紧密结合。

校园环境不断完善，学校校园文化设施要与使用率成正比，才能真正发挥其作用和功能，所以在使用上学校也做了相应规定，如学校的橱窗、电子显示屏内容要及时更换，把学校开展活动、校园大事等信息第一时间传递给学生、家长和社会，使他们随时了解学校情况。学校的评比栏、展柜内容等要定期补充、更换，这项工作由师生共同参与、完成。评比栏的成绩的公布，提示着学生本班一周的礼仪、纪律、卫生情况。展柜内容及摆放由学生做主，老师协助，更换内容与学校活动紧密联系。

校园环境文化的建设要不断创新，需要思路开阔，站在多角度考虑。我校每学期召开一至两次家委会，听取家长的建议。利用每年的少代会的学生提案了解学生的心声，提案内容很多是关于校园环境文化建设方面的问题和建议，学校会根据情况进行答复、整改。除了定期听取建议外，学校还设立了家长信箱和学生"谏言"信箱，学校每周由负责人进行开箱收集、分类记录。正是这些建议，使我校有了专门的餐厨垃圾处理设备、雨水利用和污水处理系统、自来水净化和废水回收系统、太阳能供电系统等，这些设备的安装与使用实现了变废为宝、节约

能源、降低能耗的作用。

校园环境文化的建设，使全校师生能在参与中感受和体验到一种积极向上的文化氛围。我们清楚地知道，校园环境文化并不只是我们过去认识的几张环保宣传画和标语、几块宣传栏和黑板报、几次节日的大型活动，还需要实实在在体现在学校发展的各个时期甚至是每个角落。文化似乎是无形的，但体现文化的内容则可以是看得见的。学校通过建设有利于环境改善的校园设施和生态环境，以及丰富多彩的教育活动，营造鲜明的校园文化氛围，以促进全校师生的校园文化意识提高，并采取有效行动，使校园环境文化不断完善、创新，进一步彰显实验小学校园文化特色。

三、扬长德育的班级文化

《说文解字》中对"教育"一词是这样解释的，"教，上所施，下所效也"；"育，养子使作善也"。在西方，教育一词源于拉丁文educare。本意是"引出"或者"导出"，意思就是通过一定的手段，把某种本来潜在于身体和心灵内部的东西引发出来。对照中西方教育的定义，我们可以明了教育的根本就是育人，而后是使其掌握技能。全员德育和全面育人，人人都是德育工作者，是每一所学校德育工作的目标。班级文化的展现是德育工作有效途径之一。德育中班级文化是个系统化的工程，包括了外显的学校育人的文化体系和隐性的校园文化体系，就是说让学生从进入校园，走进班级，从对班级环境、管理、制度的感受，对班级文化的认同，参与各种德育活动的过程中得到道德品质的教育，这里面有班级德育活动这样直接的教育形式，也有文化熏陶这样隐性的教育形式，这些都将形成班级文化的重要组成部分。

（一）班级建设的隐性德育

班级是师生共同建构的生活、学习乐园，它是师生的生活协同体、学习共同体，更是师生的精神家园。小学班级文化，是一个班级的灵魂所在，也是一个班级独特的精神和风貌的体现，它具有凝聚、约束、鼓舞和同化的作用，是学生良好人格品质生成的不竭源泉。

隐性德育是教育者为了实现德育目标，有目的、有计划地通过一定的教育环境和教育活动，通过受教育者无意识、非特定的心理反应使其获得良好品德经验的教育因素。它对学生的影响，通常都是在"非目的性"、"无计划"的自发偶然情况下发挥作用，学生是在潜移默化中受到影响。但它也是有一定目的、有计划、有意识地对学生施加影响，学生也会有意识地从学校环境中习得某些经验。

在班集体建设过程中，班主任既要重视抓好各种专门的德育活动，也要注重优化班级文化建设，充分发挥隐性德育对学生思想道德教育的正面影响。为此，将从三个方面进行诠释：

1.优化班级环境布置

物质环境是隐性德育的重要组成部分，它主要是指学校建筑物、生态环境、班级环境设置等因素，对学生的优良品德形成有着积极的促进作用。

布置班级环境首先要求是美化和净化，同时，班级环境布置还要突出人文性、艺术性。班级环境布置要关注学生的精神世界，要考虑到学生的审美情趣和道德认知水平，要充分体现对学生的尊重和理解。例如设立班级读书角，放入学生喜爱的各种读物，使学生在阅读中接受健康向上的思想观念，在阅读中感受文化的陶冶；开辟由学生作品组成的展览窗口，使学生们在这里找到成功的感觉；设置班级植物之家，培养学生了解大自然、爱护大自然的情感。班级环境布置要充分发挥学生的能动性，让学生在创设美好环境的同时，既锻炼动手能力，又培养为集体服务的意识，增强关心集体、热爱集体的责任感和使命感。

班级物质环境文化建设要根据对象的不同而选择不同的风格、格调。低年级学生以形象思维为主，在班级物质环境布置上要讲究生动形象。黑板报上幽默的卡通人物，墙壁上清脆的小风铃，生物角中绿色的小盆景，金鱼缸里可爱的小乌龟，都会深深地吸引着学生们。中高年级的学生正从形象思维转向抽象思维，并且具有一定的独立思维能力与自主意识，类似低年级的布置显然不再适合他们。有的班级张贴名人字画，营造浓厚的艺术氛围；有的用学生制作的工艺品装点教室，使班级环境富有活力；有的班级张贴名人名言，使学生感受到积极向上的气息。

新课程下的班级物质环境文化建设既保留了传统的班集体建设的优点，又被赋予了新的含义。它既是新课程背景下一种独特的课程资源，又服务于新课程。因此，新课程条件下的物质环境文化建设既要符合学校整体文化建设的需要，又要符合学科课程和德育课程的需要。班级物质环境文化建设还需要不断完善和更新，始终为学生发展服务，为新课程实施的需要服务。板报、学习园地可以定期更换。不定期开展节日小报、钢笔字、手工制作的比赛与展览，充实班级人文气息。

2.优化班级管理制度

优化班级管理制度，首先要使规章制度人性化、民主化。虽然班集体的各项规章制度是为了约束成员的行为达到规范化，但也要注意规定的内容应从学生实际出发，不应过于严格，过于死板，导致学生产生对抗情绪和逆反心理。班主任也要适当引导学生参与制度的制订过程，使学生在参与制订规章的过程中，感受到规章制度是学生自身形成良好道德情操的内在要求，使原本外在的硬性指令变

为学生内心合理的认同。一接班，班主任就与学生一起拟定或完善班级公约，学生共同参与，在继承和发展的基础上，大家各抒己见，把同一方面的内容合并成一条，然后写成草稿，再次修改成文。一份切实有效的班级公约就在同学们的集思广益下诞生了，并张贴在教室的宣传栏，让每一位学生时时对照，严格要求自己，用公约约束自己，班级制度人人执行，随之变化的是班级面貌焕然一新。

在建设班级制度的过程中，各班主要以小学生日常行为规范和学校的相关制度为依据。同时根据班级实际，力求体现班级特色。班主任与学生们一起制定的班级制度有：《班级学生综合素质评价制度》《班级一周小结制度》《值日班长负责制度》《卫生管理制度》《班级之星评选制度》等，这些制度的出台，不仅规范了学生的行为，树立工作规则意识，而且建立了良好的班级秩序。

制订和实施班级制度要注意以下六个方面：

一是抓好开头。俗话说"好的开始等于成功了一半"。新生入校之时、班级成立之初、新学期伊始都是制度建设的好时机。学生刚入校门，就要做好入校教育，要让每一位学生了解规范，重视行为规范的落实，同时制定班级的规章制度。在教师接班之时，或每学期伊始，教师会以"开学第一课致辞"方式，提出自己的治班方略，明确行为规范，让学生知道班级的行为界限在哪里？最高标准是什么？也让学生知道从进校起到离开校园，每段时间该干什么？怎么做符合标准？

二是重视学生主体。学校教育的主体是学生，学生是班级的主人，所以在班级制度文化建设过程中，要充分尊重学生的意见。班级制度可以通过学生讨论、班委修改、最后全班学生投票通过的方式来制订。这样制定出来的制度才会得到学生的认可，才会有生命力。

三是要将"硬制度"和"软管理"相结合。制度是硬性的，但制度的实施不应是简单的执行，而应通过耐心、细致地说服工作和精心设计的教育活动，让学生认识到制订制度的原因和意义，从而使学生逐步实现由"他律"向"自律"的转变。

班级管理中，各班制定符合班级需要的一日常规量化管理细则，并明确常规理由。例如：为什么要好好做眼保健操呢？因为同学们每天用眼时间长，眼睛很疲劳，一天做两次眼保健操，共计十分钟，多多少少可以缓解一下用眼疲劳，减缓近视加深的速度。眼睛一生为我们服务，作为主人，对它好一点是应该的！如果没有广播，请一位同学来喊节拍，也要照做不误，毕竟做眼保健操爱护的是我们自己的眼睛啊！这样一来，学生就会明白做眼保健操的目的。各项规章要求并不是蛮横无理的强制性命令，之所以要求大家执行不是为了评分高，而是为了大家好！

四是教师在执行制度的过程中应发挥率先垂范的作用。俗话说：身教重于言教。教师只有以身作则、躬身实践，方可对学生产生潜移默化的影响，同时也有助于今后对学生的教育。在管理中，若教师没做到，一定先说"对不起，同学们！我错了！"再按制度处罚的要求来自我处罚。此外，教师唯有通过实践，才会发现制度中有待改善的方面，从而促使制度进一步完善。

五是制度的实施要持之以恒。制度的执行一定要长期坚持，不能朝令夕改，更不能只制定不执行。要长期坚持，注重落实。

六是制度的实施要公开、公平、公正。班级制度是针对全体学生的，不能因为某些学生成绩好或者老师偏爱某个学生，就对这个学生的问题回避或从轻处理。一定要保证规章制度的公开、公平、公正。制度从实施之日起，就要保证它的公正性。

3.优化班级精神氛围

隐性德育课程从总体来说，就是要创造一种积极向上的精神氛围，它集中通过班风表现出来。一个班级的精神状态、价值观念、行为方式是每一个成员共同参与和创造的，但它一旦形成又对每个成员发生作用，使他们达到价值和行为的一致。如果学生长期在一个积极向上的班集体中学习，不仅可以提高学习的兴趣和效果，而且也能陶冶一种积极的情绪和情感、努力克服困难的意志品质，树立蓬勃向上的精神。

要形成班级精神文化，应从以下四个方面来努力：

一是教师做好人格精神示范。

班集体良好的精神环境得益于班主任的悉心指导，也离不开班主任的学识修养和人格魅力。班主任在班级工作中体现出来的教育公正、敬业态度、仁爱精神等，对学生有着直接的示范作用，实际上就是学生当前与未来道德生活的样板，是相当重要的道德教育的隐性课程资源。要求学生做到的老师首先做到：学生与教师对话，教师要停下所有工作用心倾听；地面上有纸屑教师应主动弯腰捡起；学生的东西掉地上，教师看到一定帮他拾起；大课间活动离开教室，教师一定要主动关灯……相信，教师的一举一动都落在了学生的眼里，也印在了他们的心里，慢慢地也会体现在他们的行动中。

二是开展多元化的班级活动。

活动形式多样化：为满足学生的多方面的需要，班级里创设多种活动氛围，活动形式穿插变化，活动前后的拓展与补充，拓宽学生视野，促进学生各方面的成长。如：我校开展的"民族文化"特色班活动，各班组织学生认识各个少数民族的生活习惯与民俗特点。学生通过查阅资料、编辑小报、民俗展示等方式，了

扬长教育

解中国是一个多民族的国家，民族文化源远流长，从而激发学生热爱中国民族文化之情。再如：主题为"走进科学"的班队活动，活动调动学生运用不同感官，采取喜闻乐见的形式感受科学。

案例：

"少年科学院"活动板块教学设计

班　　级	二（3）班	时　　间	2013.4.22
地　　点	实验小学	教师姓名	杨琳
主　　题	争做"科学小问号"		
活动形式	实验、体验		
活动版块	"少年科学院"活动		
理论依据			
语言能力是在运用的过程中发展起来的，发展语言的关键是创设一个能使他们想说、敢说、喜欢说、有机会说并能得到积极应答的环境。了解科学的作用，探索科学的奥秘。积极动脑思考问题，喜爱科学幻想。激发学科学、爱科学、讲科学、用科学的科学热情和品质，提升科学素养和实践能力，进一步推动我校科技创新教育活动的开展，培养自信、豁达、表达能力较强的队员。			
活动背景分析			
由于二年级学生年龄小，知识经验不是很丰富，因此我们首先想到的是发动家长资源，我向家长介绍了这一活动的重要意义，得到了他们的支持和配合，他们为孩子们买了各种书籍、磁带、vcd，内容有：谜语、脑筋急转弯、十万个为什么、蓝猫淘气三千问等，和孩子一起看或向孩子介绍各种知识，充实孩子的大脑。要求学生每天回家重点了解2——3个小问题，能说题目，也知道答案，这样就具备了来当小问号的基本条件。			
活动目标			
1.激发好奇心，培养学生观察、发现问题、解决问题的能力。 　　2.培养小组合作学习的能力。 　　3.培养学生热爱科学的情感。 　　教学重点：培养学生观察问题、发现问题、解决问题的能力，并掌握一定的观察方法。 　　教学难点：小组合作学习方法的指导。			
活动内容			
本课以实践活动为主，以(问题妙妙屋——智慧大影院——科学家长廊——快乐体验坊——"发明家"摇篮)参观游览的形式让学生轻松感受和体验，在趣味昂然的课堂氛围中，增长知识、培养能力、激发情感。			

活动准备
进行人员的布置，设备的准备，进行活动的动员及前期的各班级的准备。具体事项在步骤与过程中体现。

活动步骤与过程

（一）课前探究部分

1.教师准备：制作故事片，了解科学家的发明故事、搜集科学家图片，准备科学小实验材料，对小组合作学习的方法进行讲解和训练。

2.学生准备：课前搜集科学家故事和科学名言，并上传到班级网络日志。

（二）互动部分

创设情景 体验实践

导言激趣：同学们，今天老师在智慧鸟的邀请下，要带领大家搭乘智慧快车，一同到科学大观园去参观体验，你们愿意吗？今天我们要到达五个地方，它们分别是问题妙妙屋——智慧大影院——科学家长廊——快乐体验坊——"发明家"摇篮，愿意去的同学用掌声告诉我。

活动一 问题妙妙屋

首先到达第一站——问题妙妙屋(请看大屏幕)

1.智慧鸟：同学们，谁是平时最喜欢问"为什么"的小朋友?请举手。

2.智慧鸟：能把你平时心里的小问号说给我智慧鸟和小朋友听听吗?

学生：①为什么下雨过后天空会出现彩虹呢？

②地震是怎么回事？

③为什么月亮有时候弯，有时候圆呢？

④为什么小蜜蜂会叫，蝴蝶不会叫呢？

⑤水果的"宝宝"都长什么样子呢？

⑥为什么水果放久了会变颜色呢？

⑦耳朵为什么能听到声音？

⋯⋯⋯⋯⋯

3.教师:是啊,同学们,只有平时留心观察,小问号就在你的身边!先把这些问题记在心里,看看参观体验过后,你学会了什么好办法去解决心中的小问号,好吗?

活动二 智慧大影院

1.教师:下面,让我们一起走进智慧大影院,一同来欣赏个故事片《方便防雨书包》好吗?

2.智慧鸟讲述:故事片《方便防雨书包》(刘冰心书包被淋湿了,她受外套带帽子的启发,发明了防雨书包)你喜欢这个防雨书包吗?能把她的发明过程说一说吗?你还有没有好的建议?

3.小组内交流、汇报 。

问题	办法	动手过程	解决问题
书包被雨淋湿			

活动三　科学家长廊

1.看了这位同学的发明，你一定在心中有很多想法，也想快点去实现，是吗？下面让我们一起走进科学家长廊，了解一些科学家的发明故事，看看又会给你带来怎样的启发，好吗？

2.智慧鸟讲述：《萤火虫为什么会发光》（英国科学家波义耳通过萤火虫发现冷光的故事），听后你想说些什么呢？

3.教师：孩子们，你们还了解哪些科学家的故事要讲给大家听呢？

（学生简单讲述，灯片出示科学家图片：爱迪生、牛顿、诺贝尔、居里夫人……）

4.不仅是科学家的故事，还有科学家的名言，都给我们已深刻的启迪，你能给大家说说吗？

一切推理都必须从观察与实验得来。---伽利略

人的天职在勇于探索真理。---哥白尼（波兰）

活动四　快乐体验坊

1.教师：科学家的成功不仅靠他们的聪明才智，更重要的是他们留心学生活动，善于观察，善于发现，善于钻研，善于实践，接下来，我们将一同走进快乐体验坊，带着你心中的问题，一起动手来感受几个科学小实验，说说你的发现，好吗？

2.分组体验活动。

A 海底火山爆发（实验材料活动前准备好）

①把大水槽中注入水；

②在小墨水瓶中装满热水，并滴入少许红墨水，盖紧盖子；

③把装满热水的墨水瓶放入水槽中；

④迅速打开盖子，热墨水将会向上涌，不断上升、扩散。

B 颜色爬格子（感受毛细现象，实验材料活动前已准备好）

布条、塑料条、纸巾、粉笔四种材料，在水和醋溶液中，颜色爬格子的情况如何？

C 耳朵的秘密：（耳朵构造模型活动前已准备好）

用简单的耳朵构造手工模型，发现声音在耳朵中传播的秘密。

D 舌头是傻瓜：（水果、蔬菜活动前已准备好）

（1）把对方眼睛蒙好后，再用手轻轻捂住对方的鼻子，不让他闻到气味。

（2）让对方伸出舌头，把切好的水果（蔬菜）放在其舌头上片刻。

（3）吐出水果（蔬菜）后，让他说出水果（蔬菜）的名字。（水果、蔬菜）放在舌头上的时间不能长，也不能让对方舔尝水果（蔬菜）味。

E 旋转的陀螺（陀螺活动前已制作完成）

①把硬纸板剪成圆形；

②找到中心，用锥子扎个孔；（空要小一点）

③用赤、橙、黄、绿、青、兰、紫七种颜色涂匀圆纸板；

④火柴棍插到圆纸板中，火柴头朝下，做成一个小陀螺。

F 油和水的脾气（实验材料活动前已准备好）

①把油和水取少许倒入一个玻璃杯中，拿筷子混合搅拌；（静止后，油和水还是分离开。）

②在杯子中滴入洗洁精，边滴边搅拌，直到油和水完全融合为止。

活动五　"发明家"摇篮

1.教师：同学们，刚才的体验活动你们喜欢吗？这几个实验有的是我们生活中的现象，有的是我们人体的奥秘，还有的是自然现象，你们在体验中有什么新的问题？也可以谈谈你的收获。

2.教师：孩子们，你们的收获真不少，有那么多的小问号真好，其实很多发明创造都来自生活中的不方便，平时，遇到问题，你也多问几个为什么，想办法改变生活中的不方便，可能就是最好的发明和创造了。在你的周围有哪些不方便被你发现了？

（三）活动延伸

同学们，今天的参观体验你们真是让我感受到了太多的惊喜！有那么多小问号回荡在我的脑海中！有那么多的团结合作印在了我的记忆里！还有那么新奇的想法和发现深深地刻在了我的心坎上，我在等待，等待你们的小问号变成新知识，传递给我；我在等待，等待你的小发明摆放在这里，变成专利！你们有信心吗？加油吧，胜利属于善于观察、勤于动脑的你！

（四）总结

小发明、小制作展评，颁发"小小发明家标志"和奖品。

评价激励手段

通过活动的展开，我们将进行投票"幸运星"、"体验之星"、"动手之星"、"创造之星"的评选，并在全校进行表彰。另外我们各班的博客中会有各位学生的优秀作品，可以通过网络的形式进行互评达到共享资源共同进步。

活动预期效果
孩子们通过合作进行学习，彼此之间相互交流、相互尊重。在合作学习的过程中，既充满温情和友爱，又充满了互助和竞赛。活动中每个人都有机会发表自己的观点与看法，也乐意倾听他人的意见。孩子们在一起合作融洽，学习就变得更加愉快。同时，我们也可以发现孩子们在合作中学会了沟通、互助、分享。既能够尊重他人、理解他人、欣赏他人，也能使自己更好地得到他人的尊重、理解与欣赏。所以，合作学习不仅能有效地调动所有参与者的积极投入，充分发挥每个人的聪明才智，而且能激发每个人的求异思维。这种合作的意识和品质对孩子创新意识和创造能力的培养具有很深远的意义。

活动拓展
活动过后，我们将二年级同学们的活动收获通过网络的形式，进行班级间的交流，让其他年级的同学进行学习。

活动后记（随笔）
这次活动中，教师的角色更多是观察者，支持者。由于具体内容的选择是源于学生的兴趣，因而是与学生的发展水平相符合。在这种情况下，教师更需要通过观察，把握学生的最近发展区，并通过适当的介入、引导，有效地促进队员的发展。要想最大限度地发挥主题活动的效益，家长及社区资源是极为重要的，家长的知识、信息的多元化成为学生，甚至是教师的最佳辅导老师。丰富的社区资源，为主题活动的深入提供了更为广阔的空间。但值得注意的是为了获得最积极的配合与协助，学生与家长，学生与社区的沟通是非常关键的。在活动过程中，我们并不强调学生对某些特定知识技能的习得，而是将知识与概念隐含于学生乐于参与的情境中，引导学生在情境中探索与实践，主动地习得知识和技能。学生不仅在教师的组织下学习，而且也是在自己的兴趣引导下的探索学习。 　　对于集体中的每位成员在主题班会活动实施过程中，他们都是活动的主人，都是参与者、设计者、收益者。通过实践，我们感到主题活动以分组教学的组织形式，有利于教师的观察与指导，更利于学生的参与和实践，大大提高了互动的质量，让每位学生都有展示自己的机会，获得成功的体验。

　　在主题班会活动的设计中，我们感觉如果能够从学校实际和学生的年龄特点出发，突出设计的校本化和个性化，会达到事半功倍的教育效果。

　　活动资源校本化：我校着力进行校园文化资源的建设，为学生提供了丰富的文化生活设施。如电子阅览室、音乐专业教室、美术专业教室、科技专业教室、实验小学电视台等，以此营造深厚的文化底蕴与人文气息。校园内各楼层主题墙的介绍、名人名言、古训谚语、台阶文化、班训班风、校训校风，融知识性、思想性、教育性、趣味性为一体的楼道文化等，都带给学生无尽的探索空间，陶冶了学生的情操，激发学生爱校如家的情感。如：我校针对校园文化教育进行的"知校、爱校"活动中就有这样的活动：

案例：

实验小学校园文化校本课程教学设计

教学内容：校徽文化

知识内容：

1.认识校徽。

2.知道校徽中各种图案、颜色的含义。

拓展内容：

绘制校徽，放进自己的文具盒，时刻提醒自己作为实验人的成长目标。

课后思考：

教学设计方面采取切实可行的措施、方式和方法，改进校园文化课程和教学中存在的不足。从课程建设的角度，促进校园文化教育观念的转变，促进校园文化课程模式、学生学习方式和课程评价方式的变革，有效运用各种资源，收到了很好的教学效果。在评价方面，不同方式的评价，让学生充分展示自己的作品，诠释自己的创意与决心，在欣赏交流评价中互相学习，完善自我，并体验成功的快乐。

教学目标：

知识与能力：认识校徽并知道校徽中的图案、颜色所表达的含义，体会校徽对于学校的重要性。

过程与方法：通过ppt演示，剖析校徽的组成，知道其表达的含义。

情感与态度：通过对校徽的理解，知道自己作为实验人的成长目标，培养热爱学校的美好情感，激励自己为目标而奋斗的决心。

教学重难点：

教学重点：分析校徽的组成，知道其表达的含义。

教学难点：通过对校徽的理解，知道自己作为实验人的成长目标，培养热爱学校的美好情感，激励自己为目标而奋斗的决心。

课时安排：1课时

板书设计：

"s"——舞动的彩带，寓意欢乐的校园生活。

"y"——象征人体躯干，寓意学校扬长教育的办学理念。

"●"——像初升的太阳，寓意学生健康快乐的成长。

校徽

教学阶段	教师活动	学生活动	设置意图
一、故事导入，认识校徽的重要性	1.故事情境： 为大家介绍外国朋友麦克在中国旅游的一段经历。这一天一场事故使得麦克受了伤，与朋友失散掉了队。此时的麦克疲惫不堪，急需向人求助，可他发现手机已经摔坏，语言又不通，怎么办？（出示电话标志）你们看他找到了什么？公用电话，马上与朋友取得了联系。远远的他看到了什么？（出示医院标志）包扎好伤口，他觉得饿了，（出示麦当劳标志）于是进去饱餐一顿，接着他又看到了（出示厕所标志），口袋里的钱不多了，他又到了（出示银行标志、ATM标志）拿到钱后，直奔机场（出示机场交通标志）。 2.谈话分析： 在身处异国他乡、举目无亲的情况下，麦克是靠什么脱离了困境的？ 3.欣赏标志： 生活中许多标志，你都能读懂它传递出的信息吗？如何读懂的？现在就考考大家。（出示标志图片）	学生倾听并思考：标志的作用 一个个标志。 学生体会：标志是用文字或图形来表明事物特征的一种符号。这种符号简单易于识别，特别醒目，所以麦克很容易看到，也明确它的含义。从而意识到：标志简直就是一种无声的语言，它向人们传递着重要的信息。 学生互动识别	通过故事的引入，学生认识到标志对于工作生活的重要性。 互动游戏式的环节，激发学生对本课的兴趣。

		校徽	
二、校徽欣赏，探究含义，体会校徽深刻寓意，明确成长目标，提升爱校情感。	1.教师归纳引出校徽的研究：标志存在于我们社会的每个角落，适用于生活各个方面，一个国家、一个企业、一个组织、交通安全等等都有各自的标志，已经形成了一种文化。那学校有没有标志呢？学校的标志叫什么？（板书：校徽） （1）引导学生仔细观察校徽的组成部分及特色。 （2）进一步引导学生深刻理解学校校徽的深层含义： "s"作为变形的彩带，寓意欢乐的校园生活。 "y"作为变形的人物躯干，代表学校扬长教育的办学理念。 中间"●"是红色，既代表初升的太阳，又与"Y"字形躯干组合成人的造型。 最外侧是同心圆"◎"，内侧圆代表实验小学全体教职员工，外侧圆代表家长、社会，寓意在社会、学校的共同爱护下实验小学将走向更美好的明天。 总结：无论字母或是图形，都要很简洁，体现学校的特色。 我校的校徽给了你怎样的启示？	学生发现形状、颜色的特点含义：学校校徽主要造型由字母"S、Y"组成，是"实验小学"汉语拼音拼写的首写字母。 学生思考并相互进行交流，学生反馈： 在欢乐和谐的校园中度过美好的六年小学生活，在六年中要不断的发展自我，共同创造灿烂的明天。	教师的归纳总结有助于学生认识的提升。学生有了这些初步的认知做铺垫，在之后的校徽认识中，就会自然而然地以这些信息引导自己去观察、去发现、去领悟。 通过对校徽发现，让学生不断观察、反复讨论，从而总结实验小学校徽的基本含义。 结合自我感知提升对校徽的理解，从而明确自己的成长目标。
三、制作校徽激励牌，总结激励。	为自己制定一个成长目标。（准备卡纸）	不同的年级有不同的成长目标，每位同学根据自己的情况制定。用准备的卡纸绘制校徽，旁边写下自己的成长计划，设计后放入自己的文具盒中。	

	同学们，我看到了大家丰富、独特的设计构思、合理的成长计划，课后我们要把它装饰得更加精美，等有一天你离开实验小学的时候，送给我们的学校！希望不久的将来，实小因为你的成长而更加精彩！		通过拓展设计校徽激励牌，促进并强化实验小学学生在校的自我发展目标。　思无止境，一节课的学习和制作，毕竟尚显粗糙，鼓励学生课后在"精美"上多下功夫，体现"应用于生活"的设计理念。

活动特色个性化：学校教育服务的对象是小学生，根据他们的年龄特点和心理特征，我们的班级活动内容与形式要尽可能新颖、富有童趣，才能吸引学生广泛参与，保持积极性。各个班级根据自己班级的特点，由学生自己设计富有创意的班徽，配有简洁明了的班级格言，班级目标，班级特色。又如我校在开展网络与生活的研讨活动中，四（3）班针对本班学生因地域情况无法与科学家面对面畅谈的问题进行了个性化活动设计，利用网络与科学家对话，开启探索科学的大门。

案例：

辅导员姓名：贾小利

活动形式：座谈

活动板块：面对面交流网络辅导

理论依据：

榜样教育在人的社会化过程中起着不可替代的作用，美国著名心理学家阿尔伯特·班杜拉的社会学习理论对此作了充分的论证。班杜拉认为，从动作的模拟到语言的掌握，从态度的习得到人格的形成，均可以通过对榜样的观察和模仿加以完成。榜样教育的过程是人、行为与环境相互作用的过程，要想方设法激活人、行为和环境的因素，特别要充分发挥替代性强化和认知的中介作用，使人们更加理性地理解榜样的精神实质和时代内涵，并有选择性地纳入自己的价值体系，成为自己信念的一部分，通过实践把"观念的存在"变成"现实的存在"。

人在不同的年龄段和心理成长阶段，对于榜样的接受和需求是不同的。科学家在儿童心目中是一个榜样的群体。但是，因为一般人很少能够接触到科学家，所以，对科学家的认识是模糊的。与科学家面对面活动可以拉近学生与榜样之间的距离。这样具体的、有亲和力的榜样形象更容易给学生以正面的激励和鼓舞，使他们把榜样精神真正落实到自己的实际行动中。

活动背景分析：

科学，作为人类认识世界、探索未知的一种实践和精神活动方式及其结果，构成了人类文化的重要部分。科学富有革命性的力量，是一切社会变革的根源。科学的发展，改变着我们的物质生活，开阔了我们的视野，解放了我们的思想，变革了人们的精神。所以，科学家是推动人类发展的重要生力军，培养未来的科学家是我们教育工作者的重大责任。

受导学生处于中年级学习阶段，学习的任务比以前重了，学习的知识比以前难了，需要孩子们在学习上更加勤奋，独立。但是，队员们多是独生子女，依赖性强，完成学习方法上的转变需要一个教育的契机。所以我们为队员搭建了一个活动平台，使队员们在活动中接受榜样教育和自我教育，从小养成认真学习的好习惯。

方式：调查、沟通、媒体

活动目标：

了解科技工作者的贡献，学习他们的爱国之志、科学态度和创新精神。培养学生认真学习的好习惯。

活动内容：

听科技工作者讲故事，与科技工作专家交朋友，聘请科技工作者做志愿辅导员。在他们的辅导下开展爱科学的活动，培养认真学习好习惯。

活动准备：

1. 了解身边的科技工作者，指定与科学家面对面进行交流的对象；

2. 派代表与科学家面对面交流；

3. 后期与科技工作者进行网络交流，接受科技工作者的实际辅导与指教。

活动步骤与过程：

一、访问身边的科学家，了解科学家的工作，与科学家交流，写出交流体

会。与科学家建立联系，以便日后进一步交流。

1.制定活动步骤详细制定出访谈的内容和礼貌细节。

2.主动与本区首钢设计院的工作者联系。

3.选派代表10人与科技工作者面对面交流。

4.交流期间有专门的记者录像，拍照。

5.与科学家留下联系方式，便于指导学生开展科技活动。

二、后续任务。

与科学家进行网络交流，在他们的辅导下开展一次科技活动。

1.民主讨论确定开展一次设计未来学校的模型。

2.设计材料：废旧瓶子、药盒、报纸。

3.向专家请教模型制作的专业知识。

4.中期带着模型请专家把关。

5.终期请专家评价作品，评出等级。

6.活动中班级小记者一直跟进，并及时通过班级之窗报道活动进程。

三、总结表彰

1.与会人员：科学家代表，校外辅导员，全体师生。

2.班长总结活动的经过。

3.选出的优秀科研积极分子谈自己的收获。

4.为"小小科学家"、"最佳科研记者"、"最佳论文"、"最佳观后感"颁奖。

四、拓展延伸

1.每周评选学习探究之星、解难题之星、动手之星、学习积极主动之星。

2.把活动的录像照片材料进行制作，作为班级一个活动资料保存。

评价激励手段：

1.评选出十份感受深刻的观后感。

2.评选出积极参与活动的优秀学生。设立：访谈奖、小小科学家奖。

活动预期效果：

通过本次活动，培养孩子们对科学的兴趣和热爱，使他们养成善于观察、思考，一丝不苟的学习习惯。

活动拓展：

制作小发明、制作采访科学家视频、评选认真学习的优秀少先队员。

活动后记（随笔）：

在本次活动中，同学们积极参与，提出合理的建议，体现了民主精神。活动的设计思路很清晰，紧紧围绕与科学家面对面的主题，了解到了科学家的献身精神，对祖国的贡献，严谨的科学态度，队员被科学家的刻苦学习精神、认真工作的精神所感染。又得到了科学工作者的亲自指导，践行了认真思考、勤于动手、一丝不苟的科学精神。学生们的思想受到了一次科学精神的洗礼，在后继的学习活动中，表现出了认真、勤奋。

不足：因为条件有限，访问科学家的活动只能是部分学生参加。多数学生观看了访问的经过，影响了这一阶段的活动教育效果。

三是构建和谐的人际关系。

构建和谐的人际关系对精神文化建设有着重要意义。班级建设中要处理好生生关系和师生关系。

处理好生生关系。包括：提倡助人为乐，心中有他人；看人要先看别人的优点和长处，正视自己的缺点和不足；培养学生的幽默感；要有团队意识和合作精神。教师要引导学生将善意传递给别人。每天清早来到教室，同学间互问"早上好"。大力倡导同学们相互关爱，所有在别人失落后送去安慰的人，在别人遇到困难时予以热情帮助的人，在别人生病时慰问、病愈后问候的人，当他人遇到压力时能鼓励支持的人，乐于与人合作的人，能宽容别人过错的人，能欣赏别人优点的人，都能得到赞美。

处理好师生关系。则需注意以下几个问题：教师要热爱学生，使得学生对教师的情感油然而生，让教育更富真情实感；教师要以自身素养和人格魅力让学生喜欢自己，运用教师魅力让教育更有动力；教师应通过自己的言行树立威信，让教育有深度；教师要培养民主作风，让学生感受公平，获得自信；教师要了解学生的心理特点，做学生的知心朋友，懂得宽容、悦纳学生。

四是培养班级凝聚力。

班级凝聚力是在多因素共同作用下形成的。如：班级之窗的展示，校运动会的竞技，校园节日成果分享等等，都需要团队的力量才能取胜。其中，最能调动一个班级学生情感的，最能体现班级凝聚力的莫过于一年一次的校运动会。在校运动会期间，一方面，教师尽可能地动员每一位学生参加运动会，同时把没机会参加运动会的学生组成宣传组、后勤服务组、卫生清洁组、安全保障组，让每位学生都参与到校运动会中去，让他们懂得每一个人都有价值，都应为班集体出一份力。每次运动会，班级的各项活动都能在紧张而有序的气氛下进行，往往是既

取得了良好的运动成绩，又增强了班级的凝聚力。教师适时抓住教育契机，就能达到事半功倍的效果。

综上所述，班级物质文化建设、班级制度文化建设、班级精神文化建设是按照从浅入深、由表及里的顺序排列，它们层层递进，但三者之间又相互作用，相互影响。例如：班级环境的设计、布置体现师生共同的欣赏品味，而环境的维护要靠制度作保证；班级制度中有维护环境方面的要求，同时又是形成班级精神的必要保证；良好的班风必然依托洁净优美、精心布置的教室环境和师生共同参与制定、修改完善的制度。只要班主任老师们愿意花大力气从这三个层次着手开展班级文化建设，就能建设出一个优秀的班集体。

隐性德育课程对学生的道德思想和道德行为具有一定的约束力。这种约束机制是通过文化控制、价值熏陶来实现的。在实际班集体建设中，不仅要使成文的规章制度合理化、人性化，也要注重在班内形成良好的集体舆论，通过群体监督使班集体健康发展。

（二）班级建设的显性德育

显性德育是指德育工作者通过明显地、直接地向受教育者表明教育的目的、任务和内容的教育活动，使受教育者受到影响的有形教育方式，具有教育目标明确化、教育主客体固定化、教育效果显著化等特点。就学校德育整体而言，少先队是学校德育的重要组成部分，是学校德育的重要途径，即学校德育内容、方法、过程的承载体之一。实验小学在诠释班级建设的显性作用中从以下方面进行了研究：

1.少先队在德育中的助推作用

少先队以思想教育活动为载体，团结教育少年儿童，德育运用这一载体使得少年儿童全面发展。少先队活动多种多样：举行队会，组织参观、访问、野营、旅行，故事会，开展文化科学，娱乐游戏，军事体育等各种有意义有趣味的活动，以及参加力所能及的公益劳动和社会工作。少先队活动具有教育性、趣味性、创造性、自主性和实践性。通过一系列少先队活动，进行"自我教育"，从而提高少年儿童的思想觉悟，巩固科学知识，开发智力，陶冶情操，磨炼意志，增强能力。少先队的性质和任务决定了少先队具有的德育教育功能是其他教育渠道所不能拥有的。

德育是教育工作的灵魂，其本质是人格的、生命的、发展的、完整的教育。小学德育工作是一项系统工程，必须挖掘和利用校园内外的各种德育资源，重视少先队在德育中的作用。在新的形势下，如何充分发挥少先队在德育中的助推作用，把抽象的德育寓含到能看得见、摸得着的少年儿童喜闻乐见的少先队特色活动上来，打动学生的心灵，使德育工作融于学生的情感和精神之中，从而使德育工作务本求实。这就需要重视少先队主题教育活动在德育中的推动作用。

少先队礼仪教育与行为习惯教育是对队员进行基本道德规范教育的有效形式与重要途径，我校少先队结合学校"扬长教育"理念，通过每周评选"班级吉尼斯"、校级"特长之星"，从中推选出具有榜样作用的一名"特长之星先锋岗"队员，该队员在周一的校门口手执大队旗，佩戴绶带，运用榜样的力量推动队员们确立自己的奋斗目标，使队员们将这样的礼仪教育活动赋予新的含义，对加强少年儿童思想道德教育，增强少先队的凝聚力具有重要意义。

经验证明，少先队是对少年儿童进行德育教育的一种主要的组织形式和重要的教育阵地。发挥少先队组织贴近少年儿童、了解少年儿童的优势，可以助推学校德育工作发展。

2.以活动为载体，充分发挥活动在德育中的作用

一是主题班队活动——熏陶自我

主题班队活动是少先队活动开展的最基本的组织形式，也是对学生进行德育教育的最有效的途径。它拥有学校班级授课并列入课程表的特有优势，抓住主题班队活动就是抓住德育教育活动的关键，开创性地开展主题班队活动，让学校德育工作更加具体化、多样化。

班队活动，创新育人：在每周的班队活动中，精心设计和组织开展内容鲜活、形式新颖、吸引力强的班队活动，力争做到一个主题，多种教育。如：举行"祖国在我心中"、"我为祖国添光彩"等主题班队活动，对学生进行爱国主义教育的同时进行了扬长发展充满自信的心智教育；举行"向雷锋叔叔学习"、"向海迪姐姐学习"等主题班队会，激发学生学有榜样的内在力量，感染他们思想的同时培养学生树立理想信念教育；举行"孝敬父母"、"做合格的小公民"、"珍惜时间"、"从我做起，从小事做起"等主题班队活动，对学生进行思想的洗礼，提高他们自身的素质，自立自强，树立"天生我材必有用"的自信心，并从社会主义核心价值观的角度对学生进行了公民教育。

传统活动，传承美德：传统活动是德育中富有教育意义、最为少年儿童所喜爱的活动，年年开展，形式多样，形成传统。如：新年慰问烈军属、师长；端午节重温民俗文化；清明节祭扫缅怀英烈……活动中激发学生的光荣感和自豪感，在对少先队光荣历史的回顾中，感受社会主义的温暖，感受中国共产党的伟大，爱国、爱党、爱社会主义之情会油然而生。

节日纪念活动，增强民族使命感：节日纪念活动是德育组织在节日或纪念日所开展的对少年儿童进行教育的活动。如：庆元旦、春节、植树节、"五一"劳动节、"六一"儿童节、党的纪念日、"八一"建军节、教师节、中秋节、国庆节、建队周年纪念日举行庆祝活动等等。在活动中让学生认识中华民族是一个有着悠久历史传统的民族，学习祖国的悠久历史、灿烂文化和优秀传统；知史明志，增强振兴中华的使命感；从而使每位学生在日常生活中能遵纪守法、敬老爱幼、助人为乐、勤俭自强、为中华之崛起而勤奋学习。

二是阵地活动——锻炼自我

阵地是青少年儿童在集体建设中亲自参与建设和管理的活动场所。阵地活动是很稳定的，有场所，有制度，可长期开展，因此它是少先队深化教育效果的一种良好手段，充分发挥各中队的阵地作用，开展不同内容不同形式的中队活动，可以满足不同队员的需要，也是德育工作整体深入的有效途径。

宣传教育活动：利用班级角、墙报、信息发布栏等进行宣传教育。如："红领巾角"，通常设在教室的一角，有"英雄角"、"图书角"、"科学角"、"友谊角"等等；介绍古今英雄人物、科学技术成就、名人事迹、本班学生的优秀作品，使队员耳濡目染，时刻受到教育。

兴趣社团活动：组织文化、艺术、科技、体育等方面的兴趣社团，通过自娱、自乐丰富学生的课余生活，在一系列健康、有益、有趣的兴趣活动中，陶冶情操，开发智力，学习科学知识，促进学生全面发展。

劳动实践活动：利用种植园、小苗圃、饲养园等场所进行劳动实践活动，我校每个中队都有自己开辟的种植园，让学生在劳动中认识到"劳动是人世间一切快乐的源泉"，树立正确的劳动观，继承和发扬"爱劳动"这一中华民族的传统美德。

综合活动：在寒暑假或节假日期间组织开展夏令营、假期乐园、少年之家等活动，既可使学生得到愉快的休息，又可以受到有益的教育；综合活动可使学生德、智、体、美、劳各方面得到锻炼，有利于学生全面健康发展。

三是体验教育活动——塑造自我

让少年儿童在亲身实践中把做人做事的道理内化为健康的心理品格，为养成良好的行为习惯奠定坚实的基础，这就是德育提出的"体验教育"。让学生"在体验中获得成功，在体验中获得成长"是体验教育的内涵。体验活动以引导少年儿童形成对他人、对社会、对自然、对自我的态度为核心，以感知相关的基本认识和培养相应的能力为基础，以通过反复体验养成的良好行为习惯为外在标志和落脚点，以扮演角色和进入特定的情景为主要形式，从家庭生活、学校生活、社会生活、大自然等各个方面，寻找一个"岗位"，扮演一个角色，获得一种感受，明白一个道理，养成一种品质，学会一种本领。

在家庭生活中体验：学生把为家庭生活服务作为"岗位"，把"当一天'爸爸'、'妈妈'"作为扮演的角色，根据家庭生活的实际情况体验打扫房间、买菜、做饭、洗衣服、照顾老人、邻里沟通等，或"跟爸爸、妈妈上一天班"，体验父母的路途辛苦和工作状况，获得家庭生活的真实感受，明白孝敬父母的道理，养成热爱劳动的品质，学会为父母分忧、生活自理的本领。

在学校生活中体验：学生把为老师同学服务作为"岗位"，把"当一天辅导员、老师、校工、校长"作为扮演的角色，体验组织活动、备课、讲课、组织教学、维护秩序、后勤服务等，获得为人师表的真实感受，明白尊敬师长的道理，养成热爱学习的品质，掌握自主学习、自我管理的本领。

在社会生活中体验：学生把为社区服务作为"岗位"，把"当一天清洁员、售货员、交通警、医生护士、科技研究员、社区调查员"等作为扮演的角色，体验服务他人，服务社会、实现价值的真实感受，明白做合格公民的道理，养成文明礼貌、团结互助、诚实守信、遵纪守法、珍惜劳动成果的品质，掌握适应不同生活环境、用自己的双手创造美好生活的本领。

在大自然中体验：学生把为爱护大自然服务作为"岗位"，把"自然小卫士"、"环保宣传员"等作为扮演的角色，体验远足野营、动植物观察、生态环境评估、回收可再利用资源等，获得自然界和谐与美好的真实感受，明白人与自然和谐相处的道理，养成热爱自然、爱护环境的品质，学会保护动植物、保护生态环境的本领。

一位专家说得好："听到的容易忘记，看到的印象不深，唯有在实践中感知、理解、领悟、体验过的才刻骨铭心、永世不忘。"思想道德教育的体验教育是长期的、细致的工作，需要持久进行。体验教育的开展犹如雕刻，只有一刀一刀地精雕细刻，达到入木三分的教育效果，才能在孩子心灵中打下烙印。

少年儿童是祖国的未来，民族的希望。他们正处在思想道德品质形成的关键时期，正处在长身体、长知识，世界观、人生观、价值观逐渐形成的特殊阶段。这需要我们分层次、有步骤地正面引导，通过德育特色活动，从增强爱国情感做起，从确立远大志向做起，从规范行为习惯做起，从提高基本素质做起，促进他们全面发展。让德育活动在教育中发挥出更大的作用，把德育真正落到实处，落到每一位少年儿童的心里。

第二节　扬长德育的创新实践

"扬长德育"是在学校扬长教育理念指导下开展的德育，它遵循扬长教育的"格物致知、长善救失"的核心价值观，并以培养具有"自信、求索、创新品质的英才少年"为育人目标。

我们认为："每一个学生都是优秀的，他们身上都有一双隐形的翅膀，应该摒弃只用学业成绩一把'尺子'衡量学生的评价方式。教育者要努力帮助学生展开他们那双隐形的翅膀，助他们在广阔的天空中自由翱翔。"为此我们将工作重点放在过程评价上，认识个体差异，了解他们的先天素质、生活环境、生理特点、心理特质和兴趣爱好存在的不同。在活动进行的过程中，在教育教学的环节中，拿起放大镜去寻找学生的优点、长处，不断扬学生之长，促进学生兴趣、特长的多元发展。

一、扬长德育的课程建设

扬长教育理念为我校的特色办学理念，是从"扬长"出发，以"促全"为目标的教育理念。这一理念是贯穿于学校的各项工作中的，是师生发展的指导思想。我校的校本德育课程建设以扬长教育理念为指导，每一门德育课程建设目标不仅仅局限在某一方面，是着眼于学生全面和谐发展而制定的。同时，在课程的开发过程中，教师结合自身专业和特长选择课程内容，编写实施方案。这一过程也是扬教师之长，帮助教师提升专业化水平的过程。

（一）扬长德育的课程特色

我校的扬长德育课程是以学校"扬长教育"的办学理念为指导，以"实验精神"为引领，以学生现实的环境和条件为背景，以学生的实际需要为出发点，以师生的发展为目标而构建的校本德育课程。其具有以下特点：

内容上：扬长与促全相结合。我们的扬长德育课程体系为四类八型的框架，课程纵向侧重学生扬长，横向侧重学生促全，是一个纵横交错，整体交织的立体的课程体系。

形式上：教育与感悟相结合。我们的德育课程在拓展丰富的教育形式的基础上，注重激发学生的感悟，引导学生用心灵去感受生活，感悟道理，在深入思考中自主的进行判断选择。

评价上：过程性与发展性相结合。我们围绕扬长教育的理念，遵循多元智能理论，尊重学生差异，以学生个体发展为评价指标，将学生参与活动过程中的收获、个性发展过程中的提升作为评价的依据，对学生进行多元的评价。

（二）扬长德育的课程框架

1.确立"扬长德育课程"目标

"扬长德育课程"尊重孩子、赏识孩子，激励孩子去探索、创造有价值的生活，从而培养学生自信的品质，让每个孩子体验成功。

2.构建"扬长德育课程"体系

学校扬长德育课程发扬学生优势、专长，不以学业成绩为目的，而是为学生特长发展与潜能的挖掘提供机会、搭建平台，通过赏识、促进、创新使学生的专长发扬光大，真正学有所长，拥有一技之长。其原则就是赏识学生、尊重学生、发扬专长，优势互补。

实验小学扬长教育德育课程体系

类别			内容	目标
德育课程	学科课程	语、数、外、音、体、美、劳、科	育德点	以学生为本，以德育为核心，开展扬长教育。
		德育学科	品德与生活	
			品德与社会	
			心理课程	
	专题课程	地方专题教育	生命教育	尊重、珍惜、热爱生命	专题课程培养学生良好的公民基本素养，积极应对社会发展中出现的各种问题，培养学生健康文明的生活方式，促进学生全面发展，提高学生的社会适应能力。
			安全教育	交通安全	
				食品安全	
				消防安全	
			国防教育	使命教育	
			可持续发展教育	模拟联合国	
				环境教育	
		校本专题教育	礼仪教育	文明礼仪教育	
				交际礼仪教育	
				活动礼仪教育	
			仪式教育	开学典礼	
				结业式	
				升旗仪式	
				入队仪式	
				毕业典礼	
				校园节日开、闭幕式	
			法制教育	模拟法庭	
			常规教育	课前常规教育	
				课中常规教育	
				课后常规教育	
				课间常规教育	

类别				内容	目标
资源课程	社会实践	社会大课堂		大课堂资源单位	利用校内外资源丰富学生知识，开阔学生视野，给学生充分自主的学习空间，提高学生的综合实践能力，从而促进学生全面持续发展。
		社区服务		假期社区报到	
				社区小居委会主任	
		志愿者		志愿者服务	
	社团活动	科学类		学科拓展	
				发散思维	
				科学素养	
		人文类		创意实践	
				身心健康	
				传统文化	
		资源类		科学探索	
				环境保护	
	家长资源	家长志愿者		提供志愿服务	
		家长课程		拓展学校课程资源	
节日课程	校园节日	3月华彩音乐节		歌曲、舞蹈、器乐	充分培养学生的自信心、自尊心和成就感，使学生全面主动的发展，通过校园节日课程为他们搭建展示的舞台，提升学生综合实践的能力。
		4月缤纷书画节		书法、绘画、手工制作	
		5月头脑奥运节		思维碰撞、数独游戏	
		6月星星火炬节		实验小学少代会	
		9月激情体育节		体育专项或综合活动	
		10月创新科技节		科普知识、实验探秘	
		11月快乐读书节		朗诵、演讲、诵读、读书心得交流	
		12月Super英语节		英文歌曲、儿歌、讲故事、表演、写作、演讲	

通过扬长德育课程建设，越来越满足学生多样的兴趣爱好，引导学生在扬长教育办学特色和实践中发现自己的优势、特长和潜能，弘扬实验精神。

我校的扬长德育课程体系为四类八型的框架结构，四类即学科类课程、专题类课程、资源类课程和节日类课程，相应的八型为所有学科课程、德育学科课程、地方专题课程、校本专题课程、社会实践课程、社团活动课程、家长资源课程、校园节日课程。

（1）学科类课程

我校在开足开齐国家规定课程的基础上，打造扬长课堂，让学生能够轻松、快乐、高效地学习，使学生夯实国家课程知识基础，在学习知识的同时，培养学生的能力。

学科类课程目标：以学生发展为本，以德育为核心，强化实验精神的培养。

（2）专题类课程

我校开设了灵活精彩的专题类课程，分为地方专题教育和校本专题教育。地方专题教育包括：生命教育、安全教育、国防教育、可持续发展教育。校本专题教育包括：仪式教育、礼仪教育、法制教育、常规教育等课程。专题课程通过校园小记者广播、学科实践活动、消防演习、疏散演练等学生喜闻乐见的方式进行落实。

专题类课程目标：培养学生良好的公民基本素养，应对社会发展中出现的各种问题，培养学生健康文明的生活方式，促进学生全面健康发展，提高学生的社会适应能力。

（3）资源类课程

资源类课程：包括社会实践、社团课程、家长资源三类课程。依据学校扬长教育的办学特色、学校现有的课程资源情况，及学生多样化的发展需求，扬学生个性之长，突出德育特色，为学生创造主动发展的无限空间。

①社会实践课程：

通过组织学生走进社会大课堂和校外教育机构开展社会实践和课外学习。走进社区参与社区服务等形式的活动，拓宽学生的视野，锻炼学生的能力，切实有效地提升学生的思想品德、科学素养、健康素质、文化修养等方面的综合素质。

②社团课程：分为科学类、人文类、资源类三大类。

科学类课程：包括学科拓展、发散思维、科学素养三类课程。学科拓展类包括思维训练、阅读欣赏、英语写作、英语导游四类课程，目的是对国家和地方课程的学习进行拓展或加深，以适应部分学生在这方面的需求。发散思维类包括集邮课程、围棋课程，目的是发散学生思维，拓展课外知识。科学素养类开设有电脑网络课程、乐高创意课程、科学探索课程，目的是通过有趣实用的网络知识，使学生具备灵活操作电脑以及收集信息、整理信息的能力，逐渐提高学生的信息素养。

人文类课程：包括创意实践、身心健康、传统文化三类课程。创意实践类包括：变换折纸、小设计师、缤纷色彩，目的是满足学生多方面兴趣和个性的需求。身心健康类包括：阳光少年、学校文化、跆拳道、形体艺术，目的是满足学生的身心发展需要。传统文化类包括：武术课程、小书法家、传统项目，目的是

通过对传统文化类课程的学习，传承民族文化，并通过实践使学生了解热爱民族文化艺术。

资源类课程：包括科学探索、环境保护两类。其中科学探索包括：科学探秘、小小科学家，目的是指导学生进行噪声、白色垃圾等环境污染的调查研究，从而培养学生科学的探索精神，激发学生爱护家园的情怀。环境保护类课程包括：节约能手、环保制作，目的是引导学生养成尊重环境、保护环境、热爱环境的意识，从而形成低碳环保的生活方式。

所有社团课程的开发都要通过教师申请，教师提出课程开发构想与意向，并向德育处递交课程纲要。课程纲要包括：课程目标、课程内容、活动安排、课程评价方案等。学校审核后，在校园网上公布教师的申请方案，由学生自主选择。最后，学校根据学生选择的情况，确定开设的课程。

③家长资源课程：

学校育人目标的达成离不开家长的支持和配合。尤其在德育领域，学生良好品德的发展需要家校双方教育内容一致、方向一致。我校深入挖掘家长资源、充分利用家长资源，形成家校教育合力。

家长课程作为一种与学校教育有着共同目标的课程形式，在拓展课程资源的同时也弥补了学校教育资源的不足。通过家长课程的实施，家长进一步了解学校的文化建设，家长与学校能够更好地相互沟通、相互理解，达成一致目标，提高了对学生进行教育的实效性，达到了家校共育的目的。

资源课程目标：利用校内外的资源丰富学生的知识，开阔学生视野，给学生充分自主的学习空间，提高学生的能力，从而促进学生全面持续发展。

（4）节日课程：

丰富的节日课程为孩子们创设各种展示的舞台，以特有的校园节日为线索，举办形式多样的文体、科技活动。学生每一类课程的学习效果，都会在相应的主题活动月中得以展示，学生理解知识、掌握知识、运用知识的能力得到充分提升。

3月的华彩音乐节，通过歌曲、舞蹈、器乐演奏等形式展示学生的音乐才华；4月的缤纷书画节是小书法家、小画家、手工制作小能手一展技能的舞台；5月的头脑奥运节可谓是给大脑提供做运动的机会，在思维活动、数独游戏、围棋大赛等活动中，孩子们的大脑智慧得到PK；6月的星星火炬节，是每年一届少代会召开的时间，从代表的推选、提案的征集、标兵的评选无不体现着民主，在这个过程中，孩子们更加深刻的体验到了自己是主人，自己的组织要自己建、自己的活动要自己搞；9月的激情体育节，是孩子们释放激情，赛场拼杀的时刻，各种体育竞赛、游戏活动不仅愉悦孩子们的身心，更重要的是让孩子树立强身健体、主动锻炼的意识。10月的创新科技节，是孩子最欢乐的时刻，科普知识竞赛、实验活动探秘、环保技能比拼、装置艺术创新等活动等待着每个孩子的参与；11月的快乐读书节，朗诵、演讲、读书心得交流会帮助孩子们品味古今经典、传承民族文化。12月的Super英语节，通过英文歌曲、儿歌、故事、舞台剧、写作、演讲等，激发学生学习英语的兴趣，展示英语学习的成果。

校园节日课程目标：节日课程充分培养学生的自信心、自尊心和成就感，使学生全面主动的发展，通过校园节日课程为他们搭建展示的舞台，提升学生综合实践的能力。

扬长德育课程建设以解决学生发展需要为出发点，以促进学生人格健全、个性张扬为落脚点，以促进师生持续发展为生长点，整体设计、全面推进，促进学校育人目标的达成。

（三）扬长德育的课程评价

学校关注每一名学生的成长，关注每一名学生的点滴进步，记录着他们成长的足迹。传统的评价体系不能客观全面的评价扬长理念下的学生学习效果，为此，我们尝试建立扬长理念下的多元评价体系：

1.多元评价激励学生健康成长

在传统评价的基础上，学校创新评价方式，从五个维度开展发展性、过程性的评价，帮助学生挖掘自身优势，实现学生自身和谐发展。

实验小学特色评价体系

评价时间	评价内容		评价形式	评价要求	评价效果	备注
随时评	身边小榜样		生评师评	全体教师随机发现课上、课下各方面表现突出的同学，也可由学生推荐。	发放扬长小奖章。	累计3枚可换激励卡1张
周评	扬长之星	特长之星	自评他评	在学生间开展每周"特长之星"推选活动，同学们结合本周扬长活动主题，推选本班的"特长之星"，实现扬己之长，快乐健康。	特长之星上主席台领成长卡及文具。	参与金银铜牌评选
		校级先锋岗、优秀值周生	生评师评	在特长之星中选一名最为优秀的同学，争当校级先锋岗；值周中队推选一名优秀队员。		
	示范班	文明礼仪示范班	生评师评	以实验小学学生日常行为规范为内容进行评价。	发放流动红旗，在"夺星行动"评比板上呈现。	结合班主任的班级管理
		良好习惯示范班		眼保健操、广播操、听广播带齐学习用具方面进行检查、培养卫生习惯、运动习惯、聆听习惯、自理能力等。		
		卫生保洁示范班		教室、卫生区、扫除日及日常保洁方面检查。		

评价时间	评价内容	评价形式	评价要求	评价效果	备注
月评	校园节日之星	他评师评	以校园节日活动为主要评价内容，推选节日之星。	上主席台领成长卡及奖品。	展演比赛
学期评	社团之星	他评师评	由各社团上报本社团的优秀学员名单，按总学员的20%评选。	发放成长卡、学期总结进行表彰。	优秀作品进行展示
年度评	金牌队员	校评	学校将根据激励卡累积数量评选金牌、银牌、铜牌队员，对于前十名的学生授予"金牌队员"称号，颁发金牌奖章。	和家长一同参加外出实践活动。	学校出活动经费
寒暑假评	社区之星	社区评	每个假期，孩子们都会走进社区，在社区里参与活动、实践体验，社区辅导员会根据孩子们的表现，借助《社区评价手册》对学生进行评价。	对表现突出的学生授予"社区之星"荣誉称号，进行社区表彰。	学校集体表彰

2.特色评价促进学生全面发展

实验小学的特色评价表现三个方面：一是成长花园，二是成长树，三是成长通行证。

"成长花园"

我们借助数字化平台开发的特色评价平台。每个学生拥有一个属于自己的花园。花园分成两个部分：一个是"我的花园"，摆放着根据多元智能理论设计的不同评价角度的花盆。全体教师会根据学生学习表现、参与校园主题节日或参加各种活动的情况来为花园浇水，每一个水滴就是一次评价，每一次评价都可以帮助花盆里的小花发芽、生长，直至开出五颜六色的花朵。

"成长树"

学生记录自己成长足迹的地方。孩子们可以通过积极参与活动，分享活动感受，交流活动成果，为别人的活动打分等方式来增加自己的成长值，大树会随着成长值的增加一点点长大，变得枝繁叶茂。

"学生成长通行证"

为了全面推进我校扬长育人，积极培育和践行社会主义核心价值观，从培养良好行为习惯入手，根据小学生喜闻乐见的教育形式制订了《实验小学成长通行证》。该证通过自评、师评、生评、家长评等多元评价手段，采用"形成性评价、诊断性评价和总结性评价"三种评价方式，遵循五方面准则，以"我要做到"的三个方面为内容进行评价。该评价与成长卡积累制相结合，激励学生良好行为习惯的养成。

出入校准则

1. 进入校门立正站好，目视教师，主动鞠躬问好，少先队员脱帽行规范队礼。
2. 出校门：以班为单位，集体整队，整齐洪亮呼班风，与教师道别，顺序离校。
3. 不得在校园内运用拉杆书包。
4. 不迟到，进校后不得随意进出。
5. 因任何理由需提前离校的，必须填写中途离校登记表，经批准后由监护人亲自领走。

楼道行为准则

1. 慢步进出楼道门、教室门。
2. 楼内行走：靠右行、不并排、轻声慢步。
3. 遇见教师或来宾主动打招呼，根据楼内情况声音要适度，若不方便行队礼，问好即可。
4. 无论在哪里都不得喧哗。
5. 楼梯上不允许停留，楼内不允许追跑打闹。

上课行为准则

1. 上课铃一响即坐好，物品备好，静等教师；听课姿势端正，不讲闲话，勤奋学习。
2. 认真听课：会聆听、勤思考、多发言；课堂上举右手发言，起身站出课桌，立正站好，声音洪亮。
3. 以完整的句子回答所有的问题。
4. 尊重别人的发言与想法，不得中途打断。
5. 每天都要认真做完作业，必须是你自己完成的。

饮食行为准则

1. 安静有序排队接水、取饭。
2. 不得浪费任何食物、饮水，需要多少取多少。
3. 玻璃器皿、各种零食不允许带到学校。
4. 用午餐时，必须保持坐的姿势，需有良好的举止并保持环境清洁。
5. 只允许在教室中自己的座位上饮食水果、水、牛奶。

操场行为准则

1. 所有课间活动、体育运动均在操场进行。
2. 当上课铃声响起，停止玩耍，有序回教室。
3. 所有体育设备都是开放的，不能不让其他的同学参与，做到相互谦让。
4. 未经教师允许，严禁使用器材，更不得违规操作。
5. 不得进行危险运动。

课堂认真
我能做到

用具齐，准备好。
铃声响，不迟到。
上课时，善思考。
常提问，多探讨。
发言时，等候叫。
身站直，清晰道。
知识点，要记牢。
做作业，快又好。

两操规范
我能做到

人坐正，脚放平。
穴位准，手法正。
力适度，酸胀痛。
微眼操，护眼睛。
广播操，练体操。
有力度，动作正。
和节拍，队列整。
健体魄，强技能。

行为良好
我能做到

上学校，不迟到。
进校门，不乱跑。
带黄帽，领巾飘。
见师长，问声好。
课间时，勿追跑。
轻声语，不嬉闹。
上下楼，往右靠。
又安全，又礼貌。
守规范，行为好。
用行动，爱学校。

扬长教育的评价与数字校园的有机结合，更加丰富了评价的方式，拓展了评价的手段，提升了评价的效果。特别是这种把"评价"置于游戏氛围中的寓教于乐的方式深受同学们的喜爱，使孩子们更加积极参与到校本德育课程的学习中来。

在构建扬长教育理念下的校本德育课程的过程中，我们欣喜地看到校园中的变化。教师们在课程构建的过程中，结合扬长教育理念、学科特点编写出适合学生发展、张扬学生个性的校本教材，对于自身专业素质有了很大提升。在评价中，教师们摒弃了只用学业成绩一把尺子衡量学生优劣的做法，而是运用多元评价，全面、客观、发展的对学生做以评价，充分体现了我校扬长教育的办学理念。

从学生的角度，孩子们不再只沉浸于课堂内、课本上的知识学习，他们更关注自己的长处，并愿意将长处不断发挥，进而从中获得快乐、体验成功、感受自信，并通过这种自信最终实现自己的健康和谐发展。

二、扬长德育的特色活动

节日是体现和传承文化的重要载体，节日及其文化的形式并非一朝一夕，它是人类智慧和经验的积累，利用节日、主题教育、社团、特色课程这些载体，将学校教育教学理念贯穿其中，将无形的教育融入有形的活动当中，构建实验小学特有的教育文化，形成学校完整的教育教学结构，循序渐进达成我校发展目标。

（一）节日文化活动：国际、民族、校园

1.节日文化的尝试与实施

节日是世界人民为适应生产和生活需要而共同创造的一种民俗文化，是世界民俗文化的重要组成部分。节日是生活中值得纪念的重要日子，各民族和地区都有自己的节日。一些节日源于传统习俗，如中国的春节、中秋节、清明节、重阳节等。有的节日源于宗教，比如基督教国家的圣诞节。有的节日源于对某人或某件事件的纪念，比如中国的端午节、国庆节、青年节等等。另有国际组织提倡的运动指定的日子，如劳动节、妇女节、母亲节。随着时间推移，节日的内涵和庆祝方式也在发生着变化，但节日当中赋予的重大意义并没有改变。因此，学校以节日为主线，渗透扬长教育。

在节日中成长——实验小学节日文化是学校育人模式中的重要载体，是对学生进行综合素质和能力培养的重要手段。我校将节日文化划分为三部分即："你好·世界——国际节日、世界各民族传统节日"，"真爱·中国——中国节日、纪念日"，"欢乐·实验——实验小学校园节日"。

学校为了使节日文化更加规范，我们将节日文化课程化，分别从知识与技能、过程与方法、情感态度价值观等方面，形成一套完整的、独特的节日文化体系，使学生在节日中不断增长知识、不断成长。

知识与技能：将节日文化集语、数、外、音、体、美、科学、劳动品德与社会等多门课程于一体，通过实验小学主题节日活动，分层、分阶段地将各学科的知识、技能以活动、竞赛、展示等方式加以巩固、提升，提高学生综合运用知识的能力。

过程与方法：我们以节日为载体，注重学生的参与、体验，发挥学生主体能动性，运用多种学习方式让学生在节日活动中主动获取知识、练就技能。

情感、态度、价值观：学校节日文化从拓展学生国际视野，学习接纳多元文化；弘扬中华民族优秀传统，激发培养民族精神；参与学校主题活动，全面健康和谐发展，三个层面挖掘节日文化教育资源，既重文化传统又与时俱进，既重知识的渗透又重学生情感、态度、价值观的培养，力争让学生在各个节日的实践活动中陶冶情操，提升整体素养。

(1)你好·世界——国际节日、世界各民族传统节日

"你好·世界——国际节日、世界各民族传统节日"是结合国际节日如：国际儿童图书日、母亲节、父亲节、劳动节、感恩节、世界无烟日、国际儿童节、世界环境日等开展的德育教育活动，

在众多节日中，学校开展了文化、生命、感恩等节日教育活动，例如：通过"国际儿童图书日"学生了解到这一天也是丹麦儿童文学大师安徒生的生日，每年的4月2日，他都会在全球无数小朋友的阅读中重生。"国际儿童图书日"让孩子们知道书籍使人明智，使人愉快，希望每年的这一天能让大家一起为阅读而努力；"世界无烟日"带给孩子的忠告是创建无烟环境，旨在提醒大家认识烟雾对被动吸烟者和环境的危害。感恩教育，让孩子们懂得人要有一颗感恩的心。所谓感恩，就是记得别人的好，给予加倍回报。生命来自父母，教育来自学校，服务来自社会，人的一生，时刻都在享受他人的付出。利用感恩节日，激活学生的内心情感，善待一切帮助过自己的人，感恩之心就会充盈在心，用感恩的心温暖带动更多的人，唤醒他们的感恩之情。

在节日活动中，学校关注主题教育的同时，也引导学生从节日的背景入手，

了解它的由来，学生们通过资料的搜集和访谈，会对这个国家的历史、地理、风土人情、物产等产生浓厚兴趣，从而采用查找资料、名人访谈、调查问卷等方式，进行调查研究来开阔视野，增长见识。

学校的友好校是韩国的一所小学校，在足球赛中，双方队员结下了友谊，在互访中，通过足球孩子们对中、韩文化发生兴趣，通过足球大家又谈到亚洲杯、世界杯，通过足球，孩子们聊到亚洲的日本、印度等一些国家的特点，通过足球，孩子们又聊起世界杯四强国家的特色，一只小小的足球，引起了学生们对一个国家的历史、地理、名人、民族、血统等一系列的问题的兴趣，从吃的到用的，从语言到娱乐，从风俗到文化涉及方方面面，虽然谈论的内容很浅，但能感觉到，学生们对世界探索的欲望越来越浓烈。

(2)真爱·中国——中国节日、纪念日

中国以民族传统节日为基本载体的民俗文化，是中华民族区别于其他民族的标志，是中华民族生生不息的巨大动力。在浩瀚的历史长河中，清明、中秋、端午、春节等作为中国的一个个传统节日，从来没有被人遗忘。由中宣部等联合发出的《关于运用传统节日弘扬民族文化优秀传统的实施意见》中指出："中国传统节日中所蕴含的民族文化的优秀传统，是对青少年进行思想道德教育的宝贵资源。要把传统节日教育纳入学校教学活动之中，推动民族文化的优秀传统进课堂、进教材。"通过对清明、端午、中秋和重阳节、春节等民族传统节日的了解，引导学生了解中华民族的民俗风情和传统美德。开展传统节日教育，是弘扬传统美德、培育学生民族精神的有效载体。因而，在传统节日开展系列活动，让学生在活动中进一步提高对传统节日的认识与了解，用节日的传统文化哺育他们健康成长。

端午节是我国的传统节日之一，它有着独特的风俗，如：吃粽子、赛龙舟、挂香袋等庆祝活动。通过活动激发学生对中国传统文化的兴趣。高年级以亲手包粽子来怀念屈原，学生不但掌握了一项劳动技能，感受到劳动人民的智慧，还对屈原所写的诗歌产生了极大的兴趣，从而对屈原的敬佩之情油然而生；中年级学生以讲端午故事为活动主题，了解到屈原所生活的时代背景，理解了屈原投河的行为，不是对国家的失望，更多的是希望以此来警醒更多的人关注国家的命运；低年级同学主要以画端午为主题，将一家人一起过中秋的场景用绘画的形式表达出来，画面温馨、和睦，让孩子体验到家的美好，更爱自己的家人、朋友了。不同年级因年龄不同，学校所设计活动的内容不同，但通过活动，学生了解了端午的由来与意义，对我国传统节日的兴趣更浓了。

春节的习俗数不胜数，学生根据自己不同的关注点，分组进行调查、了解，知道了春节的"压岁钱"只是春节习俗的一部分，春节的习俗还有如：从扫房、贴春联到年三十吃饺子、放鞭炮、初一到正月十五的讲究、习俗及由来都蕴含着历史典故、神话传说，还蕴含着丰富的民俗文化，使孩子们知道每一个节日背后，都会有一段故事、一段历史，由此，对中国上下五千年的文化产生兴趣，对中国悠久的历史产生浓厚兴趣，更爱自己的国家。

除了传统节日外，我国还有一些重大的纪念日、民族节日，如："七一"建党日、"八一"建军节、"十一"国庆节、"三八"妇女节、学雷锋日等纪念日，都为我们提供了教育的养分，成为教育的源泉。

"七一"建党日，我们请来经历过长征、抗日战争、解放战争等时期的老红军，为孩子们讲述战争年代的故事，讲述他们当年为了革命的胜利，做出的不懈努力。学生们通过与老红军近距离的接触，对中国共产党有了更深的了解和认识，真正理解到只有中国共产党才能让我们过上安定、幸福的生活。学校以老红军讲故事为切入点，组织学生了解、走访自己身边的党员，有邻居、有家人、有老师等等，通过走访，孩子们知道，虽然现在生活安定，但国家还要不断发展，人民的生活水平还有待提高，每个党员都在为社会、为国家默默地做着贡献，用自己的行为带动周围的人，孩子们懂得了奉献的含义。

3月5日雷锋纪念日，是学校对学生进行助人为乐、艰苦朴素的教育时机，对于雷锋的故事，学生们早就烂熟于心，但如何将雷锋精神在新时期发扬光大？如何让"三月来四月走"的现象消失？让助人为乐、艰苦朴素的精神常驻我心？成为学校新的议题。于是借助雷锋日的到来，我们开展了"学雷锋、做雷锋，雷锋伴我成长"活动，活动主旨是鼓励大家从身边力所能及的小事做起，学校要求每个同学准备了一个"助人日记本"，每做完一件好事，学生自己做一个记录，一年级，以画为主，二三年级以画或文字为主，四至六年级，主要以文字为主，为了不让学生有负担，学校建议大家记录下时间、地点和简单的经过，重点记录自己的感受，每个月第一周的班队会时间，让学生讲自己所做的一件好事，我们把第二年的学雷锋日作为总结会。活动开展之初的一个月里，孩子们还是在为了做好事而做好事，随着时间的推移，孩子们看到学校地上有纸能主动捡起、看到水龙头漏水主动上报、同学病了主动打电话问候、老师病了学生自己动手做贺卡慰问老师、上车主动让座、捡到东西主动交公等等，孩子们慢慢地把做好事演变

成一种习惯，从而体验到了助人的快乐。雷锋生活的时代，造就了他艰苦朴素的生活作风，那时人们往往将艰苦朴素与穿补丁衣服相联系。作为现代社会，艰苦朴素的体现，应更切实际，学校引导大家从文具选择入手，提倡大家选择文具时以实用为主，美观为辅，衣服穿小了，留给弟弟妹妹或捐出去，纸张的使用尽可能的两面用等等，孩子们的意识和行为在悄悄地发生着变化，雷锋精神激励着孩子们健康成长。

中国是一个多民族国家，56个民族，每个民族都有自己的历史、文化和民俗等。如何进行民族团结教育，学会尊重不同民族同学，就要从了解各个民族特点入手，学校确定民族班，每个班任选一个或两个民族研究，除了了解本班研究民族的基本情况外，还可以从他们的衣、食、住、行、用等方面入手，了解他们的喜好及禁忌。民族日进行表演展示，例如三年级的一个民族班，是满族班，在展示中他们组织学生介绍了满足的服饰文化，还有一部分同学借来服装进行展示，学生直观地感受到了满族的服饰文化，以平时看到的影视作品相联系，学生既惊奇又兴奋，在体验中，对满族文化的兴趣更浓了。二年级的一个班以回族而命名，展示那天，他们特别请来回族家长，当场给大家讲回族的风俗，还教孩子们打木球，孩子们的游戏项目中又多了一项。知道了各民族特有的节日，蒙古族的那达慕、傣族的泼水节、傈僳族的刀杆节、彝族的火把节、白族的三月街、藏族的酥油花灯节等给孩子们带来不同的感受。

对于少数民族的节日，除了了解一些少数民族的风俗文化外，也要清楚他们忌讳的东西，避免在学生中产生很多不必要的麻烦和误会。

3.欢乐·实验——实验小学校园节日

实验小学的办学目标是"实验乐土，自信家园"。以扬长教育为特色，以培养实验精神为核心，将学校营造成为一个"人人自信的家园，一个可以孕育成功，发扬长处的家园"。

为了充分开发学生的潜能，学校以校园节日为线索，对应不同节日，将各学科的相关教学内容用文化节日活动的形式进行体现，为孩子们搭建各种展示的舞台，举办形式多样的文体、科技活动。学生积极参与每月的文化节，收获着各类课程的学习成果。每个月都有不同学科不同年级的学生，用他们特有的形式，对学校的"节日文化"进行个性化诠释。学生的独特的才艺都会在相应的主题活动月中得以展示。在节日活动中引导学生通过自主—合作参与活动，获取直接经验，培养学生综合实践能力。

校园文化节是学生自己的节日，学校充分尊重学生，在每次制定节日的活动方案时，都会考虑到学生的需求、建议，把他们的建议尽可能地纳入到活动中。如：有的学生提出，学校有校徽，那么校园文化节是不是也要有自己的标志，每个节日不同，那标志也应不同，每个节日还可以用不同颜色的旗子表示，将徽标印在旗子上，孩子们的建议马上得到缤纷书画节负责小组的同意，将征集校园文化节徽标作为书画节的一项比赛内容，创作徽标对于小学生来讲有一定的难度，怎样能通过简单图案的徽标就知道它代表的哪个文化节，老师考虑到这个问题，决定普及徽标绘制的过程，从构思到构图，学生对徽标有了了解，创作上也得心应手，学生创作绘制后，由学生进行评比，选出他们心目中的徽标，在这个过程中，学生敢想、敢做，将自己的潜能展示出来，他们的创意永久地保持在每一个校园文化节中，心中的骄傲溢于言表。

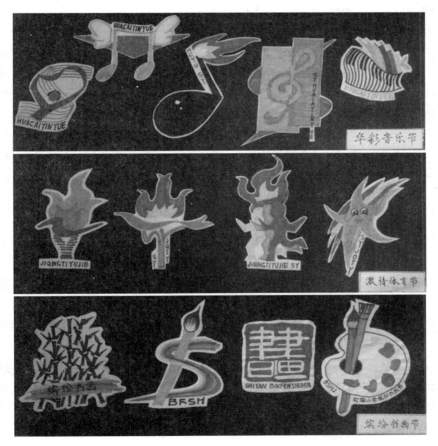

　　华彩音乐节，为了让更多的学生有展示自己、增强自信的机会，学校结合本区艺术节内容，每年都会设计出一项全员参与或自由参与的活动，让更多的学生

有展示自我的机会，比如舞蹈动作简化，哪怕一个动作也行，唱的歌不必整首都唱下来，哪怕一句也可以，同样能得到掌声，学生在展示中发现自我、了解自我，取得成功，建立自信。

缤纷书画节中，孩子们在雨伞、小板凳上发挥着自己的想象，将一个个不起眼的石头、废弃的瓶子装点得小巧夺目；华彩音乐节中，孩子们俨然成了一个个歌唱家、演奏家、舞蹈家；发现科技节中，孩子们对科学的向往和追求随着动手实践获得快乐的体验。Super 英语节中，通过惟妙惟肖的英语剧表演和纯正的英语发音，让孩子们发现了自己的语言天赋；在这些节日活动中孩子们用挥动的手臂、放开的歌喉、探索的双眸体验着成功，怀抱着属于自己的扬长证书感受着快乐。

附表　　　　实验小学扬长"校园节日"

月　份	节日主题	活动内容	实施部门	负责人
3 月	华彩音乐节	歌曲　舞蹈　器乐	音乐组	音乐组组长
4 月	缤纷书画节	书法　绘画　手工制作	美德组	美德组组长
5 月	头脑奥运节	思维碰撞　数独游戏	数学组	数学组组长
6 月	星星火炬节	实验小学少代会	大队部	中队辅导员
9 月	激情体育节	体育专项或综合活动	体育组	体育组组长
10 月	快乐读书节	朗诵　演讲　读书心得交流	语文组	语文组组长
11 月	创新科技节	科普知识　试验探秘	科技组	科技组组长
12 月	Super 英语节	英文歌曲、儿歌、讲故事、表演、写作、演讲	英语组	英语组组长

"节日文化"至今我们已经尝试推进了六个年头。

六年间，我们通过实施、反馈、思考、修改，不断地完善体系，使其更有利于我校的发展方向，适应学生的成长。目前，节日文化已渗透在学生、教师的思想中，教师利用节日活动将育德点融进课堂与生活之中。

六年间，学生老师通过节日这个窗口，了解了世界和不同民族，更多的老师、学生通过节日了解了一些国家、地区、民族的特点，并产生了走进它的愿望。利用假期，三五结伴，去旅行、去了解，将国外一些先进理念、不同地区的风俗风貌带回来与周围的人分享，使孩子们的眼界开阔、心胸豁达、包容性强。

六年间，学生因自己在不同的节日中的展示，不仅丰富了知识，而且看到了自己的优势和潜能，在节日中增长见识，掌握了更多的学习方法，提高了自己的学习效率，自信心自然得到提升。学生自我个性也在节日中得到不断肯定与张扬，越来越爱自己，由己及人而爱学校、老师、同学和家人。

实验小学节日文化是学校独有的教育财富，是学校文化建设的重要组成部分。实践证明以校园节日文化为内容的教育活动，从学生的需求及兴趣为出发点，将会使学生的思考具有独立性、自主性，并得到充分展示，有效地培养学生的兴趣和爱好，使学生的思想、心理、智力等水平比以前有很大提高，孩子的个性能够自由、自主地发展。

实验小学节日文化体系

月份	时间	你好·世界 国际节日	纪念日	时间	真爱·中国 中国节日	纪念日	时间	欢乐·实验校园节日
一	1.1	元旦		正月初一	春节			
二	2.10		世界气象节	正月十五 / 正月	元宵节 / 藏族藏历新年			
三	3.8	国际劳动妇女节		3.5 / 3月最后一周周一		学雷锋纪念日 / 全国中小学生安全教育日	3月	华彩音乐节
四	4.12 / 4.22	埃及闻风节	世界地球日	4.5 / 四月初二 / 四月中旬	清明节 / 蒙古族鲁班节 / 傣族泼水节		4月	缤纷书画节
五	5.1 / 5.8 / 5.18 / 5月第二个星期日	国际劳动节 / 母亲节	国际红十字日 / 国际博物馆日	5.4 / 五月初五	青年节 / 端午节		5月	头脑奥运节
六	6.1 / 6月第三个星期日	国际儿童节 / 父亲节		六月二十四	彝族火把节		6月	星星火炬节

活动内容、方法

内容：
1. 节日名称
2. 时间
3. 节日的由来（传统节日的过去与现在）
4. 庆祝节日目的（渗透哪些教育）
5. 节日的活动（习俗、传统、食品、庆典活动，包括文学名著、音乐戏剧、美术等媒介中的体现，图文并茂）
6. 创意无限（同学们在过节时的创新方法、活动，以图片或文案的形式表现）
7. 留下节日的记忆（综合活动成果）
（1）节日的足迹（书法、美术、摄影、文学等）
（2）节日感言、节日故事、节日由来、节日风...

俗、我的节日。

方法：
通过以节日、主题活动为载体，注重学生的参与、体验，发挥学生主体能动性，运用学生在主题活动中主动拓展视野、获取知识，练就技能、形成良好品质。

主题节日	纪念日	节日	日期	国际节日	外国节日	日期	月份
				奥林匹克日		6.23	七
					巴西太阳神节	6.24	
				禁毒日		6.26	
		建党节	7.1				八
	抗日战争纪念日		7.7		瓦努阿图独立日	7.30	
		建军节	8.1				
激情体育节 9月		教师节	9.10	国际和平日		9.21	九
		中秋节	八月十五				
		重阳节	九月初九				
快乐读书节 10月		国庆节	10.1	世界动物日		10.4	十
		建队日	10.13				
	台湾光复纪念日		10.25	联合国日		10.24	
		回族开斋节	十月初				
创新科技节 11月	消防宣传日		11.9		德国狂欢节	11.11	十一
					日本儿童节	11.15	
				国际宽容日	感恩节	11.16 / 第4个周四	
SUPER英语节 12月		腊八节	腊月初八	世界艾滋病日		12.1	十二
		冬至节	12.23	世界残疾人日		12.3	
					圣诞节	12.25	

（二）少先队主题活动

我们一直在思考如何有效地将学校办学理念与学校少先队工作的全过程结合？如何做到尊重队员的民主意识、赏识队员个性特点、鼓励队员自主创新？经过努力思考与实践反思，我们做到统一思想观念，即要尊重学生的主体地位，赋予学生自治权。又要努力创设自主发展的育人环境，创设利于学生自主管理发展的学校文化。我们深信学生的自主成长是一个过程，是每一个生命个体在教育的外部条件和环境的激发下，其主体性、主动性、独立性和创造性得到充分发挥，从而掌握自我发展的主动权，激发个体自我发展的内驱力，调动个体自我发展的动力。

1.建立红领巾小社团，促个性发展

尊重队员主体地位，赋予学生自治权。红领巾社团是少先队员自由参加、自主活动、满足成员兴趣爱好的专业性小群体组织。它以队员的兴趣、个性发展为目标，以队员的自主选择、主动参与、自主管理为前提。我们重视挖掘少先队社团群体性教育优势，开展激发学生的自主意识，变"要我做"为"我要做"，进而培养出拥有独立自主和创新思维的人才。

我校少先队红领巾小社团是按照自荐、评审、成立、招募这样的流程来建立的，我们希望每位队员都能找到属于自己的家。我们的英语小导游社团团长通过校内的选拔确定，经过一段时间的招募，2009年形成了20人的小社团，其间由团长聘请校外专业辅导员以及校内英语学科教师做指导，进行英语素养及导游能力的提升，每当有来宾到校交流，每当幼儿园的小朋友来校参观，这些小导游就会活跃在校园的每个角落。在校外他们还作为国家击剑馆义务导游志愿者。队员们以特有的气质，不一样的视角，熟练地讲解，为自己赢得了自信，为来宾留下了美好的回忆。

2.重视"校园节日文化"，培养队员创新能力

自2007年起，学校重视开展"节日文化"主题教育活动，每月一节，让队员们在节日的熏陶中成长。用"赏识信任"的眼光给孩子们提供展示才华的舞台，培养学生创意能力。例如，华彩音乐节、缤纷书画节、激情体育节、快乐读书节、创新科技节、Super英语节，都成了孩子们每年期盼的节日。在这些节日活动中，从项目的制定，到活动的策划，再到活动的实施都是由队员承担并自主开展的。用贴近队员的活动促进队员们的成长，体现了学校自主发展的个性培养目标。

3.建设体验课程，培养学生自主能力

学校重视建设少先队体验课程，在课程建设过程中，遵循"从活动中学习、从经验中学习、从行动中学习"的体验原则，坚持自主管理的理念，让少先队活动贴合实际、与时俱进、丰富多彩。

在学习队章的活动板块中，我们根据各年级不同的活动主题，少先队自上而下，从大队干部对新生的队前教育，到各中队组织学习队章，层层创设相应的活动。例如：一年级结合"团队关爱"主题，组织了"真诚友爱一家人"的活动；四年级结合"红领巾心向党"主题，组织了"红色之路"宣传小报展；五年级围绕"手拉手活动"主题，组织了"你来我往送祝福"短信互动活动。活动中，队员们团队意识增强了，自主能力提高了。

4. 创新少先队思想教育活动，开创主题教育新起点

（1）国事契机要勤抓

国事连接每一位国人，少年儿童是祖国的未来，更应从小关心国事，关注国家发展。为此我们开拓教育方式，抓住国事契机，让队员关注、了解祖国发展。

2011 年是中国共产党建党90周年、辛亥革命百年纪念，我校少先队先后进行了系列活动——主题为"我爱祖国我爱党"的少先队演讲比赛；"唱支山歌给党听"红色歌曲拉歌大赛；"红孩子心向党"诗歌散文朗诵会；各中队进行"我为党来送祝福"实验小学少先队员寄心语短信送祝福活动；建队日进行了"放飞梦想，成就未来"七彩蝴蝶园新队员入队活动；2012年喜迎十八大，为了让全体少先队员们感知党的形象，知道党的"十八大"的重要意义，增强为党做好少先队工作的使命感，我校召开了"红领巾心向党——十八大与我们的未来"主题队日活动。各中队集中观看了"党的十八大少年儿童版动漫宣传片"，队员们纷纷写下了《十八大给我们带来的变化》征文，队员们汇编的优秀宣传小报张贴在了大队部的宣传栏中。各中队推选出的优秀讲师为全校师生讲述中国共产党一路走来的艰辛历程。中队辅导员制作了精美的、适合各年龄段特点的、演示文稿为队员们演示，他们从队员们已有的生活经验出发，让少先队员们进一步加深了对党及十八大精神的认知。

（2）心智教育要继续

心智教育，就是教师运用正确的世界观、认识论、方法论，通过实施制度化来启迪教育学生。有目的、有计划、有组织地开发学生的心智，提高学生道德管理能力、生活自主能力和社会协调能力的教育模式。它强调的是自化，不是教

化，是自觉自悟，根本宗旨是自心的解放，因此也可以说是心本教育。

实验小学少先队抓住时代教育契机进行心智教育。"一人一瓶水，爱心送旱区"特别行动，纪念玉树携手共进爱心行动；"爱心阶梯行动走进实验小学"红领巾书屋捐赠活动；为祖国献身的消防战士慰问活动等。潜移默化地进行爱心教育。根据队员的心理与生理特点我校进行了"献给青春期的你——少先队关爱队员行动"针对青春期初始的女孩子，少先队特意将青春期教育纳入到关爱行动中，将青春期的知识等内容与队员们分享，从最贴心的谈话中关爱队员成长。2012年寒假，为了弘扬"敬老、爱老"的精神，在龙年到来之际，我们的少先队员到石景山区军休一所以"敬老、爱老"为主题开展慰问活动。

（3）主题教育要延伸

深化主题教育，要实现"三个延伸"，即要向高度延伸，要向深度延伸，要向广度延伸，使队员将每一个教育活动铭记在心，实现教育效果的最大化。

2012年3月，"弘扬北京精神，学雷锋志愿者行动"在实验小学少先队拉开序幕，志愿者们走上街头宣传北京精神，带着扫帚、抹布等劳动工具到小区进行卫生大清扫，陪老人聊天、散步，充分发扬志愿者服务精神，以自身行动践行北京精神——将活动延伸到社区中，让雷锋精神更广泛地融入到不同的情境中。红领巾小志愿者走进奥运击剑馆，他们从击剑运动员身上了解击剑历史、常识，感悟击剑运动的精神。为更好地将击剑运动的意义传递给身边人，他们参与了长期的小导游的志愿活动，他们利用节假日来到场馆向人们介绍击剑运动——把志愿者的服务精神与雷锋的奉献精神用"小导游"这一载体提升新高度，让队员们在实践中体验、在实践中内化。在"用行动续写雷锋日记，践行北京精神"的少先队日活动中，实验小学志愿者学雷锋先锋岗的队员们用实际行动诠释着新的北京精神；升旗仪式上，队员们诉说着雷锋的故事，回顾着雷锋日记；课间，队员们用默默的行动表达着对雷锋精神的崇尚；红领巾广播站将我们身边的小雷锋事迹一一展现在队员面前，他们的服务精神激励着大家；队会上，辅导员与队员们围坐一起重温着雷锋精神，队员们用激情抒写着感激与未来；队员们的手写小报将雷锋精神与少先队员的作风密切结合——而这一个个贴近队员实际的活动，将实践总结凝聚为队员们精神上的食粮，从深入的角度提升教育质量。虽然3月5日已经过去，但是队员们争做小小志愿者像雷锋叔叔看齐的愿望越加强烈，队员们立下誓言：我们把学校打造成为雷锋式的校园，让我们的队组织动起来！

我校少先队通过系列主题活动，通过队员们的实践，将自己已有经验与教育内涵相融合，达到教育目的，这样的活动更加适合学生的发展，扎实地完成教育过程，取得良好的教育效果。

三、扬长德育的实践反思

我们把培养学生全面健康，可持续发展作为学校一切工作的出发点和归宿，通过调研、详细问卷、有效询问等多种方式，在学生中开展"找特长"活动。通过"学生自己找，同学互相找，老师帮助找，家长跟着找"的方式，从多角度来观察、接纳、赏识学生，寻找和发现学生身上的闪光点，从而让学生树立自信心，达到自我肯定的目的。

在开发扬长教育德育校本课程的过程中，我们更加清晰了德育目标。国家课程是以开发满足社会需要的统一课程方案为目标；而校本德育课程则以开发符合我校扬长教育办学理念及我校学生需要的个性化课程方案为目标，我们调强的是"以校为本"，"以生为本"，"以扬长为手段"，"以发展为目标"。我们的德育课程不是一成不变的，是适应时代发展、适合学生变化的灵活的课程，需要不断充实更新。作为课程开发主体的教师们应关注时代变化、学生需求，随时对德育课程内容、形式、评价进行补充和完善，使其能与时俱进，体现时代的主旋律，体现德育的主导价值。使学生易于理解、易于接受，真正叩击学生心灵。我们在今后的课程建设中还要注重的就是对于资源的充分挖掘。要不断挖掘学校的历史沉淀和人文底蕴，不断探寻本地区的文化特色与资源优势，对于资源进行加工，使之适用于我们的德育课程。

学校在德育课程的建设过程中取得了一些成绩。成绩取得的根源，就是因为我们尊重差异性与可塑性，变传统的、补短的教育为扬长教育。对孩子不求全责备，充分肯定每个孩子的长处，帮他们挖掘潜能，体验成功，感受自信，从而形成挑战自我、完善自我的信心。通过不断发展他们的特长，极大地调动他们的学习积极性，增强他们的自信心，使他们产生学习的积极性和主动性这种积极的学习状态，可以提高教学质量，加快学生素质的提高，这样既让学生扬其所长，又促进了他们和谐发展。

第三章　扬长课程滋养学校

实验小学秉承"扬长教育"办学理念。在课程改革的跑道上，留下我们实小人对课程内涵与真谛的思考，对课程实践探索与追求的足迹，对课程改革经验与创新的积累。在课程建设的跑道上，我们经历了由单一到多元，由自下而上到顶层设计，由关注门类到关注文化，由优势发展到注重特色的发展过程。

2007年，学校开发节日文化系列校本课程；2008年，整体规划学校校本课程体系；2010年，开发特色校本课程；2011年，实现三级课程初步整合；2012年，调整校本课程结构体系；2013年，全面规划三级课程体系。

扬长课程是实现学校发展目标的载体，通过课程学习，发挥学生特长，张扬学生个性，引导和鼓励他们朝着自己感兴趣的学科领域发展，实现学生的持续发展，学校的内涵发展。

第一节 扬长课程的创生规则

学校在扬长课程建设进程中充分发掘和发挥每个学生的个性特长，在张扬学生个性中，引导其踏上成功之路。每个学生都拥有一定的成功的潜能，这些潜能蕴藏在其特长之中，学校教育应善于把这些潜能发掘出来，并通过各种教育手段，发展并张扬这种优势，从而调动学生的积极性、主动性，激发学生的学习兴趣。

一、扬长课程的目标内容

目标在课程中起着十分重要的作用，准确地说，在课程中目标处于核心位置：它既是课程设计的起点，也是它的终点；既是选择课程内容、课程组织方式和教学策略的依据，也是课程评价的标准。因此，课程设计的第一步，也是非常关键的一步，就是课程目标的确定。扬长课程的教育目标的确定、内容的选择应充分考虑学生的发展需求，了解学校的发展现状。我们通过问卷调查、访谈、咨询学校专家、区域课程建设专家，通过对学校办学宗旨和相关理论深入学习和思考，在进行筛选和过滤的基础上，最终确定了扬长课程教育目标及内容。

（一）扬长课程目标、内容制定的依据

通过实地调研我们发现，学生对于扬长课程开发有着浓厚的兴趣，希望通过扬长课程的学习发展特长、增长知识、提高能力，而教师们对于扬长课程的开发也表示支持，并愿意承担自己感兴趣且有能力承担的课程，希望以此促进自己专业水平的进一步提高。学校课程建设工作小组通过汇总大家建议并咨询区域课程建设专家，与学校办学宗旨、多元智能理论和扬长教育理论相结合进行筛选和过滤，最终确定扬长教育特色的课程目标。

扬长课程建设以多元智能理论为指导，以促进"学校特色发展，师生的可持续发展"为出发点，以"扬长教育"为基点，整合三级课程，推进校本课程多元化，激活课堂教学，坚持"人本"思想，通过"扬长"课程建设促进师生"持

续、多元、健康"发展。

（二）扬长课程建设目标

课程建设总目标：加强国家课程和地方课程的校本化建设，努力建设优质课程；开发并完善校本课程，建设满足学生学习需求、适合教师专业发展、体现学校办学思想的特色课程；在开发校本教材方面做到努力把师生中的生活经验、特长爱好转化为课程资源，编辑各学科扬长教育特色校本用书，形成独具特色的校本课程体系。提高教师对课程改革的认识，引导教师参与校本课程建设，领会在课程改革中开发校本课程的重要意义。

扎实开展国家基础性课程的校本化，着力构建多元开放的课程体系，开设包含语文类、数学类、音乐类、美术类、科学类、运动类以及人际交往类课程，由平均发展到注重特色，形成校本优秀课程、精品课程，以促进学校特色发展和师生的持续发展。

课程建设具体目标：

课程目标：突出课程优势，努力使学校课程达到国家要求的课程功能和作用，建设扬长教育特色校本课程，为学生特长发展与潜能的开发提供机会、搭建平台，构建国家、地方、学校三级课程体系。

学生目标：通过扬长教育特色课程的实施，尊重学生个性，赏识学生专长，鼓励学生创新，提高学生的自尊心、自信心；满足学生多样的兴趣爱好，引导学生在扬长教育特色课程实践中发现自己的优势、特长和潜能，并激励和帮助学生在扬长教育特色课程实践中进一步发展自己的特长，挖掘自己的潜能，成为具备自信、求索、创新品质的英才少年。

教师目标：在课程建设过程中，挖掘教师潜能，调动教师主观能动性，鼓励教师参与课程的研发与编写，提高教师的研究能力，促进教师专业水平的提高。

（三）扬长课程建设内容

办学理念：扬长教育				
核心价值观：长善救失 格物致知				
育人目标：培养具备自信、求实、创新品质的英才少年				
课程分类	课程内容	课程教育目标	课程实施途径	课程评价策略
国家课程 夯实基础 保证质量	学科类课程	全面实施基础教育，使儿童在德智体诸方面生动活泼地主动地得到发展，为提高全民素质、培养社会主义现代化建设的各级各类人才奠定基础。	课堂学习	多元综合评价 扬长之星特色评价 学生成长手册
	综合实践活动 研究性学习、社区服务、社会实践活动	通过密切学生与生活的联系、学校与社会的联系，帮助学生获得亲身参与实践的积极体验和丰富经验，提高学生对自然、社会和自我的内在联系的整体认识，发展学生的创新精神、实践能力以及良好的个性。	课堂学习 教育活动 实践探究	多元综合评价 扬长之星特色评价 学生成长手册
地方课程 弥补空缺 突出特色	专题教育 生命教育 安全教育 国防教育 可持续发展教育	通过课程学习，培养学生的社会安全责任感，使学生尊重生命，形成安全意识，掌握必要的国防知识及安全行为的知识与技能，了解相关的法律法规常识，保障小学生安全健康的成长，促进其可持续发展。	课堂学习 教育活动 实践体验	多元综合评价 扬长之星特色评价 学生成长手册
	特色课程 我爱家乡石景山 经典诵读	培养学生对家乡、对祖国的热爱之情，产生服务家乡、建设家乡的责任感和使命感。通过经典诵读活动，使学生产生浓厚的阅读兴趣，从中产生学习祖国及世界优秀文化的强烈愿望，陶冶情操、淬炼智慧，学会用优秀的人类文化遗产引导自己的行为，增强文化底蕴，养力成为有修养、道德高尚的人，人格健全的中国人。	教育活动 实践体验	
校本课程 关注差异 满足需要	校本学科课程 学科拓展 身心健康 实践创新 艺术创想 传统文化 国际理解	通过扬长教育特色校本课程的实施，满足学生多样的兴趣爱好，引导学生在扬长教育特色校本实践中发现自己的优势、特长和潜能，努力提高学生道德修养、文化素养、审美能力，促进身心健康，培养学生的科学态度、创新精神和实践能力，为培养具备品质的英才少年奠定基础。	课堂学习 社团互动 节日活动	多元综合评价 扬长之星特色评价 学生成长手册
	校本研究性学习课程	通过社区设施的改造、生活用品的改造、校园环境的设计三个板块，确定不同的研究课题，自主开展研究，培养学生创新精神、实践能力。	课堂学习 实践探究	扬长之星特色评价 学生成长手册
	校本节日活动课程	充分挖掘全体学生的自信心、自尊心、和成就感，让学生全面主动的发展，通过校园节日活动课程为他们搭建展示的舞台，培养学生综合实践的能力，传承中国传统文化。	每月一节	扬长之星特色评价
	校本专题教育课程	专题课程培养学生良好的公民基本素养，应对社会发展中出现的各种问题，培养学生健康文明的生活方式，提高学生的社会意识。	教育活动	学生成长手册
校园隐性课程	校园环境 学校标识 设施设备	通过校园文化的建设，创设各种育人情境，加以积极的引导，潜移默化中对学生进行教育，更好的培养学生，提升学生素养。		

　　我们以国家课程、地方课程、校本课程、校园隐性课程为内容，以课堂学习、教育活动、实践探究为实施策略，以多元综合评价、扬长之星特色评价为评价策略，整体构建学校三级课程体系。国家课程在学科课程、综合实践课程的学习中夯实基础保证质量。地方课程在专题教育、特色课程的实践中弥补空缺突出特色。校本课程在校本学科课程、研究性学习课程、节日活动课程、专题教育课程的探索中关注差异满足需要。

　　课程特点是重视发扬学生的优势、专长，不是仅看重学业成绩，而是通过赏识、激励、创新使学生的专长发扬光大，真正学有所长。其原则就是赏识学生、尊重学生、发扬专长、优势互补。

二、扬长课程的类别特点

　　扬长课程以国家课程为主，地方课程和校本课程为辅。三级不完全独立的课程，构成学校课程的有机整体，拥有共同的培养目标，实现不同的课程价值，承担不同任务，履行不同责任。扬长课程建设从学校实际情况与办学特色出发，突出三个着眼：着眼于学生全面可持续发展、着眼于教师教学实践能力的提高、着眼于学校特色建设、内涵发展。

　　（一）国家课程特点——夯实基础

我校在开足开齐国家规定课程的基础上，打造绿色课堂，让学生能够轻松、快乐、高效地学习，使学生夯实国家课程知识基础。在不断深入研究中我校教师逐步转变教学方式，探索三段六环节的教学模式，尊重学生在学习活动中的主体地位，引导学生自觉地参加合作学习，从而提高课堂教学的有效性。

如：科学教师教学《昼夜交替》一课，首先组织学生通过头脑风暴呈现原有概念，（有的学生认为昼夜交替是由太阳围绕地球旋转产生的，有的学生认为是由地球自转产生的，有的学生认为是由地球围绕太阳公转产生的，还有的学生认为是由月球围绕地球公转产生的……众说纷纭，矛盾重重），在矛盾中产生认知冲突，激发学生探究的欲望。然后，在合作探究中教师引导学生设计并实施两次模拟实验，通过第一次实验检验自己的前概念能否解释昼夜交替现象，排除不可能；通过第二次实验认识昼夜交替现象是地球有规律的自转产生的，形成科学概念。最后拓展应用，了解生活在地球不同区域存在时差。通过教师干预下的合作探究，学生不但建构了科学概念，还学到了"模拟实验"这种探究宇宙科学常用的方法和技能，学生实证的意识进一步得到提升，探究地球与宇宙的兴趣更强烈了。

（二）地方课程特点——灵活精彩

地方课程作为国家基础教育课程结构中的重要组成部分，它既是国家课程的有机补充，又是学校课程的重要依据。相对于国家课程而言，地方课程与学校课程在课程开发与实施上具有更多的灵活性，更能体现地方的特色。我校心理、信息、书法、健康教育地方课程落实于常规课堂教学过程中。环境与可持续发展教育、安全应急与自护、艾滋病预防等专题教育课程与德育课程相结合，通过校园广播、实践活动等方式进行落实。而石景山区特色地方课程《走进石景山》则与校本课程相融合，充分体现地方课程的灵活与精彩。

（三）校本课程特点——创新发展

校本课程建设以解决学生发展需要为出发点，以促进学生个性张扬为落脚点，以促进师生持续发展为生长点，根据学生个性需求、教师业务实际、学校发展状况进行整体设计全面推进。我们首先从学科拓展领域进行研究与探索，开发出了《美文阅读与欣赏》《英语导游》《趣味思维》等校本课程，然后进行实践创新类、艺术创想类、身心健康类、传统文化类、国际视野类校本课程的开发。目前已开发六大类20多门各具特色的校本课程。校本课程作为对课堂知识的补充、延伸、拓展，不仅开阔了学生视野，而且提升了学生思维的高度，学生在扬长教育特色校本课程实践中发现自己的优势、特长和潜能，促进其身心健康、全面而有个性的发展。

学校校本课程设置说明一览

课程类别	课程名称	课 程 说 明
学科拓展	美文阅读欣赏	主要指对国家和地方的有关阅读课程的"校本化"实施,通过阅读引导学生发展与优化观察能力、想象能力和思维能力,通过阅读激发学生思维潜能,从而陶冶情操、造就品格、发展智能、促进学生的可持续发展。
	英语写作	通过学习使学生能够对熟悉的话题交换信息,根据范例或图片写简单的句子。教师帮助学生将句子进行有效的整理,连句成文。培养学生乐于了解外国文化和习俗的精神以及通过查阅资料交流信息的能力。
	英语导游	利用校园文化以及学校周边环境资源,为在英语学习方面有突出表现的学生提供展示机会·丰富学生语言,锻炼语言表达能力,做好校园小导游,胜任讲解工作。
	趣味思维	课程是从学生的知识结构和思维水平出发,与课本同步,在掌握所学的课程知识的基础上提高、深化知识。帮助学生拓展数学思路,提高学生运用数学知识解决生活问题的能力。
	经典诵读	以经典古诗文诵读为突破口,探索特色办学和实施素质教育的有效途径,打造书香校园。从《弟子规》《三字经》《笠翁对韵》《千字文》和《论语》的诵读中,继承弘扬中国传统文化,提升学生的道德修养,指导学生明白做人、做事、做学问的道理,提高学生的文化品味、审美情趣、人文素养,为孩子终生发展奠定人文基础。
	快乐英语	快乐英语课程旨在培养学习英语的兴趣,在教的过程中创设轻松愉快、生动活泼的课堂气氛,充分体现" 基础—轻松—有趣—实用"的特色。
实践创新	电脑小美编	通过课程的学习使学生知道电子报刊是随着计算机网络媒体的不断发展逐渐形成的一种全新的阅读形式。了解电子报刊的制作软件,对软件应用有一定的了解。激发学生学习的兴趣,明确什么是好的作品,培养其鉴赏能力。

	人与自然	结合学生特点，从学生周围的环境，从池塘到海洋，从生物的低等到高等（如贝壳、昆虫、蛇、猫、北极熊等）等方面来介绍动植物和自然知识，探索人与自然之间的相互影响、相互作用，探讨社会、生态协调发展和可持续发展的有效途径，融欣赏性、知识性和趣味性于一体，满足不同年龄段学生的发展需要。
	乐高世界	通过对各种迷你机械组合开展系列探索活动，制作与日常生活密切相关的模型，学习简单的机械原理。在动力机械的基础上，培养孩子研究生活中具体的事物。让孩子们以一些实际的生活例子为主题，培养孩子在生活中解决实际问题的能力。
	环保制作	开设环保制作课程的目的在于培养学生创新意识、环保意识、设计能力、欣赏和审美能力、动手能力、科学素养、弘扬勤俭节约变废为宝的民族传统精神。知道一些废弃物可以重新利用，养成环保意识和节俭意识。学会使用简单工具，并在制作过程中安全使用。通过美工制作，养成初步的审美意识和创新意识。通过科学制作，形成一定的科学素养。
艺术创想	艺术剪纸	学生通过对彩色纸等身边容易找到的媒材进行剪、刻、染等制作，逐步提高学生的动手能力和美术欣赏能力，形成审美情趣。了解"物以致用"的设计思想，并运用设计和工艺的基本知识和方法，进行有目的的创意、设计和制作活动，培养创新意识和创造能力。感受各种材料的特性，通过对各种美术媒材、技巧和制作过程的探索及实验，合理利用多种材料和工具进行制作活动，提高动手能力，发展艺术感知能力和造型表现能力。
	连环画	通过开发连环画课程，学生了解连环画悠久的历史，知道它有不同的表现形式，具有故事的连续性和形象的连贯性的特点，并用恰当的短语讲述连环画里的故事，说出其表现形式，表达自己的感受。旨在引导学生参与文化的传承和交流，促进学生的个性形成和全面发展。利用当地资源使学生更好地了解艺术与社会、艺术与历史、艺术与文化的关系，涵养人文精神。

	变幻折纸	通过一系列学习活动，使学生了解折纸悠久的历史，掌握折纸的相关知识以及基本技法，通过折纸发展儿童手部肌肉动作的灵活性和实际操作能力，促进大脑相应部位的发育，有利于身心健康。
	校园合唱	合唱课程目标的设置以合唱课程价值的实现为依据，通过教学及各种生动的音乐合唱实践活动，培养学生爱好音乐的情趣，发展合唱感受与鉴赏能力、表现能力和创造能力，提高学生合唱音乐的文化素养，丰富情感体验，陶冶高尚情操。
身心健康	阳光少年	课程内容设计着重体验式学习与思考学习，帮助学生将所学反思与内化，建立学生的自信心，勇敢面对生活中的困难。帮助学生了解自我价值，从而发展出自爱与被爱、自我尊重与被尊重的能力。在认识自己后要会欣赏自己，接纳自己。对于可以改变的缺点，帮助学生了解可改进的方法，提高学生解决问题的能力，为自己增添信心及勇气。使学生所获得的正确生命价值观达到认知、情感、意志行为的合一。
	跆拳道	通过学习使学生具有积极主动参加跆拳道活动的意识和行为，表现出乐于学习和对跆拳道活动浓厚的兴趣，并在活动中有展示自我的愿望和热情，体验跆拳道活动的乐趣。获得一些跆拳道的基本知识，初步学习一些技能技巧，掌握科学训练，自我保护，自我评价的方法。使学生逐渐形成正确的动作姿势，通过多种形式的训练方法，发展学生身体的灵敏、反应、平衡、协调、耐力和力量等体能，促进学生全面协调发展。
	形体艺术	通过老师的讲解，欣赏形体艺术的美，体会到生活的美好，受到艺术的熏陶。使孩子们对形体表演产生浓厚的兴趣，善于用肢体语言表现自己最美丽的一面。
	网球	开设网球课程，使学生增强体质、愉悦身心、陶冶情操、培养顽强拼搏的意志品质，团结协作的精神和良好的道德风尚，形成终身参加体育锻炼的习惯。根据学生水平主要讲授网球基本知识、基本技术、基本规则，引导学生入门。

	篮球	通过篮球课程教学，学生掌握篮球基础动作方法，提升学生弹跳、速度、耐力和爆发力等素质，提高身体灵敏性、协调性。提高参与篮球学习兴趣，助其树立终身体育意识，养成坚持锻炼的习惯。
国际视野	模拟联合国	目的是使孩子们具备开放的国际视野。学生们扮演各个国家的外交官，以联合国大会的形式，围绕国际上的热点问题召开会议。代表们遵循大会规则，在会议主席团的主持下，通过阐述观点、政策辩论、投票表决、作出决议等亲身经历，熟悉联合国的运作方式，了解世界发生大事对他们未来的影响，了解自身在未来可以发挥的作用。
	多元文化	了解世界上不同地区不同国家的文化生活、节日习惯，养成理解、尊重不同文化生活的基本态度。
传统文化	武术	通过武术课程的学习，强健学生体魄，培养学生锻炼兴趣，树立健康第一的意识，掌握锻炼的方法，养成锻炼的习惯，促进学生在德、智、体、美诸方面健康和谐发展，培养文武兼备的人才。
	面塑	通过面塑这种艺术形式，培养学生概括能力、夸张想象能力、创造性思维能力和动手实践能力。学生作品在继承我国民间优秀传统工艺手法的同时，在题材上联系生活、大胆创新，为面塑这一古老的民间艺术形式带来一股清新之风，使学生初步感受到不同人文环境下，不同的文化背景孕育出不同的艺术风格。
	围棋	通过围棋课的学习，发展学生的智力。让学生进一步了解民间艺术的精华；不断发扬我国民族优秀的艺术传统，增强学生的民族自豪感；唤起学生对民间艺术的热爱；培养学生的创造性思维能力和动手能力。
	小小书法家	在小学教育阶段开展书法教学活动，使学生初步掌握基本的写字常识，提高书写兴趣，在教学过程中体验成功的乐趣，培养协作精神、团结友爱、互相帮助的良好品质。参与文化艺术的传承，陶冶高尚的情操，提高审美能力。

三、扬长课程的实施途径

实现扬长课程建设的目标和规划方案，需要有效的组织实施作为保障。在扬长课程组织实施中，学校重建课程组织，加强对教师的专业培训，完善学校课程管理制度，促进扬长课程的有效实施。

（一）课程实施原则

整体规划和分类指导的原则。立足全局，突出重点，在课程目标、课程管理、课程内容、教学方式、评价制度诸方面进行整体设计，努力形成与经济社会发展要求相适应的新课程运行机制；结合学校实际，做好分类指导和分步实施工作，推进课程的整体落实。

开拓创新与协调配合的原则。优化学校课程结构，积极开发校内外课程资源，确保课程开设能更好地适应学生自主选择和个性发展的需求，促进学校与社会之间、教师与学校之间、教师与教师之间、教师与学生之间的协调发展。

积极稳妥和循序渐进的原则。从实际出发，充分借鉴过去成功的办学经验，积极稳妥，循序渐进，创造性地处理好原有基础和新型框架间的衔接，在实践中不断提升课程的执行水平。

（二）课程实施策略

1.分类整合的策略

一是课程培养目标的整合。

我们立足于课程培养目标的整合，将整合的范围涉及所有课程。首先以校园节日为线索，梳理各学科三级课程中的相关教学内容。其次以学生培养目标为出发点，提出三级课程整合建议。然后教师在授课过程中，按照本班学生的情况，结合节日活动进行课程整合。拓展学生知识、开阔学生视野，鼓励学生积极思考、探索求真，培养学生的创新精神与实践能力。

例：

二年级第一学期三级课程整合表

校园节日	科目	国家课程	地方课程	校本课程	培养目标
激情体育节	语文	第三册第《我们成功了》	我爱家乡石景山走进体育场了解其历史发展	阅读欣赏	创新精神实践能力
	数学	第三册 《长度单位》	我爱家乡石景山走进体育场了解其外貌	趣味思维	
	美术	第三册《精彩的瞬间》	我爱家乡石景山走进体育场了解其外貌	缤纷色彩	
	音乐	第三册《玩具进行曲》	我爱家乡石景山走进体育场	班级合唱	
博彩读书节	语文	第三册第《坐井观天》	我爱家乡石景山 了解石景山的历史	阅读欣赏	拓展知识开阔视野
	数学	第三册《表内乘法》	我爱家乡石景山	趣味思维	
	英语	第三册《语言技能训练》	我爱家乡石景山 介绍石景山著名景点	快乐英语	
	美术	第三册《绘画日记》	我爱家乡石景山 手绘石景山	缤纷色彩	
	音乐	第三册《北京小吃》	我爱家乡石景山 了解石景山的饮食文化	班级合唱	
创新科技节	语文	第三册《我是什么》《回声》《活化石》	我爱家乡石景山	阅读欣赏	积极思考创新实践
	数学	第三册《角的初步认识》	我爱家乡石景山 走进雕塑公园 发现设计中的数学	趣味思维	
	英语	第三册《根据主题内容，创编对话》	走进雕塑公园 英语介绍	快乐英语	
	美术	第三册《太空漫游》	走进雕塑公园 手绘景色	缤纷色彩	
	音乐	第三册《小小木匠》	我爱家乡石景山	班级合唱	
飞扬英语节	语文	第三册蓝色的树叶纸船与风筝	走进雕塑公园	阅读欣赏	文化熏陶探索求真
	数学	第三册统计	我爱家乡石景山	趣味思维	
	英语	第三册 Hello This is Danny Deer	我爱家乡石景山	快乐英语	
	美术	第三册字母联想	我爱家乡石景山	缤纷色彩	
	音乐	第三册洋娃娃和小熊跳舞	我爱家乡石景山	班级合唱	

二是综合实践活动的整合。

第一是学科课程的整合。综合实践活动课程把国家课程按不同程度、不同比例、不分主次地整合于一体，在综合实践活动中，教师指导学生运用各学科知识进行分析、总结、汇报、评价等。学生选定研究对象，用自身内在的社会认知，撰写调查报告和活动经过。如：五年级的综合实践活动："商品价格的调查"。即同一品牌的商品，在三个档次不同的商场、超市、小市场其价格有什么不同？并找出不同的原因。学生在调查过程中，发现场地租金不同、进货渠道不同、包装方式不同都会导致商品价格的不同。通过调查商品价格锻炼了学生信息收集能力，通过对比分析培养了学生信息分析能力，通过撰写调查报告提升了学生逻辑推理能力。

同样在五年级数学课上，孩子们在课堂上学习第一单元"图形的变换"后，走进地方课程基地——社区，发现和欣赏生活中的对称美，感受对称、平移和旋转在生活中的应用，随后带着问题回到校本课程思维训练中，接触到更多相关的数学趣味性知识，不仅让孩子发现数学中的艺术美，也让孩子们更喜欢数学了。

二年级英语课上学生学习《What color》认单词、辨颜色；再跟随老师走进石景山游乐园，找色彩、说色彩；回到校园在社团活动中，用英语、练表达。

第二是节日活动的整合。在节日活动中对于各类课程的学习成果，每个月都有不同学科不同年级的学生，用他们特有的形式对学校的"节日文化"进行个性化诠释。学校利用课余管理班时间开展科技大比拼、英语舞台剧等节日竞赛活动，为每个在扬长课程中学有所成的孩子搭建展示的舞台。

在缤纷书画节里，同学们把在美术课、数学课、英语课上学到的知识与掌握的技能，用线条、色彩、语言和丰富的想象，幻化成一幅幅充满诗情画意的字画，展现孩子们艺术特长的同时，提高了他们的综合素质，实现利用课程整合丰富学生的知识、开阔学生的视野、提高学生学习兴趣的目的。美术老师把国家级美术课程《制作头饰》、地方课程《走进石景山雕塑公园》与校本课程《艺术创想——民间面塑》紧密结合，带领学生在美术课上学习色彩和形象艺术的表现手法，走进雕塑公园感受和寻找创意的灵感，回到面塑课上大展身手，将心灵深处的美好憧憬化作一个个色彩丰富、栩栩如生的形象：憨态可掬的猪八戒、神采奕奕的京剧武生、活泼可爱的小丸子……

在创新科技节里，教师为学生搭建展示的平台，全面展示学生的科技素养。学生也兴趣盎然地进行科技素养大PK，为了照顾差异，也为了选拔参加区科技

节竞赛的特长生，我们设立了一些规定项目：叶画制作、科技知识、飞机或四驱车模型、水火箭比赛。又有自选项目：创新设计与制作大赛，每年的主题不同，需要学生灵活运用所学知识和技能，充分发挥想象力，在实践中探索，在探索中解决问题。同时，教师也发现优势，总结经验，进一步提高课堂教学实效。

第三是在社会大课堂活动中，为把学生精彩纷呈的生活实践变得更有意义，我们以培养学生的创新实践能力为目标，引导学生将课堂上学习到的知识进行拓展延伸。走进科技馆探索科学的奥秘，走进自然博物馆学习神秘而宝贵的大自然的知识，走进留民营实践基地感受耕种的辛劳，走进蝴蝶谷搜集蝴蝶标本，走进电影博物馆了解不同影片的拍摄技能，走进野生动物园和动物们交朋友……通过各种社会大课堂活动，孩子带着许许多多新的疑问，走进课堂进一步学习探索新的知识。

三是学生学习方式的整合。

传统课堂的学生学习方式是简单的接受性的机械学习。在课程整合的实践中，我们探索以学习方式为中心的整合，以促进课堂问题的互动，师生交流的互动，即由"单一"走向"综合"。如：自主学习、合作学习、探究学习、互动学习等等。在绿色课堂改进行动中，学校鼓励教师们创新教学模式。如："头脑风暴"不仅仅运用于科学学科，在各学科的学习中都可以以"头脑风暴"调动学生认知。思维导图不仅仅运用于语文学科，在数学学科以绘制"导图"的方式，帮助学生为知识建模。互动反馈技术不仅仅运用于信息技术学科，在英语学科利用互动反馈技术，将静态与动态有机结合，课堂上及时进行测评与反馈。在学生学习方式的整合中，进一步提高了教学效率与质量，促进学生可持续学习力的发展。

2.分层实施的策略

做实基础性课程——减负增效：实验小学在开齐开足国家规定课程的基础上，打造绿色课堂，让学生能够轻松、快乐、高效地学习，使学生夯实国家课程知识基础。在课堂上，教师尊重学生在学习活动中的主体地位，引导学生自觉地参与合作学习，激发学生的探究兴趣，提高课堂教学实效，减轻学生课业负担。

做精拓展性课程——彰显特色：为在课程建设过程中突出实小育人特色，我们从学生现有的知识水平、知识经验、发展需求出发，陆续开发学科拓展、实践创新、艺术创想、身心健康、传统文化、国际视野六大类课程。如趣味思维课程作为学科拓展类课程之一，集合"游戏、探究、思维"三个板块的数学学习，孩子们在喜爱的数学游戏中动手动脑，充分体验玩数学长智慧；在富有挑战的数学探究中，学生用数学做研究，感受数学的价值，提高实践创新能力。校本课程作为对课堂知识的补充、延伸、拓展，提升了学生思维的高度，学生在特色校本课程实践中发现自己的优势、特长和潜能，促进学生身心健康、全面而有个性的发展。

做活综合性课程——知行合一：随着课程改革的不断深入，我们逐渐认识到课程综合化已经成为课程改革的一个重要的发展方向。我们在相关内容的主题式学习，基于问题的研究性学习方面进行了研究与探索，通过多学科的知识链接提高学生的综合素质。

如：在进行环境与可持续发展专题教育主题周活动时，语文老师在教学中将有关教学内容与环保知识有机地整合在一起，在学习《只有一个地球》《鸟的天堂》《桂林山水》《大瀑布的葬礼》《这片土地是神圣的》《青山不老》《老人和海鸥》这些课文，教师都能将环保教育，节能减排教育渗入其中。科学老师充分利用课堂这一主阵地，从植物到动物、从水质到空气污染、从日月星辰到气候变化、从节水节电到资源分布……将课内知识向课外延伸，通过师生互动、生生交流来体验环保对人类生存的重要意义。

研究性课程是在五年级开设的一门学生在教师的引导下，自己确定不同的研究课题，自主开展研究的新课程，其包括：社区设施的改进，生活用品的变革，校园环境的设计三个板块。例如：生活用品小改造的课程学习中，课前教师指导学生通过调查，发现生活中使用不便的物品，并分类、筛选确定研究对象。课上教师辅导学生利用实验法，对物品进行改革创新。学生分组开展研究，并集体汇报呈现成果。在研究性学习的进程中，学生的问题意识、合作探究能力明显提高。

（三）课程实施阶段

课程开发是一项系统工程，课程的实施需要积极进取、稳妥推进。我校课程实施历经以下四个阶段。

第一阶段，制定课程体系建设目标。

通过对师生访谈结果分析，发现学生对于课程整合有着浓厚的兴趣，并希望通过校本课程的学习发展特长、增长知识、提高能力。而教师们也对于学校课程建设提出宝贵的意见建议，表示支持并愿意承担自己感兴趣、有能力承担的校本课程，以促进自己专业水平的进一步提高。学校课程建设工作小组通过汇总大家建议并咨询区域课程建设专家，与学校办学宗旨和多元智能理论、扬长教育理论进行筛选和过滤，确定学校扬长课程体系建设的目标。

第二阶段，确定课程框架。

在调查研究的基础上，确定学校课程建设的基本框架。以秉承扬长教育理念，依托节日文化 、尊重学生个性、实现和谐发展为目标，突出学校特色，构

建学校扬长课程体系。

第三阶段，开发特色校本课程。

一是制定校本课程纲要。根据学校特色，现有资源以及学生的需求，开发校本课程，教师根据个人特长申报承担课程开发任务，经学校校本课程开发领导小组批准后，教师结合校园节日写出《课程纲要》，开发编制教材，按要求备课、上课，个别特殊专业要求的课程，学校可外聘专业人员辅导，以满足学生发展需要。

案例：

校本课程《面塑》课程纲要

主讲教师姓名	王莉	课程类型	校本课程（造型?表现）	周课时	1．5节
授课时间	周三下午社团活动时间	授课对象	四年级部分学生	可利用地方资源	石景山图书馆、校园网络
课程目标或意图	1.通过面塑这种艺术形式，培养学生概括能力、夸张想象能力、创造性思维能力和动手能力。学生作品在继承我国民间优秀传统工艺手法的同时，在题材上大胆创新、联系生活，给面塑这一古老的民间艺术形式带来一股清新之风，使学生初步感受到不同人文环境下，不同的文化背景孕育出了不同的艺术风格。 2.使学生受到美的感染与熏陶，提高审美能力、观察能力和综合能力 。能鉴赏面塑作品中所蕴涵的作者的情感、思想及表达方式。学生耐心、细心、专心等良好品质进一步形成，并将这些良好品质迁移到其他学科的学习及生活中去。 3.学校和教师不断创造各种机会，让学生将面塑的学习成果学以致用，培养学生长久的兴趣，提高学生运用传统艺术美化现代生活的能力。				
课程内容	1.收集有关面塑的历史背景资料，了解其发展及门类，关注面塑艺术大师及代表作，欣赏不同风格的面塑。 2.运用自主、合作、探究的方式，借助地方资源、校本资源、网络资源进行面塑艺术的欣赏、学习、评价。并对作品进行展示。				
活动安排	1.优秀作品参加"四联展"比赛。 2.结合节日文化在"中秋节""端午节""元旦"时制作面塑送祝福。 3.在学校、课堂举行"巧手面塑"作品展。				

课程安排	三月：欣赏名作，爱上面塑 　　收集、讲解面塑历史背景资料，了解其发展及门类，关注面塑艺术大师及代表作，欣赏不同流派、不同地域的面塑，使学生喜爱上面塑艺术，迫切的想要动手尝试。 　　四月~五月：学习技法，尝试制作 　　了解面塑工具及材料，彩面的基本制作方法和使用，面塑的基本手法，进行简单的儿童面塑制作。 　　学生对面塑有了动手操作的经验以后，开始学习稍微复杂一些的面塑制作方法，初步接触少量的传统面塑制作技巧。 　　六月：打好基础，尝试创作 　　学生通过几个月的动手操作，开始对彩面以及面塑工具熟悉起来。在此基础上，可以发挥自己的创造能力，自主创作一些自己喜爱的题材，进一步培养学生对面塑的兴趣，奠定学生的学习基础。
课程实施建议	（一）解决重点与难点的要点 　　1.通过对课件或图片、实物的欣赏与评析，以及对不同造型手法的掌握，使学生感受不同种艺术造型语言的魅力，培养学生热爱民间面塑艺术的情感。 　　2.通过学生讨论、分析和实践，使他们学习感受不同形态、不同质感、不同神态的表现方法。 　　（二）学习中可能出现的问题及解决方法 　　学生对面塑造型这一艺术处理手段比较生疏，实践不多，影响对作品的表现。 　　解决方法： 　　通过学生对橡皮泥技法的回忆，拉近与面塑艺术的距离，使学生充分了解面塑材质的特性，结合示范与小组探究，有利于突破学生创作中的这一难点。
课程评价建议	（一）教学评价方法 　　采用小组互评或鉴赏收藏的方法，以激励学生创作的积极性。 　　（二）教学评价点 　　1.本课是否激发起学生对民间面塑艺术的浓厚兴趣。 　　2.学生能否认识到面塑艺术独特的色彩及造型的魅力。 　　3.学生是否感受到美来自于民间、来自于生活，面塑以及许许多多民间艺术是人们追求理想生活的表现形式。 　　4.学生能否初步了解面塑的制作方法，并运用这些方法制作出一件面塑作品。

二是安排授课方式。学生问卷统计结果显示，不同性别、学段的学生在"最希望开设的校本课程门类"以及各门类的具体课程中存在显著、非常显著或极其显著性差异，因而，我们在开设必修课程的同时，也开设了许多选修课程，选修课程由学生根据自己的兴趣、爱好和特长自主选择课程。同时在安排选修与必修课程时，我们也充分考虑到了学校现有的物质条件、教师资源等。在安排选修课程与必修课课程的基础上，我们结合学生实际发展需求，具体规定了开设的时间及开设的年级。

三是学生选择课程。校本课程面向全体学生，必修课程安排在课时中进行，选修课程通过学校网站向全体学生发布，由学生自主申报，教导处依据学生选择情况，安排开课地点，确定组织形式。选修课采取自然班和组合班的形式授课，自然班是以原班级为单位进行上课。组合班是根据学生兴趣爱好报名组班，每班人数不等。每位学生选择一个项目报名参加，并允许在活动过程中作调整。运作流程：发布课程菜单——学生选择课程——课程组编班——安排教师进行授课。

小小书法家海报

趣味思维海报

四是开展教学实施。前期学生调研问卷结果显示，在校本课程实施过程中，学生最希望教师采取的教学方式为：实地考察、情景模拟、戏剧扮演、角色游戏、音乐欣赏、绘画、实验探究、竞赛活动、团体讨论等。据此，在校本课程教学过程中，教师大多结合所教课程的特点选择了一些能够让学生动手操作、实践性较强、较为生动活泼的教学形式。

校本课程实施案例

例1：高年级英语写作校本课程实施案例：My favourite animal

教学基本信息				
课题	My favourite animal			
学科	英语	学段：小学	年级	六
教材	书名：自编校本课程六年级英语写作课教材			

指导思想与理论依据

（一）设计思想

在六年级开设英语写作课的目标是提高学生的英语写作水平。学生能交换有关个人、家庭和朋友的简单信息。能在图片的帮助下听懂、读懂简单的小作文。能根据图片或提示写简单的句子。能根据所学内容，联系自己的生活实际进行仿写。能在写作的过程中巩固所学词汇、句型、语法，提高学生综合运用语言的能力。在学习中乐于参与、积极合作、主动请教。乐于了解异国文化、习俗，拓宽视野。

（二）理论依据

1.《国家小学英语课程标准》——英语课程的总体目标和对"写"的目标要求

《国家英语课程标准》中指出：基础教育阶段英语课程的总体目标是培养学生的综合语言运用能力。综合语言运用能力的形成建立在学生语言技能、语言知识、情感态度、学习策略和文化意识等素养整体发展的基础上。语言技能是构成语言交际能力的重要组成部分。语言技能包括听、说、读、写四个方面的技能以及这四种技能的综合运用能力。听和读是理解的技能，说和写是表达的技能；这四种技能在语言学习和交际中相辅相成、相互促进。学生应通过大量的专项和综合性语言实践活动，形成综合语言运用能力，为真实语言交际打基础。因此，听、说、读、写既是学习的内容，又是学习的手段。

《国家英语课程标准》中关于"写"的要求提出了以下几点。在一、二、三级目标总体描述中分别写到：能书写字母和单词；能根据图片或提示写简单的句子；能参照范例或借助图片写出简单的句子。在二级语言技能目标中写到：能模仿范例写句子；能根据要求为图片、实物等写出简短的描述；能基本正确地使用大小写字母和标点符号。

2.《小学英语标准解读》——"任务型语言教学途径"

《小学英语标准解读》一书中讲到:"任务型教学"就是以具体的任务为学习动力或动机,以完成任务的过程为学习的过程,以展示任务成果的方式(而不是以测试的分数)来体现教学的成就。学生有了具体的动机就能自主地学习,并且主动地用所学语言去做事情,做事情过程中自然地使用所学语言,在使用所学语言做事情的过程中发展语言能力。

任务型教学是一种与新课程标准相匹配的,有助于落实新课程标准的教学途径。它为学生提供了较大的实践空间,能比较好地发挥学生的主动性和创造性。对各种教学方法有很大的包容性,适合多种活动类型和组织形式,不但适用于用语言的活动,也适用于学习语言技能和知识的活动;不但可以独立操作也有利于合作学习。

教学背景分析

(一) 教学内容

以"我喜欢的动物"为题指导学生进行简单的英语写作。

我校自主研发的小学六年级上学期的英语写作课程的目的在于提高学生的英语写作水平。学生能交换有关个人、家庭和朋友的简单信息;能在图片的帮助下听懂、读懂简单的小作文;能根据图片或提示写简单的句子;能根据所学内容,联系自己的生活实际进行仿写;能在写作的过程中巩固所学词汇、句型、语法,提高运用语言的能力;在学习中乐于参与、积极合作、主动请教;乐于了解异国文化、习俗。

教材所选话题紧密结合常规英语课使用的"北师大版,21世纪课改实验教材《先锋英语》"的教学内容。共涵盖十个话题,即:My Day,Subjects,Chores,My Family,My Good Friend, Sports,Myself,My Favorite Animal,My teacher,My Room。每个话题两课时,第一课时以讲解、讨论为主,分析在写作过程中常见的拼写、语法错误等。学生根据老师的提示和原有生活经验说出与此话题相关的内容,进行口头作文或以小组为单位预写作文。第二课时让学生借助英语工具书和相关资料,在老师的语言提示、写作框架地引导下,用英文写出自己的真实想法,使作文的内容走进学生的生活,让语言学习生活化。

在编写过程中,注重培养兴趣和成就感,注重建立自信心。在教学方法上提倡体验、实践、参与、探究的学习方式。在教学内容上,重学生已有生活经验、重交流能力、重课外知识和西方文化的补充,使教学内容丰富多样而且具有灵活性。本教材遵循语言学习的规律,语言学习与知识应用有机结合;注重评价对学生的激励作用。

本课主题是十个话题中的一个,即:My Favorite Animal。校本教材中之所以选择这个内容是因为动物是每一个学生乐于谈论的一个话题,他们的生活经验丰富,相关英语词汇、句型等知识也比较多,写起来不是很困难。

116

（二）学生情况：

六年级学生较中低年级的学生，有意注意力时间长，有一定的合作能力和独立学习能力，喜欢富有童趣的影视动画。经过了五年的学习，具备了一定的语言基础，能够听懂简单的英语课堂用语，会说、会读简单的对话和小故事，对英语课有一定的学习兴趣，会表达关于姓名、年龄、爱好等简单的话题，能用形容词描述动物、人物或物品的样子，能说出关于动物、颜色、常用动词和形容词的英文名称。动物是学生非常喜爱的，很容易引起学生的共鸣，激发出他们写作的欲望。本课通过播放动物的片段、动物的部分介绍，力求通过学写作文开阔他们的视野，激发他们自发学习有关动物的知识、爱护和保护动物的情感。

（三）教学方式：

情境创设，听说训练，示范讲解，任务驱动式教学，合作、探究式学习，激励性评价等。

教学目标(内容框架)					

（一）知识目标：学生能够初步在图像、体态语、语音、文字的提示下听懂、读出、写出以下已学词汇和句型。能初步了解一般现在时的用法。

词汇：

1）动物类词汇如：dog, rabbit, monkey, tiger 等

2）形容词类如：big, small, tall, short, long, white 等

3）动词类如：swim, run, fly, climb 等

句型：

What's your favourite animal? My favourite animal is…

What are they like? They are…

What do they like to eat? They like…

What can they do? They can…

（二）能力目标：学生能够通过看录像、图片、动物生活习性的介绍，用英文说出动物的名称、外貌、喜爱的食物和生活能力等；能够在提示下，介绍自己喜欢的动物；能够在文字图片的提示下，以组为单位仿写作文，至少写出五句话。

（三）情感态度目标：通过观看录像、网上查询资料，了解动物习性等，激发学生热爱动物、保护动物、关爱生命、保护我们的生存环境的情感。

教学过程(表格描述)					
教学阶段	教师活动	学生活动	设置意图	技术应用	时间安排
创设情境	**Play the video** Show wild animals What animal can you see?	Watch and say the animals in English quickly. Such as tiger, lion, giraffe, zebra etc.	自然、趣味地引入动物话题，激发起学生说的欲望、吸引注意力。	电脑课件录像片段	1分钟
温故知新	**Talk together** --What's your favorite animal? --Are they big or small?	Answer the questions and introduce their favorite animals. --My favorite animal is… --They are…	通过询问最喜欢的动物激发学生对动物的热爱之情，为下面的写作做铺垫。		2分钟

新课讲解	Composition: My favorite animal 1. Show some information about dogs on computer. Dogs are our friends. Some are big and some are small. They are good at hearing and smelling. They like meat and bones 骨头. 2. Writing the structures on the blackboard. Animals: My favorite animal is … animals are … and …. Appearance(外貌): They are big/fat… They have long/small… Food: They like… Others: They can…	Watch and try to read Introduce some information about the dogs. --They are … --They have… --They like… --They can… Say something about their favorite animals according to the tructures. My favorite animal is …. My favorite animals are … and …. They are big/fat … . They have long/small …. They like…. They can….	补充课外知识, 给学生以语言上的支撑, 帮助其有所想, 有所写, 减轻压力。 通过信息提示激活思维, 使学生读外貌、生活习性进行更多地描述。 板书写作框架, 便于学生用正确的语言表达自己的想法, 突出本课重点。	电脑课件 板书	12分钟

实践操作 分享交流	**Group works** --- Ask the students to read the materials on the paper and then fill in the form. ---Ask the students to introduce their favourite animals in groups. --Choose someone to introduce. —Give a model. Ask each group to choose one kind of animal and then write it on the big piece of paper.	---Read and fill in the form. Write the information about their favourite animals. ---Introduce their own favourite animals in groups. ---Some students introduce their own favourite animals. ---Talk about their favorite animals and choose one to write the composition on a big piece of paper. They can use the materials about animals they found before this class.	以任务驱动式的方法加强小组内学生的交流，互帮互学，培养合作精神。激励性评价激发孩子的自信心，鼓励其大胆开口。	关于兔子、老虎、猴子的相关信息介绍的表格 4开素描纸、彩笔关于动物的文字和图片资料	15分钟
效果评价	—Check each other in groups. --Show time	--- Read and check in groups. ---Show in groups	学生以组为单位，帮助其他组同学检查英语作文表述的科学性，有助于培养认读能力和语法分析能力。	学生写的英语作文	7分钟

	Encourage the students to write their favourite animals and try to find more information. Play the video and ask the students to watch what people often do for the animals in the world.	强调、巩固重点，激发学生热爱生命、保护动物的情感。	电脑课件录像片段	2分钟
归纳总结 拓展提高				
家庭作业	Introduce your *favorite animal* in groups. Share the compositions in next class.		加强交流为下节课做准备	1分钟

121

学习效果评价设计

评价方式

（一）学生学习效果评价

多数学生能说出或在图片的提示下说出动物类的单词；能介绍自己喜欢哪种动物；能说出或在图片文字的提示下读懂老师所给的动物知识简介；能在作文框架和动物资料的提示下说出自己喜欢的动物，至少5句；乐于同他人合作准备资料、说作文、写作文；对英语写作课产生兴趣。

（二）教师自身教学效果评价

多数学生喜欢上英语写作课；喜欢教师制作的课件 My favourite animals；学生喜欢上课的内容、感受到乐趣；学生主动向老师寻求帮助；学生有进一步学习的愿望；师生共同关爱动物，做他们的朋友。

本教学设计的特点

校本教材研发、写作课方法探究

我校研发了小学六年级英语写作课校本课程，教师依据《国家英语课程标准》中的二级目标要求，将英语写作课的目标定为：提高学生的英语写作水平。学生能交换有关个人、家庭和朋友的简单信息。能在图片的帮助下听懂、读懂简单的小作文。能根据图片或提示写简单的句子。能根据所学内容，联系自己的生活实际进行仿写。能在写作的过程中巩固所学词汇、句型、语法，提高综合运用语言的能力。在学习中乐于参与、积极合作、主动请教。乐于了解异国文化、习俗，拓宽视野。

在教学方法上提倡体验、实践、参与、探究的学习方式。在教学内容上，重学生已有生活经验、重交流能力、重课外知识和西方文化的补充，使教学内容丰富多样而且具有灵活性。本教材遵循语言学习的规律，语言学习与知识应用有机结合；注重评价对学生的激励作用。

在写作指导中，由于学生的英语基础知识水平不同，因此教学中最大的问题是如何在课上对学生进行分层指导，保证不同层次的学生都能针对教师所给的话题写出不同层次的英语短文。经过实践，学生已能在教师引导下，通过小组合作，或自主根据教师提供的写作步骤和思路，初步进行有序的英文写作，具有了一定的筛选、总结、运用现有知识的能力。学困生可以根据教师所给的范文，替换个别单词，进行英语作文的仿写。中等学生能根据教师归纳、总结提供的词组进行有序地改写。而一部分学习较优秀的学生已能根据教师课内的总结归纳，自己进行有效的提炼扩展，书写成思维有序，词汇丰富，能充分表达自己所思所想的文章。教师以加分、表扬加展示的方法激发学生们的写作兴趣。

五是校本课程评价。校本课程评价的目的是为了促进学生校本课程学习，保证校本课程的顺利实施，并检验校本课程实施的效果，进一步改进和完善校本课程。

第四阶段，三级课程整合。

学校以校园节日为线索，以为具有不同智能的学生提供精致的课程为目的，整合三级课程，对应不同节日，梳理各学科三级课程中的相关教学内容，培养学生实践创新意识和综合实践能力。

四、校本课程的评价标准

关于校本课程的评价，学校课程开发工作小组提出：对学校所开设的校本课程评价分为三个方面：第一是对学生校本课程学习的评价；第二是对教师承担校本课程的教学评价；第三是对校本课程本身的评价。根据各学科校本课程的性质和特点，以及前期学生问卷调查结果，校本课程的评价遵循以质性评价为主，量化考评为辅的原则，评价采取自评、互评和他评相结合的方式。其目的是为了促进学生课程学习，保证课程的顺利实施，并检验课程实施的效果，进一步改进和完善课程。

（一）学生参与课程的评价

学生方面填好《学生成长手册》中"校园节日文化活动参与情况记录表"和"自主课程学习情况记录表"（学生人手一册）。采取自评、互评、师评、家长评价等多元评价方式，学生通过实践操作、作品鉴定、竞赛、评比、汇报演出等形式展示成果，学校颁发扬长之星证书。

2013 年我们创新评价方式，将学生的评价分为三个方面："成果收集袋"模式的学科评价；"成长激励卡"模式的过程评价；"扬长之星"模式的特长评价。多维的评价方式，给予学生广阔的评价平台，促进学生全面发展。

（二）教师开发课程的评价

对教师实施校本课程的评价，学校制定《校本课程评价指标》，从课程目标与课程计划、课程准备与投入、课程实施过程与实施效果几个维度明确标准，并通过学校评价、教师自我评价、学生座谈等评价方式。对教师开发、实施校本课程能力作出鉴定，及时调整课程结构，不断提高教师课程研发和实施水平。

实验小学校本课程评价指标

评价项目		评价要素	符合程度			
一级指标	二级指标		A	B	C	D
课程目标与课程计划（25）	课程设计的先进性	开设本课程的意义，课程目标清晰，对学生综合素质提高具有显著作用。	5	4	3	2
	课程设计的拓展性	课程目标与实验小学培养目标的一致性，在国家课程计划基本要求之上进行了拓展深化。	5	4	3	2
	课程设计的相容性	符合学校整体课程计划的要求，课程设计体现了课程改革思想。	5	4	3	2
	课程计划的科学性	课程内容选择科学合理、结构清晰，呈现形式与学生发展水平相适应。	10	8	6	4
课程准备与投入（25）	教师的知识基础与师资准备	教师的知识基础完全能胜任本课程的教学，有开设本课程的经验。	5	4	3	2
	教学材料的准备	教师系统全面掌握了本领域的知识，课程计划完整、成熟，教材或讲义已经可以使用。	5	4	3	2
	教学设计与教学组织准备	有完整的教学计划与教学安排，有明确且成熟的学生学业成绩评价方案。	10	8	6	4
	教学设施的准备	教学设施使用已经落实。	5	4	3	2
课程实施过程（25）	教学态度	围绕目标进行教学素材的选择与处理。对课程教学有很强的责任心，认真备课、精心组织教学，能根据课堂情况和学生反映而不断调整教学，教学计划得到认真执行。	5	4	3	2
	教学环节	教学环节围绕目标展开，环环相扣，循序渐进，学生思维水平逐步提高。	5	4	3	2
	教学方法	教学策略与方法选用适当。能借助各种教学手段提高教学效果，能充分调动学生参与学习的积极性。	5	4	3	2
	教学反馈	能够根据反馈信息，围绕教学目标，对教学过程、教学难度进行调整。	5	4	3	2
	课堂氛围	课堂气氛活跃，师生互动积极，探究气氛浓厚，学生表现出了很高的学习兴趣。	5	4	3	2
课程实施效果（25）	实现程度	课程目标的实现程度完全达到了课程大纲所设定的课程教学目标，部分方面甚至超过了预设目标。	5	4	3	2
	学生发展	目标落实到位，多数学生完成学习任务，每个学生都有不同程度的收获。	5	4	3	2
	学生兴趣	学生学习热情高，体验到学习的愉悦，有进一步学习的愿望。	5	4	3	2
	个性发展	学生通过校本课程的学习在学校节日文化活动中有所展示，成果比较显著。	10	8	6	4

（三）课程实施的评价

对课程实效性进行评估，设立教师、学生、家长调查表，深入班级听课，及时反馈，交流总结经验。每学期组织人员对校本课程的实施情况进行全面评估，对校本课程实施作出鉴定，及时调整课程结构，不断提高教师水平。

三级课程整体建设，推进了学校"实验乐土，自信家园"的办学目标的不断明晰，并且使学校"扬长教育"办学特色不断鲜明，办学品质的逐步提升。学校被评为全国名优学校，国家基础教育课程教材改革试验项目学校，北京市课程建设先进单位，北京市学校文化建设示范校。

三级课程实践唤醒了教师的创造活力，教师们注重自主学习、相互合作、反思总结、交流共享。教师的课堂教学水平、科研能力、课程水平都有了质的飞跃。学校骨干教师人数有所增加，教育教学水平有所提高。多项科研课题获得立项。学校连续在全区教育教学大赛中获得群星奖五星奖。

在课程建设过程中，教师通过发现特长、提供展示的机会，培养特长、创造锻炼的机会，发展特长、放飞美好的理想，促进学生持续健康发展。学生在扬长教育的滋养下逐渐成长为具有自信、求索、创新品质的英才少年。在北京市中小学生创意实践大赛中我校学生获小学组冠军，在香港举行的亚太地区的学生综合素质挑战赛中获得冠军，获全国少年儿童英语全能风采大赛一等奖。

许多学生通过扬长课程的学习有了很大的变化，以自身的特长促进了全面的发展。

家长感言　四年级可欣的妈妈说：现在可欣在家里爱说话了，在外面也乐于与人沟通了，感谢学校给了孩子多个平台，任由她去发展。孩子武术练得好，在市、区级比赛中也经常夺得奖项，自信心越来越强了，在学校的华彩音乐节"拉歌比赛"中少不了她的身影，在学校的缤纷书画节里缺不了她的工艺品，在学校的"争当书写规范星"活动中她的作品榜上有名……

学生感言　曾经敏感不自信的雯雯，现在在班级的舞台上，学校的节日文化活动中，总会看到她自信的微笑。她会滔滔不绝地和大家讨论对一篇文章的看法，她会沉浸在一部部厚实的作品里充实自己。在一次"我的理想"的主题班会上，她说："梦想是注定孤独的旅程，路上少不了孤独与嘲笑，但那又怎样。哪怕遍体鳞伤，也要活得漂亮。我心中的梦想是成为一名作家，多年以后，世界的每个角落都留下我的文字与脚印，我要用笔为我的明天谱写出崭新的篇章。"

教师感言　记忆力强但却偏科的丽丽，她凭着超强的记忆力，为同学全面地

介绍荷兰的风土人情及荷兰四宝，带领同学们走进迷人的荷兰，发挥了自己的特长，使同学开阔了视野。现在她已经是班里最受欢迎的女同学，公认的"小才女"，各科成绩都在逐渐提高。她的性格更加开朗，充满了自信心。

三级课程的整体推进，在张扬学生个性、培养学生能力等方面发挥了重要的作用。扬长教育特色课程培养了学生人际交往、合作学习、提取信息、适应社会等综合能力。校本课程多方位开发，开阔了孩子的眼界，培养了学生更广泛的兴趣爱好，促进学生多元智能的和谐发展。

第二节 扬长课程的创生特色

扬长课程的创生特色就是要充分发现并发展每个学生的长处，因势利导，让学生在"扬长"中走向成才和成功之路。每个人的创造潜能蕴藏在他的特长之中。每个人都拥有一定的长处（即优势），同样也存在着一定的短处（即弱势）。扬长课程创生的任务就是要充分展现个体自身的能力和兴趣，使个体进一步的探索和发展成为可能。在扬长课程中发现学生的优势，并通过各种教育手段，调动学生学习的积极性、主动性，发挥潜能、发展特长，使学生体验成功的喜悦，增强学习的自信心，为学生将来的成功奠定良好的基础。

一、扬长课程的主题活动

扬长课程本着"尊重孩子、赏识孩子、激励孩子去探索、创造有价值生活"的原则，培养学生自信的品质，让每个孩子发挥个性优势，体验成功。

通过扬长课程的实施，满足学生多样的兴趣爱好，引导学生在扬长教育实践中挖掘自己的潜能，发挥自己的优势和特长。努力提高学生道德修养、文化素养、审美能力，促进学生身心健康，培养学生的科学态度、创新精神和实践能力。

（一）主题活动的类别

学校开展灵活精彩的主题活动，包括地方专题教育活动：生命教育、安全教育、国防教育、可持续发展教育。校本专题教育活动：仪式教育、礼仪教育、法制教育、常规教育。社会实践活动：家校共育社活动、校园节日教育活动、生涯教育。

（二）主题活动的内容

主题活动的内容是在地方专题教育活动的基础上，我们根据学校的实际情况，学生的发展需求创设了校本专题教育活动。这些活动包括：

生命教育：我们以尊重生命、珍惜生命、热爱生命为主题开展丰富多彩的教育活动。

安全教育：以交通安全、食品安全、消防安全为主，通过知识讲座、互动游戏、演练、模拟，提升学生的安全自护意识。

可持续发展教育：学校结合教育主题开展"我爱地球妈妈"系列教育活动。还有对环境问题的探究、再生资源的利用、模拟联合国的意义等专题教育。培养学生具有可持续发展的生活能力。

礼仪教育：包括文明礼仪教育、交际礼仪教育、活动礼仪教育等等，使同学们都能够成为一名懂礼仪、讲礼仪的小公民。

仪式教育：在小学阶段能涉及的一些仪式都包含在我们的仪式教育中，如开学典礼、结业式、升旗仪式、入队仪式教育、毕业典礼、校园节日开幕式等。加强礼仪教育，对儿童形成健全的人格起着重要的作用。同时传承中国优秀传统文化。

法制教育：由模拟法庭、法制讲座、走进法院、法制宣传等板块组成，通过法制副校长讲座、走进社区宣传、到法院参与活动，还有对学生进行如何防止性侵害的专题讲座等，开展法制教育活动，提高学生的法律意识，增强法制观念。

常规教育：包括课前常规教育、课中常规教育、课后常规教育、课间常规教育，培养学生从小养成良好的行为习惯。

社会实践：学生走进社会大课堂和校外教育机构开展社会实践和课外学习，拓宽学生视野，锻炼学生能力，切实有效地提升学生的思想品德、科学素养、健康素质、文化修养等方面的综合素质。

家校共育活动：包括三个方面的活动。一是家长志愿者为学生服务。发挥家长在学生活动中的"保驾护航"作用。我校建立了庞大的"家长志愿者"队伍，在学校各项教育教学活动中都能够看到家长志愿的身影，他们和老师携手共同服务于学生，支持学校的工作。二是利用家长资源开阔学生学习的视野。为了给学生发展提供更加广阔的平台，使学生广泛地接触社会，家长委员会召开了专题会议，利用家长丰富的教育资源，结合学校实践活动的需要，科学安排各种实践活动。家长志愿者为孩子们提供广阔的成长天地，孩子们在活动中体验，在体验中发展。三是家长课程的实施弥补学校资源的不足。教育要走出学校，课程要融入生活，课程资源要扩大范围。家长作为一种与学校教育有着共同目标的校外资源，在拓展课程资源的来源同时也弥补了学校资源的不足，通过家长课程的实施，家长进一步了解学校的文化建设，使家长与学校能够更好地相互沟通，相互理解，家校目标一致，提高教育的实效性，达到了家校共育的目的。在一次次家校互动活动中，增进了家校情意，更有利于促进孩子健康、快乐地成长。

节日课程：学校有丰富多彩的校园节日课程，在节日中，孩子们充分展示主人翁的风采，通过星星火炬节来表达同学们对学校发展的关注；激情体育节，孩子们参与各种体育项目的比赛，体质得到了锻炼；快乐读书节，孩子们尽情地阅读书籍，开展对联大比拼、集体诵读、好书推荐等，激发同学们热爱读书的良好情趣；创新科技节是同学们最喜爱的节日，科学老师结合科技节的活动主题，提出探究问题，让孩子们通过参与科技节的活动来解决科学问题，培养他们的科技特长，提高他们的科技素养；Super英语节，给喜爱英语的同学一个展示的天地，通过英语的歌曲演唱、英语短剧的表演、单词大比拼等，尽显同学们的英语才华，同学们在节日课程中吸收营养、增长知识、丰满羽翼，在节日中快乐成长。

生涯教育课程：生涯教育课程以促进学生的终身发展为目标，培养学生生涯素养和生涯适应力，并在高年级中通过一系列的教育活动，使学生熟悉以工作为定向的社会价值，结合个人的发展应用到生活中去，使自己健康成长，成为对社会有贡献的人。

（三）主题活动特色

我校有丰富多彩、各具特色的主题活动。一是核心明确，每项主题活动都以扬长主题为核心，师生共同参与实施。二是全员参与，结合活动主题教师、学生和家庭都要参与到活动中去，体会活动的快乐。三是强调对主题认知的表达，学生在主题活动中通过多样的形式表达对主题认知过程的理解。四是分享成果，在活动前分享期盼，活动中分享体会，活动后分享经验。

二、扬长课程的社会实践

社会实践是学生走向社会的一个很重要的锻炼环节，也是教育与实践相结合的具体体现。小学生对社会刚刚有了初步认识，学校要引导学生综合运用社会、生活和学科知识，开展以学生为主体的自主动手动脑的社会实践活动，更好地培养学生综合实践能力，带领学生走入更广阔的社会活动空间，丰富学生的知识和情感等方面的体验，让丰富的课程带给学生丰富快乐的体验。

（一）社会大课堂实践活动

社会是最大的课堂，生活是最好的教育，人生就是一次远足。为了充分发挥社会资源的教育功能，让学生在体验中感悟教育的力量，不断探索学生体验教育的有效途径。在完成学科知识、学科能力培养和加强校内自我管理自我教育的基

础上，学校更大范围地引导学生走出家门、校门，走进自然、社会，接受最直接的教育，从而受到感染和熏陶。使学生在活动中丰富知识、开阔视野，在实践中锻炼自我、挑战自我，在道德体验中学会做人、学会交往。

1. 课堂外学习知识

学校通过向教研组配发《社会大课堂指南》，为教师讲解"社会大课堂"工程及其可利用资源，并通过组织多学科教师共同考察资源单位、共同设计、多科联动，促进教师合理使用课内外资源，并通过教学设计和任务设定，使学生在参观和实践中用课内知识学会观察、学会验证、学会质疑、加深理解、发现创新。如：结合我校"创新科技节"，我们开展了主题为"科学探索、勇于实践"的社会实践活动，学生带着问题走进中国科技馆，去发现，去探究。通过探究性小组学习，激发学生学科学、爱科学的兴趣，提升学生的科学素养。

2. 大自然中开阔视野

在设计活动时，我们发现，城市的孩子接触大自然的机会很少，很多孩子缺乏基本的自然常识，没有自主探索大自然的愿望。为此，我们组织学生去蟹岛收获秋天的果实、到留民营寻找春天的足迹、走进蝴蝶谷收集蝴蝶标本、深入南宫温泉博览园探究地热知识。社会大课堂活动的开展，打开了学生走向大自然的大门；生活空间的拓展不仅开阔了他们的视野，而且使他们获得了快乐的体验。

3. 社会大课堂中增长才干

学校充分利用社会大课堂推进综合素质提升工程。如组织五年级学生到石景山区国防教育基地开展活动。基地的老师、教官为学生创设了体验绿色军营的平台，当孩子们换上迷彩服，俨然成了一个个小军人，集合、站队、训练、就餐、洗漱、就寝……每一个训练和生活的细节都在基地老师和教官的细心指导下进行得井井有条。短短五天的训练，孩子们发生了翻天覆地的变化：在这里他们学会了独立、学会了合作，学会了自律、学会了服从。在这里他们磨炼了意志、学会了坚强，体验了生活、学会了自理。在这里他们陶冶了情操、培养了品格，懂得了尊重、学会了协作。对于孩子们来说，这是一段激情燃烧的岁月。孩子们的情感、意志经受了考验，孩子们正确的道德观念和民主、合作、竞争、奋斗等现代意识得到了全面的培养，这些，都将使他们终身受益。

除此之外，我们还积极探索建立校级资源单位，如国家青少年击剑运动培训基地。它是中国击剑协会下属的第一家全国群众性击剑培训基地，基地使用奥运会比赛场馆和相关击剑专业设施，拥有国内知名的优秀教练员和运动员。学校利用国家青少年击剑训练中心这一资源，开展实践活动，同学们积极参与到体验活动中。我校还成立了击剑社团，我们把优秀的教练员请到学校对学生进行培训指导。击剑社团的同学代表学校参加了全国的比赛，取得了全国小学乙组第三名的好成绩。在此基础上，学校还成立了国家青少年击剑培训中心导游志愿者，这支队伍利用自己的课余时间到国家青少年击剑培训基地为大家讲解击剑的发展史、比赛项目、竞技规则及比赛礼仪。在志愿服务中既学到了知识又得到了锻炼。在这个过程中，学生充分展示自我，提升了综合素质。

（二）社会实践活动创新

社会大课堂实践活动的建设与课程开发，为教师和学生搭建了一个连接校内外、课内外课程，整合学科之间联系的新型的课程实践平台。在这个平台上，教师可以积极引导学生将丰富的活动体验与在学校课堂上获得的认知经验更紧密地联系在一起，使学生知识获取、能力提升与情感、态度、价值观的形成融合为一体，让学生主动、积极地开展探究活动，获得多样化的学习体验。

一是课内与课外相结合。学校尊重学生发展的需要。根据实践活动具有实践性、自主性、创新性的特点，实践活动做到内容开放、过程开放、方法开放。通过课内与课外结合，拓宽实践活动的空间，充实实践活动的内容，培养学生的综合素质。如：一年级学生在学习方面刚刚掌握一些知识，还没有多少文化知识的积累，出于这一点让孩子们走进博物馆去感受文化，去感受知识的力量就显得尤为重要。在自然博物馆中的"动物的奥秘"了解到爱的真谛，在"植物世界"发现了生命的灵动，在"恐龙公园"看到历史的印记，在"动物之美"还原了野生动物可生存环境、"动物-人类的朋友"唤起人们对动物的爱护，认识到地球不属于人类，而人类属于地球……通过实践活动开阔了孩子们的视野，增长了知识。

二是自主和指导相结合。实践活动遵照新课程的理念，突出实践活动的自主性、独立性和创造性。教师是实践活动的帮助者，学生是活动的主体。教师在引导学生主动实践的过程中，培养学生主动参与，自主探究的能力。五年级学生已经有了天文科普知识积累与基本的合作实践探究能力。为了配合年级的课程安排，我们走进了天文馆和古生物博物馆。为了让实践活动有实效性，我们在活动之前，让学生通过各种途径搜集天文、古生物方面的资料，如：宇宙的形成，天体的运转规律、生物的进化等等，再指导学生将资料分类整理，提出自己想要探究的问题。这样一来，学生们在活动前的准备工作中，已经激发了兴趣。活动中，学生们目标非常明确，既让自己对了解到的知识得到了印证，又通过实践活

动自己解决了好奇、不懂的问题。活动结束后，每个同学将自己的收获以日记的形式或者是手抄报的形式记录下来，回到课堂上与同学们分享，整个活动从准备阶段到结束，大大地提高了学生主体参与意识与能力。

三是提高学生的多种能力。在社会实践探究过程中，培养学生提出问题、分析问题、解决问题的能力；提高搜集、整理、运用信息的能力；在活动过程中锻炼学生与人交往的能力、社会实践的能力、抗受挫折的能力；发展学生终身学习的能力。

三、扬长课程的社团活动

学校根据对教师和学生的调查，开设了科学类、人文类、资源类三大类30个社团，根据教师的辅导意向，安排各社团的辅导老师。学生根据自身的特长，按年段以必修与选修的形式进行申报，每位同学都能够选择一个适合自己的社团参加活动。学生社团的活动由三部分组成，一是辅导教师要设计好社团活动的内容，做好计划，同时引导学生自主参与社团的活动设计、学习内容、探究活动方法，培养学生收集、分析、整理信息、解决问题及实践创新能力。二是社团活动由学生推选出社团团长及学生负责人员，由社团团长管理出勤情况及活动组织。由于是学生自己管理，学生在社团活动中得到了锻炼，从而形成合作、分享、积极进取等良好的个性品质。培养了学生的活动组织能力及责任意识。三是让社团成为每个孩子张扬个性的舞台，通过学校网站、校报及橱窗等宣传阵地展示教师和学生的活动成果，展示社团风采和学生个人成果，为师生提供交流与展示的平台。

（一）社团活动类别

学校根据学生不同的年龄特点及个性特长开设了"科学类、人文类、资源类"三大类课程。科学类课程目的是对课上学习的内容进行拓展或加深，以适应部分学生在这方面的需求，培养学生发散思维能力，提高学生的科学素养。人文类课程旨在通过创意实践、身心健康、传统文化等方面的培养，满足学生多方面兴趣和个性的需求，使学生了解热爱民族文化艺术。资源类课程旨在对环境污染的调查研究、能源的利用等方面的知识学习，引导学生养成尊重环境、保护环境、热爱环境的意识，从小培养节能减排、低碳生活的方式。

（二）社团活动内容

学校成立了30个社团，包括人文类：墨宝社团、折纸社团、击剑社团、轻松时刻、面塑、武术、校园文化等16个社团；资源类：生活中的设计、环境保护、校园红十字、校园消防员、艺术创想5个社团；科学类：模型建模、校园小导游、集邮、电脑小大人、可乐思、乐高创建、名著阅读、围棋、动漫等9个社团。丰富的社团内容，让孩子们更关注发展自己的长处，并愿意将长处不断发挥，从中获得快乐、体验成功、感受自信，并通过这种自信最终使自己实现全面健康发展的目标。

（三）社团活动特色

我校社团活动的特色以关注学生创新发展为主，凸显以下几个方面特色：1.循序渐进分层培养。例如：由于学生的兴趣和能力有差异，我们根据学校现有条件组建了四个科技社团：低年级的科学实验社团，中高年级的LEGO创意建模社团、环境与生态社团和KNET社团。2.主题月展示。例如：每个社团的活动内容和形式各不相同，学生可根据自己的能力和兴趣自主选择，教师对学生的活动表现和结果进行评估，选拔具有科技潜质的学员进行重点培养。3.班级主题模块展示。例如：每个班级会根据学校的主题在班会上设置几个小模块，给那些不能到学校大舞台参与活动的孩子提供一个班级小舞台，让他们也能找到自己的位置，感受成功。

扬长课程充分发挥了学生的想象力和创造力，加强了师生之间的沟通，密切了学生之间的交往，学生在扬长课程的学习过程中收获了知识，提高了能力。

扬长课程的发展愿景：

在扬长课程的开发进程中，我们立足实际，扎实前行。展望未来，我们更要明确发展方向，关注课程创新。

第一，更准确把握学生的兴趣和需要。在校本课程开发中要特别重视并准确把握学生的兴趣和需要，按照学生的兴趣需要开设课程，才能增强校本课程的生命力，也真正能够体现校本课程以学生为本的宗旨。在创新、整合、调试和开发校本课程中，我校立足于学生的基础性、普及性、可接受性，在部分学科关注了学生的兴趣和需要。在后续的课程研究实践中，应在准确把握学生兴趣需要的基础上，进一步开发多样化、个性化的校本课程，以促进学生个性化的发展。

第二，探索课程建设的科研引领工作。在课程建设与实施中有大量的问题需要通过科研的手段来解决。我们将在前期"扬长教育特色课程建设实践研究"的课题研究基础上，引领我校课程开发不断向纵深迈进。

第三，探索网络环境下的课程建设。我校的数字化校园建设取得了阶段性进

展，校本课程模块基本测试成功，即将投入使用，在实践中，我们将探索"技术、终端、网络、平台、资源"的五位一体数字化的课程建设研究，改变教与学的方式，提高教与学的实效，促进课程建设的发展。同时，家长是我们非常重要的校外课程实施者，以特定的形式发挥着课程教育的功能与使命。为使学生能在生活中快乐学习健康成长，我们将在学校课程之外，开发校外课程，通过数字化平台，家校联手提高学生素质。

第四，课程学习与社会大课堂进一步融合。我们将充分利用社会大课堂的活动式教学以及资源课程化的特点，针对学科领域全面设计资源主体，将学校课堂解决不了的和解决不好的课程到社会大课堂中去解决，使学校课堂传授的知识能够得到应用、深化、拓展、整合、建构，从而提升学生思考、创新和实践能力。

我们深信，每个人身上都有一股劲，只要给他一方舞台，都可以发挥自己的特长，上演最精彩的节目。我们秉承"扬长教育"理念，在"长善救失，格物致知"核心价值观的引领下开发课程，整合课程，实施课程。教师通过发现特长、提供展示的机会，培养特长、创造锻炼的机会，发展特长、放飞美好的理想，促进学生持续多元发展。为培养具备自信、求索、创新品质的英才少年奠定了坚实的基础。

第四章 扬长课堂渲染学校

扬长课堂是以学生发展为本，关注学生生命发展，即赏识—探究型课堂。赏识—探究型课堂是教师在尊重和赏识学生的前提下，引导、鼓励和培育学生自主探究、创新意识与能力的课堂。教师关注学生的积极行为，鼓励在某方面学有专长的学生，培养学生自主探究的能力和创新意识。重视学习过程，培养发散思维；尊重个性差异、改变评价方法；营造和谐氛围，增强学生自信；鼓励质疑问难，促进思维方式的转变。在课堂上创造民主、和谐的师生关系，营造良好的课堂氛围，培养学生探索创新精神，塑造学生更健康更全面的心智，形成学校独有的课堂教学风格。

第一节 扬长课堂的建模高效

扬长课堂建模高效其内涵是指根据已有教学经验的总结提升，在"尊重、赏识、探索、创新"的实验精神指导下的，具有较高目标的教育教学课堂。即在有效课堂的基础上、完成教学任务和达成教学目标的效率较高、效果较好，达到效率的最大化和效益的最优化，从而创造出较高影响力和社会效益的课堂。其外延是指学校所有的师生都可以作为实现高效课堂的主体，在把握教学时间、教学任务量、教学效果上，通过参与多元的、互动的教与学和评价过程，实现可持续发展的高效课堂模式。

一、扬长课堂的模式建构

（一）扬长课堂的阐释

扬长课堂是以学生发展为本，关注学生生命发展，即赏识-探究型课堂。赏识-探究型课堂是教师在尊重和赏识学生的前提下，引导、鼓励学生自主探究、培育学生创新意识与能力的课堂。教师关注学生的积极行为，鼓励在某方面学有专长的学生，培养学生自主探究的能力和创新意识。重视学习过程，培养发散思维；尊重个性差异、改变评价方法；营造和谐氛围，增强学生自信；鼓励质疑问难，促进思维方式的转变。在课堂上创造民主、和谐的师生关系，营造良好的课堂氛围，培养学生探索创新精神，塑造学生更健康更全面的心智，形成学校独有的课堂教学风格。

（二）扬长课堂模式建构的理论依据

扬长教育是从"道人之长，越道越长"的教育原理以及"多元智能"理论出发，发现并挖掘个体的积极因素和独特优势，通过期待、激励、训练使隐藏在个体的潜能随时处于喷发状态，并将在此基础上形成的良好心态逐渐迁移到其他方向，以扬长促进其和谐发展，以扬长促进其探索创新。

其核心价值观是："长善救失，格物致知"。

"长善救失"的意思是：教师要善于发现学生的错误，加以纠正和指导，重

视因材施教，善于因势利导，将缺点转化为优点。"格物致知"的意思是：引导学生亲自参与，动手实践，研究考察事物，获得知识。"长善救失"体现了扬长思想，"格物致知"表达了探索实践的实验精神。同时，前者关注人的德性，后者关注知识和理性。

（三）三段六环节的课堂模式

学校有计划、有目的地组织教师深入开展实践研究，引导教师不断自我修正和转变教学方式，逐步总结实践探究，提炼成为"三段六环节"的教学模式，尊重学生在学习活动中的主体地位，引导学生自觉地参加合作学习，从而实现高效的课堂教学。教学模式如下图所示：

教学模式主要包括三个基本阶段（预习探究、合作探究、应用探究），具体细化为"课前预习→课上质疑→参与探究→展示交流→点拨释疑→应用提升"六个教学环节。课堂时间分配：学生自主、合作、展示、应用占70%；教师点拨、引导占20%；测评总结占10%。各学科课堂基本都呈现这三个基本阶段，六个具体的操作环节。这样的课堂可以关注师生教与学的生命历程体验，使课堂教学异彩纷呈，培养学生自信、求索、创新品质。

二、扬长课堂的制度建设

（一）课堂制度建设的必要性

课堂制度即课堂教学规程，是指在一个学校或班级中要求全体师生共同遵守并按一定教育教学程序展开教与学实践活动的规程。课堂制度是以学校管理者执行力为保障的，具有协调师生以及各个部门顺利开展教育教学实践活动的保障机制。扬长课堂制度对于学校的教育教学管理，师生的教与学实践活动不仅具有指导性和约束性，还可以更加明确教学管理各部门的职责；对于教学效果突出的教职员工和学业成绩优异的学生，具有鞭策性和激励性，从扬长的角度可以达到促进其发展的目的，有效激励大家遵守课堂制度、努力学习；为保障课堂教育教学实践工作顺利进行，课堂制度还具有规范性和程序性，教育教学管理要讲程序、讲规范，为师生明确课堂教学和学习任务提供可供遵循的依据。因此扬长课堂制度建设具有不可或缺的必要性。

（二）课堂机制建设思考

课堂机制就是课堂制度加上科学的教育教学方法。首先，扬长课堂机制是经过反复的课堂教学实践检验，证明有效的、较为固定的有助于师生扬长发展的方法。其次，课堂机制本身也含有扬长课堂制度的因素，要求所有参与学校教育教学相关工作的教职员工都必须遵守，而且课堂机制本身还包括各种监督评价的手段和方法，以此发挥扬长课堂机制科学管理的作用。第三，课堂机制是在长期的教育教学实践中，摸索出的有效方式、方法的基础上总结和提炼的，是需要并可以在实践中不断进行完善修改的。第四，课堂机制往往通过多种方式、方法同时使用，以达到其最佳的教育教学管理和评价效果。

（三）扬长课堂机制

扬长课堂机制本着"尊重、赏识、探索、创新"的实验精神，以鼓励为手段，繁荣和发展扬长课堂机制。一切好的规则，都源于对学生最根本的尊重。本着这一原则，我们建立实验小学师生共同遵守的课堂制度。一是梳理《实验小学扬长课堂教学评价标准》（见P149）。二是制定《实验小学课堂常规星级班评价表》（见P150）。以制度的落实形成独具特点的课堂机制，从而为师生的共同发展助力。

三、扬长课堂的实践成效

在赏识–探究型的扬长课堂上，时时处处都渗透了"尊重、赏识、探索、创新"的实验精神，使我们看到了师生的共同发展。赏识–探究型的扬长课堂上，有教师对学生学习热情、积极探索的赏识，有学生对老师的教学行为、知识底蕴的赏识，让教师之间、师生之间、生生之间洋溢着共同学习、共同探究的激情，这是师生生命价值的体现。师生在学校生活的方方面面、点点滴滴，在相互赏识中静心探究，精心探究，尽心探究，赏识–探究成为一种自然而然的习惯，成为扬长课堂实践的最佳收获。

案例1.

语文课堂巧用思维导图

六年级语文教师借助思维导图能够将思维过程外显的特点，指导学生按照三段式的课堂教学模式进行阅读学习：

第一阶段：课前指导——学生预习探究

学生根据自主阅读中对课文内容、结构、写作特点了解的程度和疑问绘制导图，记录在预习探究作业本上。在这一环节，教师充分尊重学生独立认知能力和表达方式，目的是让学生有准备地进入课堂学习，将教学过程前移。

语文阅读课堂教学模式图

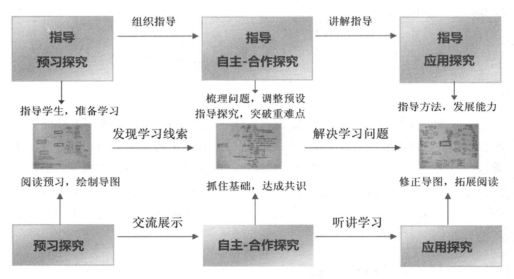

第二阶段：课中指导——学生自主–合作探究

首先，由教师组织学生在小组内交流预习成果，尊重学生个体差异，充分发挥学生学习主体作用，以赏识的目光激励学生勇于交流、大胆表达。学生在交流中发现和分享他人学习成果的同时，深刻体验被尊重、被赏识的快乐，更乐于积极投入探究、创新学习中。

其次，教师组织评价、梳理学生预习成果，对基本内容和基础知识达成共识，提炼出需要共同学习和解决的问题。

第三，教师根据学生课前预习和课上交流的实际情况，准确把握住学生认知原点（学习基础）、阅读中的疑点与阅读能力的上升空间（提升点），调整教学预设，展开有针对性的阅读方法指导，从而有效地突破教与学的重点、难点。

在指导学生自主–合作探究过程中，教师从学生实际出发，以发展学生可持续学习能力为目标，精心搭设提升空间，巧妙设计问题链，培养学生阅读分析、表达质疑的能力；提高学生对书本结论、他人观点进行自主分析与评价的能力。在这里有目的地发挥教师的指导专长，引导学生主动探究，使师生在扬长课堂上，各取所需、各有所得。

第三阶段：课后指导——应用探究

一是学生结合师生共同学习中获得的新知，对预习作业的思维导图进行删改、补充，达到巩固知识、夯实学习基础的目的，同时减轻课业负担，提高学习效率。

二是教师指导学生应用课堂学习的阅读和表达方法拓展课外阅读、开阔视野、增大阅读量，激发学生读书热情，培养其观察生活、解决身边问题的能力，为学生后续学习和终生发展奠定坚实的知识与能力基础。使学生在课堂上的所得在课后能够继续延伸和拓展，这正是扬长课堂机制助力师生发展的目标。

下面图表中是学生借助思维导图提高短文阅读能力的前后对比情况：

学生统一测试阅读短文概括主要内容一项得分率对比					
	1班	2班	3班	4班	5班	6班
前	45%	22%	77%	39%	13%	17.5%
后	97.5%	84%	97%	89%	85%	97.5%

学生统一测试阅读短文理解句子的意思得分率对比					
	1班	2班	3班	4班	5班	6班
前	17.5%	51%	65%	42%	31%	42.5%
后	72.5%	65%	89%	68%	54%	55%

经过这样的教学实践检验，对比学生阅读短文概括主要内容和阅读短文理解句子意思两项得分率，从数据对比可以看出，使用思维导图作为呈现形式的预习探究性作业的尝试，学生语文阅读的基础学习力有明显提高。

案例2.

数学课堂智在多样实践

在以往的教育中，我们注重了学生的共同性而没有看到他们的差异性，常常习惯性地按照整齐划一的标准来硬性要求不同类型、不同层次的学生的发展。结果，在成就一批又一批成功学生的同时，也造就了大量不适应"应试模式"的失败者。教育中客观存在的学生素质的差异也是教育生态必需的因素，它是教育发

展中一种不竭的资源和动力。我们的教育要促进学生差异的良性发展，学校就应该成为不同个性、不同特长、不同智力类型的青少年成长的生态园，让每一个学生都有进步，让每一个学生都有不同程度的发展。

数学教师针对学生差异，采取多样化的实践探索，分层教学，因材施教，从而有效促进学生不同程度的发展。

1.分层教学

根据学生的差异和需要，教师在教学活动中实行五个分层，即：学生分层、目标分层、施教分层、作业分层和评价分层。

（1）学生分层：这个分层是在教师心里根据学生的差异将学生分成高、中、低三层，在教学中对不同层次的学生提出不同的要求。学生可以根据对自我的认知来确定选择不同的要求。如在分层中属较低层次的，就要允许他们完成较容易的任务，放慢学习的速度，达到既定的目标，同时在学习方法上提供更多的支持和帮助。

（2）目标分层：教学目标大体上可分成基础性目标、拓展性目标和发展性目标。这些目标对全体学生都适用，但完成什么样的目标由学生自己选择。一般来说，低层次学生可以从基础性的目标开始，完成之后，可以完成拓展性目标；高层次的学生可以从拓展性目标开始，甚至可直接按发展性目标学习。这些弹性目标追求的结果是"下要保底，上不封顶"。

（3）施教分层：在个性化学习活动中，学生的学习方式主要是个别化学习和小组合作学习。教师要了解学情，给予个别化指导。及时掌握信息，如果学生遇到疑惑或困难，教师就要帮助释疑解难；如果学生获得了成功并有所创造，教师就要给予肯定和鼓励。

（4）作业分层：教师根据课程标准和学生的学习进度，设计弹性作业，分为基础性习题、发展性习题、拓展性习题。学生根据自己的能力水平选择习题，完成相应的任务，达到课程标准的要求。

（5）评价分层：评价是为了促进课堂教学，促进学生持续发展。因此，我们倡导形成性评价，以学生纵向自我评价为主。在自我评价中，学生肯定自己的学习勇气和信心；在评价他人时，学会用欣赏的眼光看待别人，取他人之长，补己之短；在教师和家长评价中，教师应多给予学生鼓励性评价，同时建议家长对孩子要以肯定优势为主，助力学生不断走向成功。

2.培养特长生

"合格+特长"已成为实验小学扬长教育的一种模式。依照多元智能理论，人的智能呈现多元化，思维方式和认识方式也是多元化的。每个人都有八种智能，只是优势智能不同，每个学生都可能成为某方面的特长生，对这些特长生的培养，发展他们的优势和潜能是学校和教师应关注的事情。

（1）让学生在肯定和表扬中成长

在教学中，教师对学生给予适时的表扬，提出适当的希望，以满足他们的心理需要。因为学生最希望得到别人的关注和肯定，在别人的关注和肯定中学生的参与度更强，一旦特长被发现就期望得到更大的肯定。经常受到表扬的学生同样会表扬别人，更多的肯定别人，真正做到严于律己、宽以待人。这样既创造了宽松、和谐的环境，又发展了自身的人际交往能力，作为与学生接触最多的教师来说，应该让他们在肯定和表扬中成长。

（2）提出适当要求，强化优势智能

加德纳的多元智能理论指出：人的八种智能之间既有联系又相互独立，因此人们会表现出不同的智力差异。在数学教学中，我们提出适当的要求，以强化学生的优势智能。例如：有的学生数学逻辑智能高，教师给他们单独布置数学学习任务，甚至让他们在观察实践的基础上，撰写数学小论文。一方面为更好地强化这一智能的发展，另一方面促进学生勤于思考、勇于质疑、提高学习兴趣，同时利于学生养成良好的学习习惯。

3.关注学困生

学困生——通常是指那些智力水平正常且没有感官障碍，但其学习成绩明显低于同年级学生，不能达到预期学习目的的学生。同是学困生，但形成的原因是多种多样的。教学过程中，学困生普遍存在不良的学习习惯，一般表现为：一是比较聪明型，这类学生接受新知识比较快，但一般不太刻苦，仅靠小聪明，导致最后成为学困生。二是极端偏科型，这类学生对某些学科极端爱好，对不爱好的学科非常厌学，甚至严重抵触，综合成绩落后。三是方法死板型，这类学生很懂事，学习比较刻苦，但是学习方法死板不灵活，学习成绩不理想，从而成为学困生。四是环境影响型，环境因素导致这类学生学习的注意力不易集中，对学习不太关注，学习习惯发生巨大变化，导致成绩下降。五是心理失衡型，这类学生因为父母老师平常关注度不够，缺乏自信心，从而对学习失去兴趣。

教师要对造成学困的成因进行反思，有的放矢地选择策略，运用科学的方式方法指导学生化解学习困难。

(1) 帮助"学困生"树立信心

自信就是相信自己的能力，让学生发现自我，看到自身之长，增强自信心和自尊心，激发学生自我开发潜能，激励学生产生不断获得进步和成功的欲望和信念。教师要善于发现学困生的闪光点，及时予以强化，避免以相同的标准来要求他们。如：小明是一个活泼好动的孩子，业余爱好广泛。但是，由于他课堂上注意力不集中，致使听课效果不佳，学习成绩不理想，逐步沦为"学困生"，老师、家长因为此事伤透了脑筋。在一次篮球赛上，老师偶然发现他的篮球打得很好，于是抓住时机当着大家的面表扬他，称赞他的球技高超，建议成立一支班级篮球队，让他当队长，管理其他队员。以后老师经常关注他们的训练情况，从球队纪律到球队规则，再到每个队员的学习成绩和学习态度，一步一步的要求他们。经过一段时间的观察，老师和同学都发现小明像变了个人似的，不仅课上认真听讲，学习成绩大幅上升，而且对老师交给的各种工作也是极具责任感，一丝不苟的去完成。

(2) 教育"学困生"养成良好的学习习惯

良好习惯内涵丰富，但学生至少应该养成自己检查作业和改正错误的习惯。一般情况下，学生做完作业后就放到一边或置之不理或交上去等老师的批改结果。要充分发挥每次作业的作用，教师应该帮助学生养成自己检查作业的好习惯，做到"有错必改"。如：老师在教学实践中指导学生建立"改错本"，要求学生把作业练习、考试中做错的题改正后整理在改错本上，写明知识点，说明错误的原因，最后附上完整、正确的解法。久而久之，学生会在改错中进步，效果很好。

实践告诉我们，教育要取得成功，教师就应该了解学生的个性，尊重他们的差异，因材施教，创造宽松的环境，塑造学生良好的个性，让每个学生在教师的赏识激励中有不同的发展。

案例3：

英语课堂展现精细设计

英语课要从学生的学习兴趣、生活经验和认知水平出发，倡导体验、实践、参与、合作与交流的学习方式和任务型的教学途径，发展学生的综合运用语言能力，形成自主学习能力。

针对三年级上册第二单元"How much"一课的学习内容，教师设计了以

"跳蚤市场"为主题的英语活动。按照"三段六环节"的模式施教，取得了较好的效果。

第一阶段：预习探究——课前预习、课上质疑

课前，当教师把"跳蚤市场"这一活动任务布置下去时，学生们显得异常兴奋。为了更好地开展此次主题活动，教师给学生提出了三个要求：一是销售你闲置的东西，但质量要好。二是与家长商量一个合理的价格。三是你会遇到哪些语言交流的障碍，两天之内与教师交流。在准备阶段，学生们问了许多不曾学过的句子。如："太贵了"、"便宜点"、"找你的钱"等，而且让教师感到不同的是这些句子教两遍，他们就说得很流利了。看来，所教的内容如果是他们需要的，他们学起来就很快。

第二阶段：合作探究——合作探究、展示交流

跳蚤市场如期在课堂上启动了，学生们带来很多玩具、书籍、学习用品，准备在课堂上过一把"买卖瘾"。

第一个10分钟：教室里就像自由市场一样热闹非凡，同学们各自寻找着想要的东西，与买主商讨着价钱，即使平时不太积极参与课堂活动的同学也被这场面吸引了。10分钟禁止说汉语，大家把课上、课下学到的知识运用上了。在评比中，对既卖了东西又买了东西的同学奖励两颗红星；对只卖出或只买进东西的同学奖励一颗黄星；对没有任何收获的同学出示一只手表示"我可以帮助你"。在买卖中，交易不是很顺利的同学有以下几点体会：有的话不会用英语表达，不能完成买卖；有的不敢表达自己的意愿，胆怯、怕说错的心理负担过重；有的准备的物品别人不喜欢卖不出去。针对以上问题，同学们一起讨论解决方法，同学们认为要完成买卖任务，一方面要练习基本购物用语，主动与别人交谈，表达自己的意愿；另一方面要不怕说错，如果语言无法表达的，可以用肢体语言表达自己的意愿，使交易成功。

在新型的课堂教学中，知识不再仅仅作为信息而被简单传递，它应该成为引发学生思考的对象。因此教师在教授学生学习新知识的过程中要引导学生针对某些问题进行共同探讨，尽可能地去暴露学生的思维过程，做到凡学生能自己探索得出结论的，决不替代；凡学生能独立思考的，决不暗示，使学生学习的过程真正成为学生思考问题、解决问题、发展能力的过程。

第三阶段：应用探究——点拨释疑、应用提升

第二个10分钟：这次交易成功的同学远远多于第一次，学生一边摆弄买卖的

物品，一边数着赚来的钞票，喜悦之情溢于言表。那份自豪感不是因为会说几句英语，而是因为敢于用英语与别人交流，顺利地表达自己的意愿，从而达到自己的目的。

教学中，学生往往会产生一些稀奇古怪的想法，如果教师给以严厉指责，那么将会压抑学生朦胧零碎的思想，阻碍学生创造性思维的发展。学生只有处于一种和谐宽松的环境中，才能激起主动的内部活动。教师注意发挥评价的激励作用，以鼓励为主，满足学生的成功需要，调动他们的积极性。本次评价采取了自评的形式，让学生完成以下表格内容：

项目	是	否	效果： ☺ ☺ ☹
直接用英语交流			
借用肢体语言			
主动与别人交流			
物品的受欢迎度	☆	☆	☆ ☆ ☆

大家通过自己的亲身感受，在以下几方面达成共识，即：主动与别人交流，克服胆怯、害羞的心理障碍；文明有礼，尊重他人；交流话题要能吸引别人，便于进一步获得更多信息；肢体语言运用及时恰当，辅助交际成功。

实践证明，教师只有把期望带给学生，尊重、理解、宽容地对待学生，满怀信心的相信他们会取得进步，同时注意给予激励性的评价，学生才能处于轻松愉快的学习环境中，他们的自主学习才能实现，他们的创造性思维才能得以发展，真正实现让学生"合作探究、自主发展"。

这个英语活动，只是课堂上的一次模拟型交际活动，学生们在模拟的一种环境下进行交际，虽然收获程度不一样，但是都有一个共同的感受，就是在活动中体会与人交往的过程。美国著名的教育家卡耐基先生曾指出：一个人事业的成功，只有15%是由他的专业技术决定，另外的85%，则需要靠人际关系。一定的英语语言知识是必要的，但是更重要的是要有想说话的欲望，敢说话的勇气和积极的情感态度。

这个活动目的是为了让学生在真实交际中实践如何询问物品的价钱，灵活运用"购物"所需的语言材料，得到自己想要的物品，也希望学生在掌握英语语言知识的同时，学会与别人沟通，产生共同话题，增强敢说话的勇气。新课程评价标准明确指出：学生和学生，学生和教师，学生和教材之间是否能保持多向、丰富、适宜的信息交流，主要观察课堂上是否有适合于学生参与教学活动的合作氛围，有能够充分调动手、眼、口、脑等多种感官的适合学生发展的活动内容、活动方式和足够表达个人意见、展示个人才能的时间和空间。

语言能力的获得不是靠教师教出来的，获得用英语交际的能力的决定因素是学习者自己。教师不可能把能力教给学生，是学生自己在教师的引导下一点一滴积累起来的。以往教学行为，不自觉地把师生活动固定在三尺讲台上。学生带一些玩具和学习用品，用纸代替钱币，用教材中的功能句进行售货员和顾客之间的角色表演。在教室前表演的学生重复着固定的句式，下边听的学生慢慢失去了兴趣，创编就更谈不上了。这种陈旧的练习方式已经不适应课程标准的要求。三段六环节的教学模式引导教师从设计能够引起学生思考的教学活动出发，引导不同层次的学生通过合作学习的方式完成不同的任务，在探究的过程中不断调整自己的思路，吸收他人的精华，不断完善自己的学习过程，从而提高自主学习的能力。

培养学生自主学习能力的教学思想促使教师必须改进教法，指导学生进行有效的合作探究，充分发挥小组学习的优势，鼓励学生善于发现他人的智慧之光，来照亮自己的探究之路，让自己真正成为学习的主人。作为教师要真正为学生设计教学活动，并给予恰当的引导和辅导，做好他们的顾问，及时地提供帮助，还要把获得的反馈信息作为下一活动的切入点，把学生的探究结果作为自己继续探究的开始，让学生不断有新鲜感，这样的英语课才会让学生们喜爱。

"尊重、赏识、探索、创新"的实验精神在扬长课堂上得以实践，在多姿多彩的实践中得以丰富和发展，师生自主探究的能力在实践中得到锻炼与提升，师生主动创新的意识在循环往复的实践中增强，师生互相尊重与赏识成为扬长课堂的名片。

第二节 扬长课堂的评价高效

英国学者克利夫等人认为："发展性教育评价就是倡导评价要以人的发展为本，注重评价对象专业发展和个性发展，评价是开放式的，是体验到成功与收获，并能自觉地进行反思与诊断，从中找出不足，力求改进的一种手段。"扬长课堂评价倡导关注每一名学生的成长，关注每一名学生的点滴进步，在进步中成就自我。通过学生自评、互评和教师评价的方式，评选在各个方面具有代表性的学生榜样，并利用榜样带动的作用，使学生们有进一步努力、前进的目标，让更多的学生发现自己的闪光点、找到成长中的自信。鼓励学生全面发展，优化个性，培养特长。

一、扬长课堂的评价标准

（一）扬长课堂评价的思考及阐释

德国教育家第斯多惠曾说过："教学艺术的本质不在于传授，而在于激励、唤醒和鼓舞。"教师在课堂上对学生进行评价时就要充分认识到这一点，尽可能多地运用肯定表扬激发学生的热情，但表扬的前提是教师对学生的真情。只有切切实实关爱学生，真真正正地为学生的妙想而惊叹，为他们的失误而惋惜，为他们的批判精神而喝彩，学生才会将教师的评价看作是动力之源。此外，教师在课堂教学评价过程中还应尊重学生个体差异，给不同能力、不同认知特征、不同价值取向的学生以不同的评价，从而使每个学生都能体验到成功的快乐，实现班级整体素质的提升。

（二）扬长课堂的评价标准

课堂教学评价是教学的重要组成部分，是促进学生主动学习的有效手段。为了探寻扬长课堂的评价标准，学校以"尊重生命、尊重规律、尊重差异"为引领，与老师们共同研究，共同实践，在各科教学中尝试用新的评价表对课堂教学进行诠释。经过反复修改，推出了实验小学扬长课堂的评价标准。

实验小学扬长课堂的评价标准(试用)

评价项目	评价要素	符合程度		
		A	B	C
教学目标 10分	1.符合课程标准三维培养目标和学生实际程度。	3-4	1-2	0
	2.教学目标明确具体,具有可操作性及可测量性。	5-6	3-4	1-2
教学实施 30分	3.围绕目标进行教学素材的选择与处理。	4-5	2-3	1
	4.教学环节围绕目标展开,环环相扣,循序渐进,学生思维水平逐步提高。	8-10	5-7	1-4
	5.教学策略与方法选用适当。	8-10	5-7	1-4
	6.能够根据反馈信息对教学过程、难度进行调整。	4-5	2-3	1
主体参与 25分	7.为学生提供平等参与机会,对学习活动进行有针对性的指导。	5-7	3-4	1-2
	8.创设恰当的问题情景,有利于学生自主学习能力的形成。	8-10	5-7	1-4
	9.学生学习行为能得到及时积极有效的评价。	6-8	3-5	1-2
学习氛围 10分	10.教师精神饱满、热情,关注学生。	4-5	2-3	1
	11.课堂氛围和谐,师生之间的交流平等,关系融洽。	4-5	2-3	1
教学效果 10分	12.目标落实到位,多数学生完成学习任务,每个学生都有不同程度的收获。	5-6	3-4	1-2
	13.学生学习热情高,体验到学习的愉悦,有进一步学习的愿望。	4	2-3	1
常规培养 5分	14.教学中注重学生精神集中、写字、读书、学习用具的准备及使用等方面的习惯培养。	4-5	2-3	1
教学特色 5分	15.信息技术有效辅助课堂教学。	2	1	0
	16.能够适时恰当地进行德育渗透。	3	2	1
教师基本功 5分	17.表达流畅、语言生动简练、语调适中,具有学科特点。	3	2	1
	18.板书整齐、美观、突出重点。	2	1	0

这一评价标准涵盖了8个评价项目、18个评价要素，从A、B、C三个等级去评价效果，对课堂进行了全方位的审视。它体现了扬长教育所倡导的"尊重、赏识、探索、创新"的实验精神。经过在课堂教学中的应用，教师们更加关注张扬学生的个性和发展学生的综合运用能力，在关注结果的同时，更加关注过程，使教与学达到和谐统一。

（三）课堂常规评价标准

课堂常规是保证课堂正常秩序的基本条件，它能提高学习效率，使课堂更加精彩。经过多年的教学实践，老师们发现，部分学生在课上不专心听讲，虽然老师多次教育，但是收效不明显。针对这一现象，学校开展了课堂常规星级班的评选活动，下发了评价表，从各个细节指导学生如何做才能符合要求。

实验小学课堂常规星级班评价表

__年__月__日第__节课授课教师__年级__班__评价人____

评价项目	评价内容	分值	得分	备注
课前10分	1.课前准备：上课前准备好学习用品，整齐地把书本放在桌面左上方、文具盒放在桌面中上方。	5分		
	2.等候上课：上课预备铃响起，要立即进教室安静坐好，抬头挺胸身体坐直，安静等待老师上课。上课铃声响起：教师走进教室，老师说："上课"。班长喊："起立"，学生跨出座位立正站好后鞠躬说："老师，您好！"老师鞠躬回礼："同学们好，请坐！"学生再按照要求安静坐下。	5分		
课上80分	1.遵守纪律：不做与学习无关的事情，注意力集中、不交头接耳、不做小动作。未得教师许可不得离开座位和教室。	10分		
	2.学会倾听：专心致志地听，边听边想；别人发言后，再举手，得到同意后，才能发表自己的观点，或陈述、或补充、或更改。	10分		
	3.主动参与：学习情绪高涨，学习主动，善于独立思考，勇于探索，敢于质疑，思维灵活、开放、创新，主动参与知识的获得过程，创造性地解决问题，具有独特的个性和创新性。	10分		

评价项目	评价内容	分值	得分	备注
	4.举手发言：右手自然举起，五指并拢向上举直，肘部不离开桌面，经教师允许后起立，跨出座位发言。发言时，自然大方，声音响亮，口齿清楚，表达完整。如质疑，学会用"为什么……""我有一个问题……""请问老师（或同学）"等句式。如回答问题，学会用"我知道（明白）了……""我是这样想的……""我体会到……""我认为……""我有不同意见……""我补充……""我们小组的意见是……"等句式。	10分		
	5.合作交流：听到老师开始的口令后再动手、动口，小组交流时，友好分工与合作，虚心听取他人意见，齐心协力解决问题，要小声、有序，完成后用坐姿告诉老师。	10分		
	6.坐姿：坐姿端正，左臂在下，右臂在上平放桌面，双脚自然叉开与肩同宽（或并拢），抬头挺胸身体坐直。	10分		
	7.读书：坐着读书时，双手拿书，书向外自然倾斜。站着读书时，不但要按照要求拿好书，还要站直站稳。朗读时，正确流利、有感情，吐字清晰，声音响亮。不重复字句，不漏字，不添字，不错字，不唱读，不指读，学习按照要求停顿。默读时，不指读，不出声，神情专注，态度认真，思维集中，边思考边批注。	10分		
	8.书写：握笔姿势：拇指、食指捏，三指、四指托，小指往里藏，笔杆向后躺，笔尖向前斜。书写姿势"三个一"，胸离桌边一拳，眼离书本一尺，手离笔尖一寸；身坐正、脚放平、头前倾。	10分		
课后10分	课后：下课铃声响起，老师宣布下课后，由班长喊"起立"，学生跨出座位立正站好后鞠躬说："老师，再见！"老师鞠躬说："同学们再见！"学生做好下节课的准备后，离开座位，出教室活动。	10分		

学校每两周评价一次，得分为90-100分的评为五星级；得分为80-89分的评为四星级；得分为70-79分的评为三星级；得分在69分以下的不授予星级。获得"课堂习惯星级班"的班级由学校颁发奖牌，同时评价成绩计入优秀班集体评选

中。这项评比活动的开展，改变了各班教学常规的现状，学生在纠正自己的言行的同时，积极帮助同伴，保障了课堂秩序，提高了课堂教学效率。

二、扬长课堂的减负增效

要想真正做到减负增效，了解其深层含义是前提。在充分调研和培训的基础上，老师们明确了"减负"就是减去学生活动中重复机械的，对学生智力开发毫无意义的作业以及相关训练。教师要放弃违背教育教学规律的简单、粗暴、落后的教学方法，废除教学评价中仅以成绩论英雄的评价方式；改变知识灌输式的方法和轻视学生创造性思维培养，重智育、轻德育的现象；改变只重升学考试科目教学和单一的文化知识传授，轻音、体、美等基本素质教育的现象。加强学生思想培养，引导和帮助学生树立正确的世界观、人生观、价值观，真正把他们培养成为德、智、体、美全面发展的社会主义事业建设者和接班人。

课堂是"减负"的主阵地，教学是"高效"的制高点。首先，减负，"负"在哪？我们认为学生的负担主要源于：一是现行的考试制度的约束，只是以学业成绩一把尺子衡量学生，学生学得苦、学得累；二是家长期望过高，一心追求进名校，导致家长不从孩子实际出发，为孩子报各种课外补习班，揠苗助长；三是课堂40分钟的效率不能保证，造成了堤内损失，堤外补。四是学不得法。有的学生只是机械的重复再现知识，没有掌握获取知识的方法，学的死，学的累。其次"增效"，怎么增效？我们认为要想增效，一是开展多元评价，挖掘潜能，扬长避短；二是从学生的实际出发，张扬个性，满足个性发展需要；三是向课堂40分钟要质量。四是授之以渔，教给学生获取知识的方法和技能。

（一）学习金字塔

减负的初衷应该是让学生能够轻松、快乐、高效地学习，课堂"增效"才是"减负"成功的关键所在。

美国缅因州的国家训练实验室研究成果——学习金字塔，用数字形式形象显示了采用不同的学习方式，学习者在两周以后平均学习保持率。

学习金字塔

传统的个人学习或被动学习，听讲、阅读等，学习效果在30％以下，而主动学习和参与式学习，讨论、做中学、应用等，学习效果在50％以上。了解了"学习金字塔"的真相，教师在实践教学中逐步转变教学方式，探索"主体探究——综合渗透"的教学模式，尊重学生在学习活动中的主体地位，引导学生自觉地参加合作学习，从而提高课堂教学的有效性，减轻课业负担。

如：劳动课中的《房屋的设计》一课，教师采用了"学习金字塔"中的主动学习方式，把时间交给了学生，提高了课堂的实效性。课前，针对学生基本都居住在楼房，对平房特别是老北京的四合院没有直观认识的情况，教师制订了上网查询老北京住房特色及现代住房的区别等任务，然后进行预设、分析。课上，教师首先让大家讨论如何将现在的平房设计得更合理、美观，既符合北京的风情，又与时代同行。然后，在教师的指导下，制订学习计划，通过结对交流、学习讨论、上网查询等，互相学习，取长补短，寻求帮助。在这里，信息技术作为学习的辅助工具，帮助学生获取信息、交流信息。在整个研究过程中，从主题的确定、实施，到最后任务的完成都是由学生自主完成，而教师仅仅是整个学习过程中的指导者。这就改变了过去老师讲，学生模仿的教学模式。在学生介绍自己的设计思路过程中，创新火花随处可见，所以，教师要不断鼓励学生说出自己的想法，训练学生的求异思维，让学生自己亲身经历实践和创新的过程，这样的课堂才是最有生命力的。

（二）作业配餐

由于学生的知识基础、能力大小各不相同，个性千差万别。有差异的学生做无差异的作业，势必会造成有的学生"吃不饱"，有的学生"吃不了"的现象。这样，学生能力的发展就会受到遏制，甚至得不到发展。为此，作业应针对学生的差异，分层布置，以便适应各种类型学生发展的需要。让不同发展水平的学生在完成作业中取得成功，获得轻松、愉快、满足的心理体验，从而培养各种能力。

1.语文作业分层，让每一个学生体验成功

（1）基本题+附加题

例如：教学《桂林山水》一文后，教师设计的基本题为：背诵《桂林山水》。附加题为：层次一，摘抄其中的比喻句，并说一说好在哪里？层次二，仿照《桂林山水》的写法，自己写一小段熟悉的景物。层次三，当"小导游"作业。提出："如果你是旅行社的一名导游，你带游客去桂林，你又如何把桂林的美景介

绍给大家呢？"附加的三个层次，可以根据学生自身能力，进行选择和分配，以求不同层次的学生得到适合自己的发展。

（2）必答题+自选题

例如：在进行习作《春在校园》之前，教师设计的必答题为：学生在课外摘抄关于春天的一些词语。自选题为：在数量上少则几个词，多则十几个词，也可自己掌握。这样的作业具有较大的弹性。在最后的汇报中，全班共摘抄赞颂春天的词语一百多个，丰富了学生的词汇，为学生的习作奠定了基础。

（3）预习题自由选做

例如：在教学《鸬鹚》一课前，教师根据课文插图布置了一道差异性预习作业，分层设置了三道题目：一是，观察插图，说一说作者描写了哪些景物？二是，观察插图，然后填空：（　）的湖面，（　）的垂柳，（　）的稻田，（　）的渔船，（　）的渔人，（　）的鸬鹚。三是，观察插图，结合课文内容，用自己的话说一说鸬鹚捕鱼前的画面。这三道题层次坡度明显，由易到难、层层递进，给了学生一个选择的空间。能力强的学生可选择第三题来做，能力弱的学生可以做第一题。这三道题从要求上讲，体现了"分层次"、"有坡度"；从设计上看，符合学生由"观察"到"吸收"至"表达"的认识过程。这样不同的作业设计，使不同层次的学生在相同的学习中都有相应的收获和提高，而学生又具有好强的心理，有的学生往往会知难而进，会在自己的"最近发展区"去跳一跳摘到果子吃，品尝到成功的喜悦。

2.英语作业激趣，真正实现减负增效

（1）创设情境性作业

让学生在真实的环境中复现语言的生活内涵，展示语言的实用魅力。没有生活经历的语言是空泛的，是无所依托的。要让学生在生活实践中灵活地运用语言，使学生将知识与实践有机地联系起来。如：一年级在学习完学习用具后，让学生自制标签，贴在自己的学习用品上。如：在铅笔盒上贴上"pencil box"，在橡皮上贴上"eraser"等；在学习完生活用品后，教师让学生给家里的椅子贴上"chair"，玩具娃娃贴上"doll"；有些学生很有创新，在花上贴了"a beautiful flower"，充满了童趣，富有创意。当学生的词汇不能满足时，学生会想办法、查字典、问家长，将家中的物品贴上英文标签。这样不仅激发了学生的学习兴趣，而且拓展了学习空间。

（2）设计创作型作业

兴趣是最好的老师，学生总能从创造、设计中找到乐趣和自信。利用这一特点，教师让学生创编课本剧、绘制故事连环画、走进西方节日、绘制手抄报等，鼓励学生大胆尝试，自编、自画、自演。这种以培养学生能力为目的的创新型作业，把教学推向深入，给学生提供了一个运用语言的空间。不但让学生把学到的知识运用到生活实践中去，而且又能培养学生的创新思维，真正做到学以致用。

在圣诞节前，教师组织学生制作圣诞小报，展示学生深厚的绘画设计功底。为了制作出精美的作品，同学们积极想办法，有的自己写英语小短文，有的上网查阅资料，精心设计版面，上交的小报，图文并茂，令人惊喜连连。此外，在节假日，老师们给学生留英语才艺展示作业，让学生为家人、朋友们展示英文歌曲、短剧、韵文等，将精彩瞬间用照相机、录像机记录下来，开学与大家分享。这些富有童趣的作业，符合学生的心理特点，能调动其主观能动性，张扬学生在绘画、表演、歌唱等方面的特长，学习的趣味性很强。

3.数学作业创新，实施多元设计

（1）习题的典型化和差异性

教师在设计练习时，要避免例题的重复，避免对教师所授知识的机械反复与巩固。课内练习分为两步：第一步（基础巩固）对于课本上的练习，教师要进行筛选，没有必要机械重复的全做，选取和例题相关的1~2题，作为基础巩固即可。第二步，习题要能够体现学生的差异，分出层次。设计不同层次的习题供给学生选择，让学生根据自己掌握知识的能力选择两题，按选择的类型交作业，以便教师在批改时及时将每种类型学生容易出错的知识点进行归纳整理。

（2）变封闭性作业为开放性作业

作为重要教学内容之一的作业，要从学生的实际出发，不能只局限于课内学习，拘泥于形式化的课本知识。"纸上谈兵"是适应不了社会发展的。因此，我们的课外作业设计应让学生自主地在生活中发现问题，运用课堂上所学的知识来设计作业解决问题。如：学习了克与千克的认识后，可以让学生称一千克的鸡蛋有多少个？学习了比以后，可以让学生调制糖水，玩中学数学，提高学生探究兴趣。又如：调查班级每个学生对于压岁钱是如何分配的？从中发现哪些问题，你有什么好的建议？写出一份倡议书。这样紧密联系学生实际生活的问题不仅激发了学生的探究意识，而且进行了学科间知识的整合，锻炼和提高了学生的综合能力。

作业是反馈教学效果的重要手段之一，它既能使学生巩固已学知识，又能促

进学生综合素养的提高。当下，学生课业负担过重，影响了学生的学习兴趣，更严重的是制约了学生自身发展。因此，在新理念下优化作业，是落实课程标准的最佳措施之一，也是素质教育的迫切需要。

（三）课堂高效

课堂高效是指单位时间内高标准、高质量完成教学任务的课堂。其含义是以绝大多数学生的需要为基础，合理地组织教学内容，完成教学任务，优化教学过程，提高教学效率，调动学生主动参与。

1."接力日记"，激发学生热情

为了训练学生观察表达以及写作能力，张老师在一个周一的班会上，启动了一项特殊的作业。她说："同学们，还有半年，你们就要告别小学生活，离开实验小学了，张老师特别舍不得你们，（这句话一出，有的孩子眼圈就红了）我很想让你们的点点滴滴留下足迹，有趣的，难忘的，淘气的，温暖的……当我想你们的时候，或多少年后你们来看我的时候，还能寻找到这些足迹，回忆起我们小学生活是多么有趣。我想了一个好主意，准备把每周两篇日记的作业取消，改成'小队接力日记'！"话音刚落，孩子们立刻欢呼，原来他们一直发愁这项日记作业。接着老师拿出八本崭新的日记本，孩子们立刻安静下来，好奇中带着兴奋。张老师说："这八本普通日记本，将成为八个小队接力日记的天地，当我们各小队赋予它们别有深意名字，配上漂亮的插画，它们将不再普通，而成为千金难买、独一无二，属于我们班的财富！你们可以用笔名写作，每周由一位同学写小队日记，写好后请家长做第一读者，并在下面写几句评语，交到老师这里，老师是你的第二个读者，也会给你写上几句话，然后我们就放在班级图书角中，同学们会是你的第N个读者。每月我们要评出三篇最佳作品奖。"听了老师的介绍，孩子们已经迫不及待地起名字了。第二小队起名为"苦咖啡"，因为小学六年级的生活是很辛苦的，但细细回味，又是很香甜的，他们要用笔记下这苦中有乐的生活。第三小队起名为"副歌"，原因是希望这本日记能记下他们小学生活中最美好、最精彩的内容。就像"副歌"一样令人难忘。孩子们的智慧让大家情不自禁地热烈鼓掌！小队接力日记要起跑了。张老师感慨万千，她认为，重负之下只能培养奴隶，只有科学减负才会为孩子们创造快乐的童年。

2.探究性学习，激活学生思维

提高课堂教学实效是减轻课业负担的根本。教师的课堂教学针对性强，对学生学情预估准确，教学目标设计精准，教学策略灵活，练习有层次、有拓展，无一不是减负的有效保证。数学教师在讲"三角形内角和"一课时就进行了有效的尝试。

在引入环节，教师利用几何画板软件演示拖动三角形的顶点，让学生观察锐角三角形变为直角三角形，再变成钝角三角形的现象，目的是引导学生观察角的变化，猜测三角形内角之间的关系，从而激发学生探究欲望。

在新授环节，教师引导学生探索三角形的内角和。第一步是自我探究，学生研究自己的三角形，根据自己的想法求证。第二步是合作探究，小组内共同讨论，看看各种三角形内角和是不是一样的？可以有几种方法来验证？第三步是集体归纳，大家各抒己见，一共总结出三种方法。第一种是测量法，量三个内角的度数，计算度数之和；第二种是拼摆法，将三角形从中间撕成三部分，将三个角拼在一起，成平角。第三种是折叠法，将内角向内折，组合成平角。经过验证，得出结论，三个内角和相加为180度。第四步，教师进一步质疑，一个三角形中能不能有两个直角？为什么？有两个钝角呢？同学们集体讨论，得出答案。

在练习和拓展环节，教师首先让学生做"三角形内角和"的计算题，使学生推断出利用三角形内角和知识，可以解决知道两个角，求一个角的问题。然后，介绍本课知识背后的故事，即：三角形内角之和等于180°，这是古希腊数学家欧几里得提出的定理。在此之后的两千多年里，人们一直把它当作任何条件下都适用的真理。随着航海事业的发展和人们对于球面认识的不断深入，这一定理的局限性逐渐暴露出来。19世纪初，俄国数学家罗巴切夫斯基提出：在凹曲面上，三角形内角之和小于180度。随后，德国数学家黎曼提出：在球形凸面上，三角形内角之和大于180度。这就是球面几何，它在航天学、地理学、建筑学、力学等方面显示出巨大的价值。最后，得出结论——三角形内角和是180°，只适用与平面中。

这样的教学活动设计，能够充分调动学生的积极性，激发其对知识的渴望，同时调动各种感官，活跃思维，提升课堂学习效果。

3.英语"漂流瓶"，提升阅读能力

要想实现课堂高效，课外学习也是很有必要的。为了增加课外阅读，拓展英语学习渠道，让学生开阔视野，获取更多的知识。英语课中开展了"阅读漂流瓶"活动，即：每一位看过这本书的同学都把感想写在书后的"读书心得表格"里，这样后面的同学就能看到他们的所思所感，了解大家的想法，最终达到了信息交流的目的。在这个活动中鼓励学生用英语表达，教师定期反馈，选取精彩的

感言与大家分享。经过一段时间的实践，许多学生的书面表达能力有了很大的提高。为了进一步提高实效性和可持续性，教师还根据学生实际阅读水平，选择合适的阅读书目，要求每个小组每两周读一本英语故事书，每个学生随时记录阅读心得，以此培养和发展学生基本英语素质，提高学生综合人文素养。

（四）授人以鱼不如授人以渔

中国有句古话叫"授人以鱼不如授人以渔"，说的是给别人鱼不如教给他捕鱼的方法，引申为帮人解决问题，不如教会他解决问题的方法。所以，教师在教学过程中，要引导学生掌握获取知识的方法，培养学生终身可持续发展的能力。

如：数学老师根据低年级学生的认知特点和教学知识本身的特点，在课堂上有意识地引导学生在体验领悟和创造中学习。通过引导学生有目的地观察、动手实验，使他们在原认知结构的基础上吸收、同化新知识，充实、完善原有的认知结构，或者改组原有的认知结构，成为新旧知识统一的新的认知结构。

如计算：$10+9+8+8+9+10$，有的学生按从左往右的顺序计算。有的学生认为这样做不简便，提出了新的方法，$10 \times 2+9 \times 2+8 \times 2=54$；把两个10分别都给8一个，变成6个9，即：$9 \times 6=54$。整理几种方法，都认为第三种计算最简便。到此教师并没有结束教学任务，而是鼓励孩子们思考还有其他计算方法吗？

这时部分学生开始发挥"天马行空"的本领，出现下面几种思考：$10+9+8=27$，有两个$10+9+8$，即：$27+27=54$或$27 \times 2=54$。这种方法学生把$10+9+8$看成了一个整体，把$10+9+8+8+9+10$这样一个连加算式从整体把握，找到解决方法。

还有的学生用补数法：把6个数都看成10，再将多算的减掉。即$10 \times 6-6=54$。

纵观这几种解法，都是合理的，不难看出由繁到简的演进过程，孩子们相互启发，他们的思维由浅入深，使理解能力处于不同水平的学生都有收获、有长进。一道普通的练习题在教师的指导启发下，开阔学生的视野，解决问题更灵活，方法更多样。学生始终处在愉悦的学习状态中学习知识、解决问题。

再如：语文教师运用"问题导学"的方法指导学生学习语文知识。所谓"问题导学"，一是引导学生围绕课文的主要问题来自主学习。比如，《观潮》一文的学习，可以结合："钱塘江大潮给你留下怎样的印象，你是从哪些地方感受到的"这一根本问题，从潮来前，潮来时，潮过后感受潮的壮观景象。二是引导学生设计学习问题进行质疑。

1.围绕文章题目设计学习问题

题目是文章的眼睛，因此，抓住题目来设计学习问题不失为一个学习的好方法。例如：

《语言的魅力》——文章题目中的"魅力"什么意思，"语言的魅力"从文中哪里体现出来的？

《吃虫的植物》——植物怎么能吃虫呢？植物是怎样吃虫的？

《在古观象台上》——在古观象台上我看到了什么？又想到了什么？

《果敢的判断》——文中写的是谁的事，为什么说他的判断是"果敢的判断"？

《冰激淋的眼泪》——冰激淋为什么会流眼泪呢？

2.围绕文章具体内容设计学习问题

有些文章的题目不带有什么突出的特点，对于这样的文章，最好让学生初读一遍文章之后再引导他们质疑。比如《小珊迪》《西门豹》这类课文，可在学生初读课文之后,让学生自行设计学习问题：文中写了小珊迪的什么事？他为什么要那么做？他是个怎样的孩子？

引导学生结合课文内容设计学习问题，要注意让学生初读课文之后，抓住文章的主要内容，特别是文中的"中心句"来设计。如《一夜的工作》一文，就可以让学生抓住"这就是我们新中国的总理。我看见了他一夜的工作。他是多么劳苦，多么简朴！"这几句点明文章中心的句子来设计学习问题。如"从文中哪些地方可以看出周总理的工作是那么劳苦，那么简朴？"

总之，质疑是凸现"创新、自主"的最好手段。当然，质疑后要析疑、解疑。这样，对培养学生的"问题意识"大有补益，这也是学生未来生存的需要。在具体教学实践中，教师应时时处处从学生的学习实际出发，围绕主要学习内容灵活机动地引导学生自行设计学习问题，为学生真正的自主学习，获取解决问题的方法奠定基础。

三、扬长课堂的评估反馈

评价反馈是教学活动中的重要环节，不同的教育教学价值观就会有不同的课堂教学评价方式，而不同的评价方式自然会引领学生向着不同的预设方向前进，从而建构他们各有特色和侧重点的信息素养。有效的反馈是构筑发展性课堂教学评价体系的重要基础。当前课堂教学评价反馈在反馈观念、反馈形式、反馈内容、反馈做法以及反馈原动力等方面存在诸多问题，成为制约教学质量提高不可

忽视的因素。要实现有效的反馈，必须要明确反馈的内容，把握对象的需求，综合运用各种反馈形式，构筑起师生之间良性互动的通道。在课堂教学中，我们的评价方式应力求多元化，应将教师点评、同学互评、学生自评结合起来，不宜唱评价的"独角戏"。教师积极引导学生自评、互评，让课堂交流呈现多边化的良好态势。

（一）教师专业水平的提升

科学的研究方法能够保障扬长课堂评估反馈的有效实施。为了提高课堂教学质量，教师们在认真研读国家课程标准，正确把握教材的基础上，采用科学的方法对学生的学习效果进行分析、反馈和改进，达到了"以评促学"的效果。

在英语教学中，老师们经常发现部分学生的口语表达能力不强。有的不敢说英语，有的说得不流利，还有的时常有语法错误。此外，学生在刚接触新知识时学习效果很好，可是到了下一个学期，就忘记了很多知识。尤其是每到开学回生现象就很严重，一部分学生把学到的知识又还给了老师，加上教材在某些内容上复现率不高，导致"狗熊掰棒子"的现象越来越明显。因此，帮助学生克服畏惧心理、提高口语表达的正确性和流利性已经成为教师急需解决的问题。为了了解他们的真实感受，更好地改进教学策略，教师们采用行动研究与多元评价相结合的方式，开始实验。

从学生的调查问卷中可以看出：大多数同学对英语学习感兴趣，找到了学好英语的方法，很自信，很满足。喜欢老师、积极参与表演、乐于在同学面前展示自己。少数同学还没有找到适合自己的学习方法，觉得英语学习很难，记不住，在学习中有畏难情绪，所以不敢表演，怕被同学笑话，伤自尊。作为教师更应该关注这些弱势群体，帮助他们提高学习能力，如何做呢？老师们撰写了行动研究计划。

低年级"造句头脑风暴"行动研究计划

阶段	内容	目标	策略	期待结果	研究方式
第一阶段	个人造句	了解学生现状,尝试造句活动,激发说的欲望。	运用不同方式选取学生进行造句接龙,进行个人自评、互评。	通过个人评价,使学生喜欢造句,能顺利完成。	调查问卷课堂录像访谈
第二阶段	小组造句	让不同层次的学生都有所获。	选取不同水平的同学进行组合,展示,进行小组自评、互评。	不同层次的学生通过小组评价,更加积极参与,自信心进一步增强。	课堂录像访谈观察分析
第三阶段	情景造句	全体学生参与,说出与情景贴切的句子。	情景创设、单词联想、图片描述、自评与互评相结合。	通过互评,提高语言的运用能力。	课堂录像访谈观察分析

经过课堂实施,"造句头脑风暴"的行动研究让每一个学生有更多的机会表达自己的想法,展示自己的课内外英语知识,使课堂更加有活力。教师针对学生的年龄特点和英语水平,在各阶段采用的自评、互评等多元评价方式,在造句活动中激发了学生的学习热情。通过实验,学生的连词成句、连句成篇的能力增强了。学生成了学习的主人,真正做到了教师主导、学生主体。通过大量的听、说训练,将正确的语言输入了学生的大脑,他们对语法的理解也更加的深入。通过个人、小组、全体的展示,同学之间更加合作,更乐于向他人学习。教室里多了很多欢笑、涌现出许多英语能手。

(二)学生综合素质的发展

扬长课堂评价遵循普及与提高相结合、课内与课外相结合、学习与实践相结合的原则。倡导面向全体学生、百花齐放,提倡通过各种激励性评价方式,反馈学习效果,达到发展个性,启迪智慧,激发创新意识和创造能力,促进学生在德育、智育、体育、美育等方面全面发展。

1.激励性评价，提高学生身体素质

实验小学体育课堂教学以"健康第一，快乐成长"为宗旨，通过娱乐性体育活动，强健学生体魄，提高学生身心健康水平，磨炼学生意志，增进学生集体荣誉感。课上，教师们开展激励性评价，将体能与技能相结合，分小组进行比赛，开展自评与互评。低年级的教师结合学生的年龄特点，将童话剧的场景引入课堂，他们一起智斗灰太狼、摘苹果。孩子们还扮演小兔子、小羊等翻过一座座山、越过一条条河。为了让学生提前完成任务，教师请方法正确和不正确的一组进行展示，大家集体评价，说出优势与不足，以及改进方法。在完成任务中，同伴的激励和教师的引导，促使学生的弹跳力、耐力得到了提升。

课堂教学是提高学生身体素质的基本保障，而丰富多彩的课外活动、竞技比赛同样促进孩子们身体素质的提高。许多孩子在校、区运动会、武林大会中脱颖而出，取得了骄人的成绩。教师将学生参与课外活动的情况也融入评价内容，以此促进学生各项技能的全面发展。

2.佳作评析，提升学生鉴赏能力

美术教师结合学生的生活实际，深入探讨高效课堂的评价方式，着力于创设愉快的课堂教育情境，通过展示名家作品、世界风光等开阔学生视野。让学生学会多角度欣赏作品，形成基本的美术素养和学习能力，为其终身学习奠定基础。

在欣赏达·芬奇的名画《最后的晚餐》学习中，教师同时出示了两张图片，告诉学生，少儿美术杂志社想刊登这幅名作，但是他们找到了两张图片想请同学们帮助找一找，哪一幅是名作图片？大部分学生选择第二幅，因为第二幅的背景能体现空间感。但是有几个学生认为是第一幅作品，他们有的认为故事本身很压抑，背景的大面积暗色突出了主题，有的认为第一幅的背景色很简洁。学生的回答让教师很吃惊，这些学生没有人云亦云，哗众取宠，而是经过了自己认真的思考，而且有一定的道理。因此教师没有否定他们的回答，反而表扬他们有见解，有道理，请他们在听听其他同学的意见。

每一个学生都是独特的存在个体，拥有自己独特的个性、兴趣、爱好和价值取向，教师不能用统一的模式去培养不同的学生，应充分尊重学生生命个体独特的存在价值和方式。坚决反对育人目标的千篇一律、格式化，积极倡导人才标准的多元化评价，努力为学生个性、特长的充分、自由的发展开辟空间、搭建舞台。

3.情感激励，提高学生音乐素养

游戏和竞赛是小学生最喜欢的形式，学生只要一听要做游戏或比赛了，立刻就会跃跃欲试，因为喜欢又想争第一，所以他们会非常认真地听。音乐课上，老师运用评价，引导学生遵守各项规则。那些表现突出的个人和小组将得到同学们的掌声和小奖励。

　　例如：游戏《弹钢琴》，请五个学生到前面每个学生拿一张卡片，分别代表12345五个音，每个学生听到自己所代表的音时，蹲下的同时唱出唱名，听错了的同学被淘汰，换新的学生，谁始终没被淘汰，谁就是冠军，教师为获胜者贴上奖杯图案的贴画。再如：《小动物爬音阶山》的游戏学生也非常喜欢，老师模拟动物的运动方式弹奏音符，学生听出是哪个小动物在爬山，就拿着什么小动物卡片在音阶山上爬。当听到音符1-2-3，就模拟小乌龟爬；当听到音符1-5，就模拟小青蛙跳；当听到音符1-3-1或13-24-35，就学小企鹅摇摆。教师还把这个游戏运用到歌曲的学习中，在学习歌曲《火车开啦》时，教师就运用了这个游戏，效果很好。首先听三种音：(1)1131（小企鹅），(2) 5565（小企鹅），（3） 43 2 ｜ 1－｜（小乌龟），然后再完整演唱这一乐句，这样歌曲的主要乐句学生就在游戏中巧妙地学会了。为了激发学生主观能动性，教师在黑板上对各组进行评价，贴上漂亮的奖章，以此激发学生的求知欲。

　　4.激活思维，培养科学探索精神

　　为了激发学生的内在动机，培养科学的探索精神，在课堂上，教师组织学生进行科学小实验。展开小组讨论，填写实验记录，上网查询资料，撰写实验报告，通过自评和互评，引导他们从生活实践中选择自己感兴趣的事物，促使其产生"一探究竟"的欲望。有了目标，学生就有了动力，好奇心驱使他们去尽快找到答案，这样就充分调动了学生的积极性，在思想的碰撞中找到最佳答案。

　　在讲《植物与环境》一课时，要了解植物和环境的关系和生长需要的阳光、空气、水等条件。教师让学生自己设计实验去证明他们的想法。在学生设计完自己的实验以后，让他们在小组中交流，进行自评、互评。每个人先讲自己的方法，然后大家一起讨论这个方法什么地方设计的好、什么地方设计得不足、应补充什么，再在全班进行交流。这样学生在自己设计实验的基础上，能够更进一步使自己的实验设计趋于完善。在教学过程中，尤其在教学的重点、难点处，组织学生集体合作有利于发挥每个学生的长处，同学间相互补充、借鉴，相互启发，形成立体的交互的思维网络，往往会产生1+1>2的效果，而让每个学生在小组合作中动手、动脑，更是发展创造力的有效方法。

实践证明，小学生有好与人交往，好表现的心理特征。有计划组织他们讨论，互评，能为他们提供思维摩擦与碰撞的环境，为学生的学习搭建更为开放的舞台。学生在独立思考的基础上集体合作，有利于思维的发展。

（三）扬长课堂特色深化

教师要达到教育的最佳效果，首先要懂得学生的生理和心理以及思维的不同时期的特点，学会倾听，感受学生心灵深处；学会欣赏，做毫不动摇的支持者；学会赞美，打开学生心灵的窗户。课堂上，教师要采用各种学生喜闻乐见的方式，对学生进行评价。

1.多种评价方式让学生乐考

教学评价是教学全过程中的一个重要组成部分，对学生英语学习评价的根本目的在于正确评估学生的学习成就，客观准确地反映学生学习的进步和不足。对于低年级小学生，应设计符合学生年龄特点，有利于激发学生积极参与，保持浓厚的学习兴趣的考试。绝不要让他们惧怕考试，于是教师们召开了"English Party"（英语联欢会），以汇演、竞赛等方式评价学生。

教师发给每个孩子一个彩星棒，用来生生评价。即：每演完一个节目，教师念三种评语，即：Very good! Good! OK! 学生根据自己感觉进行评价。并举起手中的彩星棒，以示自己的选择。彩星棒，除用来评分外，也可以作为活跃课堂的工具，当前面学生唱得、说得起劲的时候，可以举起它助威。

同时，教师下发"形成性评价表"，它体现了内容的全面性、图案的生动性、评价的激励性。上面的五项内容是这样设计的，即："韵文"用一个跳舞的女孩表示；"课堂参与"用一个伸着双臂大笑的男孩子表示；"歌曲"用两个音符表示；"合作"用两只握在一起的手表示。"绘画"用一个正在画画的男孩子表示。这些形象生动的插图受到了孩子们的喜爱。在表的最下面有四项，即：师评、家长评、自评、互评。每项右边有五颗星，评价时涂色。根据学生的表现，老师会在韵文、歌曲、合作处盖上三类印章，即好棒、优、加油分别表示优秀、好、一般。"课堂参与"一项是以期末展示表现与平时表现综合进行评定。评定"绘画"一项则是通过统计各课孩子绘画作业的印章、星星、笑脸的总数来评价。评价时印章数在20枚以上的就可奖励"好棒"，得十几枚的则评为"优"，不足十枚的得"加油"。教师评价一栏是以上面几项成绩为依据，五项每项一颗红星，"加油"的一项不能涂红星。每项都是五颗星极佳，即：等级如同5分制，涂五颗星为优秀；涂四颗星为较好；涂三颗星为一般；涂两颗星和一颗星为加倍努力。

English Party的第一个环节是男女生对抗赛。采取个人展示的形式，鼓励学生将课内外知识结合，让他们充分地说。内容是选择教材中的重点句型，目的是让孩子展示自己的本领，增强自信心。展示时，会奖励每一个孩子一个冰箱贴让其贴在黑板上，用来给本组加分。为避免男女生之间产生矛盾，在过渡到第二个环节时，将黑板上的男孩和女孩加上身子，让他们的手握在一起，示意合作。第三个环节是进行自评和互评。目的是让孩子们能自我肯定、互相赏识。评价的结果是学生自评的分值很高。互评时，基本都是四、五颗星，说明孩子们不仅自信，而且学会多看他人的长处，能客观宽容地评价他人。最后综合评价结果为60%的学生得"好棒"，37%的同学得到"优"，13%的学生得到"加油"。

多种评价方式的"乐考"采取量化的方式，通过统计总数来评定。这种方式有效地激发了学生们的学习热情，培养了竞争意识和创造精神。"乐考"遵循了激励性评价的原则，即："着眼于学生的成长与发展，对学生学习过程和结果给予更多的肯定、赞赏、表扬与鼓励。"我们要善于发现学生的长处和优点，并及时给予鼓励和表扬，帮助其树立进步的信心和改正缺点的勇气。

2. "扬长+特长+评语"，让学生得到发展

肖川教授说过："有幸福的地方，定会绽放智慧的火花！"而这智慧的火花就是把学生的评价主体退还给学生，树立对学生终身发展负责的意识，采用多元标准和多元化评价方式来正确、科学、合理的评价学生，促进学生在德、智、体、美等诸多方面生动、活泼、主动地发展。

以往的评价只是教师与学生对立的评价方式，缺乏对学生发展的激励作用，只是一种甄别和选拔功能，强调了学生的学业修成情况。通过分析、研讨，三年级语文教师采用了"扬长+特长+评语"的评价方法，不仅关注了结果，更重视了过程，对学生的评价不仅仅是书面考试，还有学生平时成绩和非学业内容，知识和技能，综合和创新，以及探索能力都得到了考察；这样的评价是符合素质教育的要求，有利于发现学生的进步与不足，并帮助学生扬长避短，有利于学生的全面发展。

（1）利用班会课，扬长促全

上好班会课，可以及时了解学生兴趣爱好及特长的发展情况，并适当予以评价。教师充分利用每周的队会时间，结合各中队队员的各自特点成立了若干小组。喜欢文艺的成立了"红舞鞋"团队，专门负责班级或是学校的文艺活动；擅长电脑知识的就成立了"电脑世界"团队，负责班中课件的查找或是活动的演示

文稿制作，并定期向其他同学讲解电脑知识；对那些没有一定特长的学生，教师鼓励他们成立了"劳动最光荣"团队，负责日常的班级及大扫除时的卫生工作。可以说，班级的每个学生都有自己的团队，都能找到自己的位置。

为了让学生有舞台展示，教师把一节课的队会时间分割成几大板块：即"名著欣赏"，由队员专门介绍课内外的名家名篇；"真我风采"是由班级"红舞鞋"来表演或是同学间的客串，很受队员喜欢；"真情告白"是给那些在一周中有矛盾的同学一个倾诉的机会，让那些平时羞于表达的同学有时间可以交流自己的思想；"绝活展示"充分挖掘了那些平时在班中属于学习平平或是一直没有机会让大家认识的学生的潜力，他们或是稚嫩的双簧表演，或是转呼啦圈，或是抽"汉奸"，或是篮球花样等等，只要是别人不会的都可以。

通过积极组织学生参加各种板块活动，为学生提供展示才能表现自我的机会。我们把特长爱好作为新的评价制度的组成部分，这样更符合素质教育的要求。班会课培养了学生的参与意识和广泛的兴趣爱好，使学生的个性得到了和谐发展，特长水平得到了提高，切实体现了学校扬长教育理念。

（2）个性评语，教会学生做人

过去的评语片面、生硬、呆板，所以学生不但不喜欢，而且成为一种心理负担，所以进行评语改革势在必行。教师们总结了评语的原则，一是保护学生的自尊心，适应学生的年龄、心理特征；二是充分体现全面育人的德育功能；三是突出全面性、针对性、期望性；达到具体化、情感化、规范化。评语的内容要围绕学生的认知系统和社会心理系统两大方面的具体表现，全面评价，并突出个性，覆盖面不可太单一狭窄。考虑到少年儿童心理特点及接受能力，以一种爱的态度，采用亲切的语言，以情感为主，鼓励为主，导向为主，教育为主，使评语这种教育手段发挥其特殊作用。评语的模式是"特点+鼓励"。评语的形成分四步走。第一步，自我评价。自己写出自己主要的优、缺点交给老师，目的是引导学生自己认识自己，提高自我管理与约束的能力，并为教师写评语提供第一手材料。第二步，小组评议。同学之间互相找优点，而不是缺点，由小组长形成简单的文字交给老师，目的是在学生中形成互相学习、共同进步的激励机制。第三步，征求意见。是班主任向各任课教师征集学生的有关情况，以求评价公正合理。第四步，家长参与。加强学校与家长的沟通，为学生创造一个全方位的教育环境。协调教师与家长的行为，达到学校教育和家庭教育的一致性。促进教师、家庭和学生三方面的感情交流，优化育人环境。第五步，综合评价。班主任与各任课教师的共同评语。

这种扬长促全的科学评价方法，使每个学生都能各显其能，感受到不同程度的成功时的喜悦和欢乐，从而激发了学生生动活泼、主动学习、全面发展的积极性，实现知、情、意、行和谐统一的目标。

3.新型媒体，让课堂评价更加科学

扬长课堂提倡不断更新教育观念，运用现代教育技术辅助教学。近年来，教师们开始运用新型的教学媒体，即："互动反馈软件EZClick"辅助教学，使评价更加及时、科学，提高了学习效率。课堂中学生手拿一个遥控器，对着一个与计算机联机的接收器按下按钮，通过教学软件进行问题反馈、测验及比赛。互动反馈的设计有两个特点：一是互动参与全体化，二是个体差异显性化。教师通过即时分析互动生成的反馈数据，进行有效的学习诊断，并积极开展课堂对话，用以支持、完善或拓展教学，提高了课堂教学的实效性。

除了运用互动反馈软件辅助教学之外，学校还引进了IPAD这一新媒体。因为它能将课件、习题、图片、音频、视频以及各种有趣的练习，都融合在一起。IPAD教学可以实现分层教学和个性化指导，从而极大地提高了课堂实效，使抽象的概念变成生动具体的可视画面。教师还可以利用IPAD随时对学生进行评价。当学生答对时，会出现写有good的太阳花或者其他的奖励标志。当学生按下抢答键时，IPAD会马上显示学生的名次。当所有练习结束时，后台会把学生当堂所有的成绩进行统计，并公布前几名的姓名。这种现代媒体的评价方式，提高了全体学生参与课堂学习的积极性，使其积极主动参与学习活动，他们成为学习的主人，而课堂也因此变得更加生动有趣，激发学习者的主观能动性，使扬长课堂评价更加客观、公正，为实现高效课堂打下良好的基础。

第五章 扬长教师创造学校

　　教师的发展是学校发展的关键。建设一支素质优良、结构层次合理、教学水平高的教师队伍是搞好学校建设的前提，也是学校建设的一项长期性工作。为了进一步优化教师队伍的群体结构，提高教师队伍的综合素质，培养、造就德才兼备的教师队伍，不断提升学校办学品位，增强可持续发展力，学校把工作重心放在教师队伍建设上，通过对教师素质的提高推进学校的整体发展。

第一节 扬长教师的规划引领

扬长教师规划是指教师个体或群体通过张扬特长，力图改变自身的态度、技能和行为，更好地满足学生需求，服务学校宗旨与使命的制度、组织、活动等的统称。我校扬长教师规划包括扬长教师的愿景规划、扬长教师的促进计划和扬长教师的个人规划。

一、扬长教师的愿景规划

扬长教师的愿景规划制定是学校发展的需要，是教师队伍建设的需要，是现代学校制度建设的需要。

学校发展需要有整体规划，有明确的学校发展目标。通过规划的制定，凝聚师生共同愿景，明确未来奋斗目标和发展方向，以目标的实现来引领、凝聚和鼓舞师生共同努力，实现学校的科学发展，而制定教师愿景规划，也是学校整体发展规划中的一个重要组成部分。通过愿景规划的制定、实施及管理，使学校整体发展在各个层面充满活力和动力。

（一）扬长教师界定

"扬长"不仅是扬学生之长，也是扬教师之长，使教师在工作中找到自己的价值。当学生学会知识，学会做人，形成好习惯的时候，也是教师的职业幸福。

扬长教育需要赏识型教师，赏识型教师就是欣赏和悦纳每个学生的教师，也是在教育教学工作中学会欣赏、悦纳自我的教师，并且在工作中不断修正自己获得学校、家长、社会赏识的教师。以赏识概念命名教师，已成为实验小学教师的标签名号。

（二）扬长教师规划

由于教师在年龄、学历、经验、观念等方面的差异，学校将教师分为四个时期：尝试期、成长期、成熟期、提升期。在培养塑造赏识型教师过程中，我们根据教师各时期的特点，采取分层培养的方法，使每位教师都能得到发展。

1. 四个时期的教师特点

（1）尝试期：

从教1年到4年，依从性的教师。他们严格按照教师的职业道德规范去学，珍惜岗位，勤奋工作，对事业忠心耿耿，有钻劲和韧劲，还有不服气的青年人劲头，虚心好学，以做一个好教师时刻激励自己。但任职三、四年后，容易缺乏继续发展的目标。

（2）成长期：

从教5年到16年，30岁左右。这个时期的教师学会对自身实践进行反思，在反思中积累经验。通过经历实践、反思、再实践的过程，对个人发展开始深层次思考。

（3）成熟期：

第一阶段：从教17年到21年，40岁左右。这个时期的教师大多数处在停滞发展的时期，一方面精力不足，工作压力大，家庭负担重，另外有些教师缺少晋升、发展的机会，但他们正在积攒力量完成从他律到自律的一种质变。

第二阶段：从教22年到27年。基本上是处在一个稳定的阶段。他们教学水平及教师职业道德多处在一个比较稳定且高水平的认同阶段。教师的分化也愈加明显，名师更加成熟。

第三阶段：从教28年以上。一般的教师会进入保守期。他们面临着退出这个职业舞台的一个发展的历程，多数教师在稳定的状态下，会出现比较保守的态势。

（4）提升期：

被认定的市、区级骨干教师。他们积极进取，不断探索和创新教育教学方法和手段，学科基础理论和基本技能扎实，有较高的教育理论修养和较强的教育科研能力，是学校教育教学的中坚力量。

2. 打造教师"三级"梯队

根据不同时期的教师特点，我们将全校教师划分为三级梯队，即"名师"、"优师"、"青师"，分层培训，全员提升，为每位教师创设锻炼自我、展示自我的舞台，促进不同梯队教师不同程度的发展。

"名师"梯队，由市级学科带头人、骨干教师组成。发展的主要方向是：每位成员都将成为教育、教学的带头人，与专家结对子，开展教育教学研究与实践工作，能密切地与专家接触，得到有效的支持与指导。每位成员至少担任2-3名青年教师的指导工作，定期开展观摩课、示范课等教学活动，与青年教师一同研究专题，指导青年教师共同提高。

"优师"梯队，由区、校级骨干教师组成。发展的方向是：提高自身的教育水平和教学能力，致力于教育教学策略的研究，探讨课堂教学的方法，在教学实践中提高自己的教学理论水平和教学能力，每学期每人至少上一次区级教学研讨课，指导1~2名青年教师，在教育教学实践中不断提高自己的影响力和知名度。

"青师"梯队，由工作时间不足五年的教师组成。发展的方向是：重视爱岗敬业精神的培养，养成行动研究的习惯，虚心向他人学习，每学期争取上研究课观摩课的机会，积极撰写科研论文及教育教学案例。

（三）扬长教师总体目标及分目标

教师是学校发展的第一资源，建设一支德才兼备、素质优良、结构合理，充满活力，能适应扬长教育需要的赏识型师资队伍显得尤为重要。因此，立足我校实际，对我校师资队伍建设作如下规划：

1.扬长教师整体发展目标

一是不断构建人才高地，规划期内力争有1名教师成为中学高级教师，培养一名新市级骨干，区骨干教师则在已有基础上提高学科覆盖面，力争使每个学科都有区骨干教师。语文、数学、外语学科每科不少于3名，其他学科1~2名区骨干教师。

二是每个备课组具有较强的校本课程开发及课程资源开发的能力，至少有一门比较成熟的校本课程。50%以上的备课组有2至3门比较成熟的校本课程。

2.扬长教师个体发展目标

一是个人价值得到体现。教师在育人的同时育己，做到教学相长，在焕发学生生命活力的同时焕发教师自己的生命活力，在"扬长"中走向成功之路。真切地享受教师职业内在的尊严与幸福。

二是教师师德高尚。有爱心、能公正、会尊重、强责任，具体表现为教师为人师表，争做"五心"教师，即对学生的爱心，对家长的热心，对同伴的贴心，对工作的尽心，对社会的善心。

三是教育教学技艺娴熟。教师按照教育规律和学生的身心规律，智慧地、艺术地教育学生，灵活地、巧妙地、游刃有余地驾驭课堂。

四是课程开发能力较强。教师不仅是课程的执行者，而且是课程的开发者。

五是科研能力不断提高。教师的科研意识较强，不再仅仅是一个教学"操作工"，而是一个不断成长的学习者、思考者、思想者和研究者。

六是信息技术高效运用。教师具有较高的信息素养，熟练掌握现代信息技

术，并能灵活有效地运用到教育教学实践中去。

3. "四个时期"的分目标

（1）尝试期教师以明确课堂实质，领悟课堂结构为目标，进行课程标准的解读、教学基本功、教学设计基本理论、设计策略、听课、评课、说课能力的培训。通过学习笔记、教学设计、听课、评课笔记和每月的教学反思等方面的积累进行强化。

（2）成长期的教师以教学思路清晰、教学效果突出为目标，进行对课程标准的深化解读、相关教育理论分析评价、教学设计及独立分析教材的能力、教学反思能力、课题研究程序的培训。以学习笔记、教学设计、每月的教学反思、片断教学等方式进行强化。

（3）成熟期的教师以钻研教材，深入积累教学经验为目标，促进教学风格形成的培训，完整经历教育研究的全过程。运用研究方法，思考如何提升教学实效。通过自主选题、在导师指导下完成课题研究、强化对课堂教学的研究。

从教28年以上的教师以提倡终身学习为目标。将自己的经验、教训传授给年轻的一代，结好对子，做好传帮带，发挥老教师的榜样作用。

（4）提升期的骨干教师，以形成教学特色为目标，在行动研究中，提升理论运用水平。具备校本课程开发能力，质量监控、分析、指导能力，注重经验总结提升，并能够独立开展教育教学课题研究，有研究成果。每人指导2~3名青年教师并有一定成效。

二、扬长教师的促进计划

（一）对扬长教师的促进计划阐释

扬长教师的促进计划的重心不是对教师的优劣进行甄别和选拔，而是让每一位教师都能充分发挥自己的个性特长，在承认差异的基础上认识自己，找准位置，最终实现自己的人生价值。我校扬长教师的促进计划秉承"扬长教育"理念，以教师之"长"作为切入点，培养专长彰显的教师。

（二）帮助教师"寻长"

我们通过对教师意愿的调查、访谈，对我校教师的学历、经历、观念、风格、爱好、专长、素质、性格等进行分析，尽可能提供适合教师专长的工作机会，搭建教师专业发展的工作平台、教师职业发展的支持平台和教师事业发展的学习平台。

我校有43%的教师具有一定的个人专长，学校发挥他们的专长，成立包括编织、踢踏舞、摄影、茶艺、空竹等15个教师社团，教师根据自己的兴趣爱好，自由选择。做到教职工100%参与社团活动。大家各取所好，各尽所能，互帮互学，其乐融融。

（三）指导教师"延长"

1.制定策略，分层培养

在打造扬长教师的过程中，学校采取分层培养的方法，使每位教师都能得到发展。对不同层级的教师有不同的要求，运用多种形式，把指导有效地落实到每一位教师。引导尝试期的教师在学习与实践过程中提高自身的教育教学能力；引导成长期和成熟期的教师在研究和实践的循环中，提高自己的教育教学和研究能力；引导提升期的骨干教师通过自身的课题研究和教学实践，逐步形成自己的教学特色和风格，向名副其实的研究型教师发展。引导教师们打破时间分层界限，努力向高一层级教师迈进。学校里的每一位教师都可以根据自己的实际情况，确立相应的奋斗目标。

2.搭建三个平台。

（1）继续教育平台

教师职业是一个需要终身学习，以促进自身全面，持续发展的职业。从我校专任教师的师资构成可以看出教师学历相对较高，积累了一定的教育教学经验，但同时在其课堂教学中尚存在诸多困惑与问题。因而，教师更要增强更新教育观念的紧迫感和教育创新的自觉性，根据教育教学改革的要求，善于通过主动探究，教学反思，丰富自己的实践经验，同时虚心学习，借鉴成熟的教学经验，实现自我更新与发展。

①读书系列。学校每月开展读书、赏析、推荐活动，具体的读书内容包括：文学经典类、教育教学类、科技时政类。

②培训系列。积极实施提高学历的教育培训，实施提高专业水平的教育培训。

③师德教育系列。在教育教学中，增强教师职业责任感和使命感。因为教师的一言一行影响着学生，学生的一举一动反映着教育的结果。同时教师的一言一行也是学校的窗口，反映着学校的教育思想。我们以"铸师魂，修师德，树师表"为主题，开展系列师德标兵大讲堂，组织"感动实验身边人和事"的专题演讲，进行"我的教育故事"经验介绍，举办师德论坛等宣传教育活动。

（2）校本教研平台

把科研研修和校本研修有机结合起来。立足校本研修，扎根于本校的实践，以本校教师教育教学中出现的问题为中心，以未来为取向，以理念更新为突破，

以"课例研究"为载体，以"行动教育"为模式，带着问题研讨，围绕问题交流，立足于解决现存的问题。进一步探索适应新课程要求的校本教研、科研的有效途径，为教师提供走出学校、参与交流、汲取经验的各项支持。

（3）个人发展平台

①实施《实验小学扬长教师促进工程》，以"市区校骨干、区教学能手"为主体，完善教师研讨制度，创设教师学习研讨的硬环境和软环境。实行"名教师培养导师制"，聘请专家、名师与学校骨干教师结对子，做好对青年教师的培养工作。召开教育教学研讨会和学术年会，总结研究成果，集结文集成册，鼓励教师出专著。并注重将教师个人扬长发展计划与日常教育教学工作紧密结合。

与教研组建设紧密结合：采取让每一位教师都能心情愉快的工作、个人亮相与组内培养相结合、个人成绩和组内荣誉同步的方式，与"优秀教研组创建"、"教研组主题特色工作"、"教研组校本研修活动"紧密结合起来。

与个人业务相结合：采取总目标分解成一个一个的单项目标，一个阶段实现一个分目标，最后实现总目标的方式。将个人扬长发展计划分阶段落实到"教学工作计划"的实施、"师徒带教"活动、"市区校级骨干教师"工作、"青年教师基本功大赛"、公开课、汇报课的研究点与改进点等日常教育教学工作中，增强教师自我发展的意识。

②构建多层学习网络，促进教师自我成长。以教师发展为本，落实教育理论学习，实现教师理念更新，建立学校、教研组、个人三级学习网络。

学校专题研究制。学校教育、教学活动在专题式研究下进行。各个教研组依据本组实际制定的具体研究专题，采取叙事研究、行动研究等方式，通过个体、群体互助、外援支持等途径，促进教师专业发展。

教研组展示制。每个教研组呈现一节专题渗透课，写一个教学反思，每位教师听本组一位教师一节课并写一份教学评课。每学期各教研组在学校一系列教育教学活动和课题研究课中，积累课题研究课教学设计和反思、课题研究案例和论文，还有学生的作品、感悟等成果。

个人研习反思制。通过开展读书系列活动，积极引导教师自主学习先进的教学理论，每学期每位教师精读一本教育教学专著，写好一篇专业教学心得或经验文章。将上课前后的感受，教师或学生的教育教学故事写下来，形成成果性的资料或论文，教育叙事或教学反思。

③加强骨干教师个人教学"风格"培养。骨干教师是学校师资队伍中的精

英，是学校持续发展的中流砥柱，实验小学通过以下方式培养骨干教师。

第一，以科研为先导。要求骨干教师进行教育科学研究，结合自己的教学专长确立子课题，并在智力投资、经费援助上给予一定支持。骨干教师通过科研攻关，取得教科研新成果，逐步形成自己独特的教学风格。

第二，承担带徒任务。每位市、区级骨干教师承担对1~2名青年教师教育教学的传帮带任务，每学期至少完成1次区级以上或校级2次以上教材分析或教师培训。承担2~3节区、校级示范课或研究课，每学期不少于15节师徒间的听评课工作。

第三，发挥示范引领作用。设立"实小教育论坛"，开展学术活动。通过"教育论坛"，鼓励教师将自己的教学特色、教学经验和好的做法与全体教师共享。

第四，学习培训。选送参加市、区骨干教师培训及区学科中心组学习，提供出国留学培训机会，搭建平台，提供更大的发展空间。

三、扬长教师的个人规划

学校的发展要适应教育改革和发展的新形势、新要求，需要大力提升教师整体的专业发展水平和能力。制定扬长教师个人发展规划，就是从整体和个体结合的角度，对自我发展做出整体设计，并通过每个教师的个人努力，达到教师队伍整体水平提高。

制定扬长教师个人规划不仅要靠外部的帮助和支持，更要靠自身的追求和努力。扬长教师的发展规划就是发挥教师自身的长处，从师德、师能、研究、实践等各方面提出明确的目标。

（一）扬长教师个人规划制定

1.确立促进教师个人专业发展的目标

教师的专业发展不仅需要学校创造机会、搭建平台，而且需要教师有内在的专业发展的意识，需要教师明确自身专业发展的目标与方向。明确自己到底需要什么，今后朝什么方向发展，以及如何发展才可能成为一个"自我引导学习者"。

（1）自我诊断和剖析

教师对自己的年龄、学历、工作态度、志向兴趣、工作能力与基础、潜能、个性、从教目的、人生抱负、成就动机、生活与工作目标等方面进行分析，以便帮助教师全方位地了解自我，为自己专业发展目标进行准确定位。

（2）确立专业发展目标

从学校教师专业发展的总体目标出发，指导教师进行职业规划，从专业理念、专业知识、专业能力，拟取得成绩等方面制定个人专业发展计划书，通过计划书的制定，每位教师可以了解自己专业发展的现状，明确自我专业发展的目标，由此找到自身专业化发展的途径。

专业发展目标要求包括：学年发展目标、近期（3~5年）发展目标、中长期（5~10年）发展目标。发展目标中可重点突出四方面：

第一方面：专业理念。包括专业态度、教育理念和专业道德等内容。

第二方面：专业知识。包括学科专业知识、教育教学科学理论知识和实践性知识等。

第三方面：专业能力。包括学科教学能力、教育科研能力、学习反思能力、经验总结能力、组织管理能力、协调交往能力、语言表达能力等。

第四方面：教育教学成果。包括教师个人的成绩，指导学生取得的成绩。

（3）制订切实有效的达标措施或策略

教师根据自身岗位专业技能要求，参照教师的个人专业发展规划目标、内容制订切实有效的达标措施或策略。

（二）个人规划的调整与评估

教师个人扬长计划制订好后，学校要根据教师所属的不同时期，对教师制定的个人发展规划进行审阅，尤其是将教师的现状分析、发展目标、举措及需要得到学校帮助和支持的要求与教师进行个别沟通和交流，认定教师个人发展目标和举措，承诺对教师的帮助和支持。同时，也可以在学校层面、教研组、年级组层面或校园网上进行个人发展规划的交流和展示，达到相互学习、相互促进、共同发展和提高的目的。

第一，教师个人扬长规划的实施虽然主要靠教师自身的努力实施，但也需要得到同伴和组织的帮助与支持。因此，教师个人发展规划的实施和管理不仅是教师的个人行为，也是个人和学校对同一目标共同努力的成果。

第二，学校既要重视教师扬长规划的制定，更要重视教师个人扬长规划的实施。因此，在规划实施一个阶段后（如一个学期或一个学年），教师个人应通过阶段性反思和总结，对照规划的目标和举措，审视实施进程，如发现措施还没有落实，离目标达成度还有一定困难时，应对规划进行修订和调整，使规划内容及实施过程更适合个人发展的状态和学校发展的要求。

第三，要加强对教师个人扬长规划的实施管理，可将其与学校组织的常规管理有机结合，将教师个人发展规划的目标达成情况作为对教师工作绩效考核的重要内容，更多地关注教师个人专业成长的纵向发展，而不是简单地作不同层次、不同类型教师的横向比较，更不是以考分作为衡量教师发展的唯一考评指标，造成教师不必要的心理负担。把实施教师个人扬长规划的过程作为教师自我诊断、自我完善、自我提高、自我发展的过程，作为教师专业发展的重要路径和举措。

第四，教师个人扬长规划制订后，学校应及时了解教师个人规划中提出的请求，尽可能创造条件，给予支持和保障。

（三）扬长教师个人规划案例

班世伟老师在个人扬长规划的实施中，认真思考，勇于实践。她努力探索英语教学的有效途径，进行教学改革，和老师们一起同研究，共进步。从一名合格的教师成为十佳青年、北京市骨干教师。从一名团员成长为一名中共党员。

实验小学教师个人扬长规划

一、现状分析					
姓　　名	班世伟	性　别	女	出生日期	1971.3.12
籍　　贯	北京	民　族	回	党　派	党员
第一学历	中专	工作时间	1990.7	职　称	中学高级
最高学历	本科	教　龄	24 年	评职时间	2013.7
班主任年限	10 年	参加社会团体		区中青会	
获得最高奖项	科研论文获全国一等奖		获得最高荣誉	获全国外语教师园丁奖	
教学能力名称	市级骨干		发表学术论文	全国级 4 篇；市级 6 篇；区级 4 篇	

一、个人专业素质分析（优势、不足与问题）
（一）优势 　　20 多年来一直从事一线的英语教学工作，有较丰富的工作经验，发表论文和获奖论文数篇。在全国、市、区获得过多项荣誉，有自主立项课题，并已结题。目前在学校主抓北师大攀登英语实验的两项课题研究，即：攀登英语学习实验和英语阅读能力提升实验。 　　在管理的岗位上，已经工作了 9 年，对管理有了一些经验，也取得了一些成绩，多次被评为北师大攀登实验的优秀课题组负责人。 　　参加过多种培训。如：参加过新西兰为期一个月的培训；在香港教育学院参加亚太地区儿童英语学习会议；参加了市骨干培训等。通过学习开阔了眼界，自身素质得到了进一步提高。 　　（二）不足与问题 　　管理水平和教育教学理论水平有待提高，虽然有了一些经验，但还处于经验型教师，应该向科研型教师迈进。

二、发展目标：结合优势确立主攻方向

（一）内涵发展方面

　　教师职业作为一种以人育人的职业，要追求卓越，注重自身专业知识、理论学习与创新精神、实践能力、情感、态度与价值观的发展，使自己真正成长为具有历史责任感的优秀教师，把自己的全部知识、才华和爱心奉献给学生、奉献给教育事业。在信息技术方面提高自身的信息技术应用以及课件的制作水平，以达到学科教学与信息技术有效整合的目的。

　　注重个人素质的培养，不贪名利，切实提高自身理论水平和业务水平，力求为学生创造最好的教育。在遵守制度、与人相处方面要严格要求自己，提高自身的政治理论素养。

（二）课堂教学方面

　　继续在课堂教学中进行科研实践，充分发挥自己的特长来吸引学生，使学生喜欢自己的课，并将自己的特长在课堂上得到发展，能满足学生成长和走上社会的实际需要，提供足够的实践性教学环节。针对自己的教学特点拜名师学艺，使自己的教学水平逐步提高，教学经验日益丰富，寻找出一条适合自己的发展之路，争取逐步形成自己干练利落、灵敏机智的教学特色。

三、阶段性任务：实现目标措施

年度	措施	自我评价	学校提供支持
2011——2012学年度	通过学习提升师德修养，丰富知识结构，增强理论底蕴。 课前积极钻研教材，理清教学内容，进行英语教学改革，尝试行动研究。 继续六年级英语写作课校本研究，收集学生作品，反馈教学策略的可行性。	优点：能够提升科研意识，勇于尝试新的课题研究方式——行动研究，在课堂上实施后，初见成效；能够认真进行校本课程的研究，随时积累资料。通过努力获得了较好的成绩，如：在2010—2011学年度北京市基础教育课程建设优秀成果评选中，"六年级英语写作课成果"被评为一等奖。 论文《通过"造句头脑风暴"，提升三年级学生口语表达能力的行动研究》获北京市基础教育课程教材实验2012年优秀论文一等奖。 录像课《Unit4 Ann's family》在2011年北京市小学电化教育专业委员会第十二届年会"三优"评选中获二等奖。 不足：在科研方法学习方面要加强，理论学习还不够深入。	每周外出一天参加市级骨干培训。 学校为老师们提供各种比赛机会。

2012——2013学年度	多听专家的讲座和同行的课，积极向同教研组前辈取经，吸取他人的长处。 　　认真备好每一课，研究学生兴趣爱好，研究课堂的教学方法，将现代技术与学科进行整合。	优点：能够勇于尝试新的研究方法---特质研究，在专家的指导下，对学生和家长进行访谈，研究优秀成绩背后的故事；能够用于参与全国信息创新大赛，开阔视野，提高课堂教学能力。经过努力获得了较好的成绩，如：论文《探究小学优秀英语学习者特质的研究》获北京市第三届"智慧教师"教育教学研究成果一等奖。 　　《My favorite animal》教学实录，荣获第十届"全国中小学信息技术创新与实践活动"决赛教学实践评优赛项，小学组一等奖。 　　不足：对于新媒体白板教学，自己学得还不够，应勇于尝试新方法，起带头作用。	赴英国参加在伦敦大学教育学院进行的北京市小学英语骨干教师培训。 　　参加在平谷举办的"第十届全国中小学信息技术创新与实践活动"的培训。
2013---2014学年度	不断提高教学能力，努力使自己的教学质量得到提高。 　　课后做好教学后记与教学反思，把课堂中最精彩及最难忘的片段及时地记录下来，积累日后教学论文的素材。	优势：由于多年来在教育教学中的不断努力，获得了参加全国名师评选资格和去伦敦进行小学英语骨干教师培训的机会。其间，认真学习，积极交流，并将学习到的现代教学理论和有效的研究方式与同行分享。本年度获得了较好的成绩。如： 　　荣获"第二届全国中小学外语教师名师"称号。 　　被评为中学高级教师。 　　论文《浅谈英国如何根据心理特点，提高儿童的阅读能力》在第三届北京市心理健康教育优秀成果评审中获二等奖。 　　不足：学习到的理论和方法应持之以恒地进行研究，不能只停留在表面。	参加"第二届全国中小学外语教师名师"大会。

2014——2015学年度	学习管理方面的文章，使自身素质得到全面提高。　　积极参加各级各类学习，不断更新知识，每天安排一定的时间阅读教育专著，提升自己的文化素养。		
2015——2016学年度	总结五年成果，进行反思、总结，收集成果资料。		
四、成果体现形式			
研究课、论文、教学设计、学习记录、校报、光盘等。			

第二节 扬长教师的发展实践

教师是教育科研工作的主体，是课题研究的行动者，更是日常教育教学工作的实施者，教师教育教学行为与学校教育教学质量紧密相连。在素质教育的今天，在推进学校扬长教育的实践中，我们认识到提升学校办学品质离不开教师队伍专业化发展的提升。为此，实验小学教育科研工作围绕学校"扬长教育"的办学理念，以学校的重点课题为点，以学校的校本研究课题为线，以提高全校教师的科研意识和科研能力为面，坚持科研的服务功能、引领功能，用科研的思路、科研的方法指导教师的教育教学实践，走教科研一体化道路，实现教师的专业化发展，学校品质的提升，师生的持续发展。

一、扬长教师的行动方略

教育科研是教育改革的需要，是教师成长的需要，是学校发展的需要，我们倡导做扬长教师的同时，更要做教育科学研究工作的学习者、思考者、研究者与开拓者，把科研当作一种教育责任。树立问题意识，以"问题即课题、教学即研究、研究即反思、反思即提升、提升即收获"为研究模式，坚持在教育教学实践中开展研究，这也是扬长教师专业能力不断发展的保障。建立"学习——反思型教师"和"创造——研究型教师"队伍，树立科研意识、凝聚科研队伍、提升科研能力、扎实推进教科研一体化工作。

（一）在科研工作中做强"三点"式科研服务

走教科研一体化道路，实现教师的专业化发展。我们鼓励教师"扬长"，就是要充分挖掘教师自身专业之长，将课题研究做细、做实、做强，向着高、精、尖的方向迈进，从而形成教育风格和教学特色，做到学有所专、教有所长，使科研工作助力教学研究，真正解决教育教学中的难点、疑点、热点与焦点问题，切实改进教学实践，提升教育教学水平。与此同时，我们鼓励教师做身边的研究，在自己熟悉的领域中发现与分析教育教学问题，筛选有研究价值的问题，进而深入开展校本课题研究。由此可见，学校科研工作的开展对于教师的专业发展显得

更为重要，也更为现实。基于此，学校采取了"三点式"科研服务，为教师的科研成长与发展搭建平台。

找亮点：由于教师们多年从事一线工作，他们不是科研人员，科研课题往往缺乏规范，失之琐碎，我们要仔细聆听他们的研究报告，仔细观察他们的研究过程，在琐碎的研究内容中发现最朴实、最本真的研究思路，帮助他们找到更贴切的表述方式和更合理的研究途径，这需要科研管理人员有一双慧眼，发现千里马。例如：五年级张文溢老师的课题《多元评价促进学生习作能力的研究》亮点是学生作文评价的自主性，找到这一切入点，才能指导老师深入研究，否则这类校本课题已有许多人做过，容易流于普通和俗套。

破难点：当校本课题遇到研究难点时，如果科研管理人员不给予适当指导，处于一线的教师很容易因为琐碎的工作而放弃研究或敷衍了事，因为一线老师工作繁忙，科研工作仅仅是其工作的一个组成部分，所以学校要对校本课题的研究情况了然于心，提出实操性强的建设性意见，使校本研究工作得以顺利进行。

抓特点：小课题多了，难免在研究过程中有重复，这时一定要帮助老师找到自己课题的特点，使研究有个性，有个性的东西才是吸引人的，教师才会产生研究兴趣，持之以恒。例如：五年级张文溢老师的课题《多元评价促进学生习作能力的研究》在开始查找资料时发现，研究作文多元评价的人很多，有一定的借鉴价值，但是如何有效运用多元评价针对现阶段学生习作被动枯燥现状，有特色，有实效提高其习作能力的研究，教师感到很困惑，我们通过让负责人面对面地做研究汇报的形式，抓住这项课题通过学生自评、互评、互改激发习作学习兴趣的特点，即从研究过程看：作文的评价标准是由学生自主制订，学生参与评价后有对学生评价的再评价。从研究目的上看：学生的作文评价目的是修改学生自己的作文，突出自己的研究特色，做出自己的研究设计，使研究更具有针对性，更突出实效性。

走教科研一体化道路，实现教师的专业化发展，需要立足于校本研究，需要根植于教师日常教育科学研究。教师所进行的校本研究根于实践，源于问题，亲近学生，走进课堂，它是田野式、草根性的鲜活研究，因其参与面广、研究点细、实践性强，我们称这种朴实的科研为"草根科研"。所谓草根科研，因为它来源于一线，又回归到一线，是教师科研最本源的研究动力。通过校本教育科学实践研究唤醒教师问题意识，激发教师研究问题的渴望，内动力与外驱力同步作用加快教科研一体化前行的脚步。只有当教师成为善于学习、勤于反思、乐于创造、热衷研究的学生学习的组织者、参与者、引导者、促进者，成为课程的研究者、开发者、决策者时才能更好地担当起学校教育教学改革的重任。

（二）建立教科研管理机制

科研、创新、特色是现代学校生存与发展的三个支撑点，谁拥有这些支撑点，谁就能在教育改革与发展中立于不败之地，科研既是先导又是基础，它能启动教育的内部动力，促进教育的更快发展。因此学校科研工作贯穿在教育教学和学校管理工作之中。建立科研机构是学校进行整体性改革，提升办学水平的需要；是搞好综合性课题研究，提升办学品位，形成办学特色的需要；也是调动教师参与课题研究积极性，增强教师科研能力，培养科研型教师队伍的需要。实验小学根据学校发展实际情况建立了科研管理机构和研究机构，建设了四级科研研究梯队。

1.建立管理机构

附图：学校科研小组成员和职责

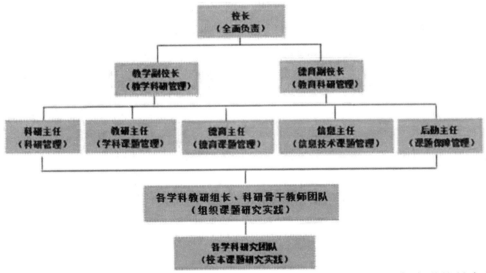

学校成立了由校长任组长的教科研工作领导小组，校长全面负责学校教育科研工作，两位副校长负责分管教育、教学科研工作，科研主任负责各学科的科研管理工作。并建立学校开展科研工作的管理机构，下设办公室——科研室。其主要职能是：

（1）组织全校教师学习现代教育理论和教育思想，普及教育科研知识和方法。

（2）积极探讨校本教科研一体化的方略，努力为学校领导提供决策依据。

（3）积极发动、组织指导教师进行课题研究，对全国市、区、校级课题进行过程管理。

（4）定期向上级业务部门汇报本校教科研工作进展情况；认真组织推广，应用校内与校外的课题研究成果。

（5）建立和完善科研管理档案，认真做好各级各类评奖评优的初选和申报工作。

（6）为教师的专业化发展提供展示平台，使教师的个人发展与学校的整体发展结合起来，实现双赢。

2．成立研究机构

通过"九五"至"十二五"期间的课题研究，我校逐步形成了自己的研究机构。学校主课题由校长主持，分管校长和主任确定子课题研究项目，骨干教师参与实施研究，各学科教师结合自己教学工作和学校主课题内容，确立自己研究方向，自主申请参与课题组研究。研究机构的建立，力争使研究内容精准、务实；研究方法科学、规范；研究成果上档次、出品牌。研究机构的形成保证了教科研一体化的有效实施。

研究机构成员分工

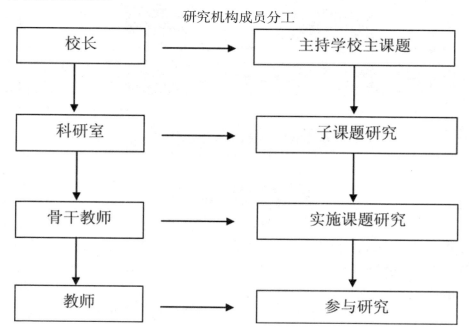

学校教育科研实践体现出领导重视、制度明确、管理规范、规划合理，分层推进引领学校教育科研课题建设与发展的特点。在管理制度与奖励机制保证下，学校教育科研管理规范，一方面要推动重点课题，另一方面督促校本课题跟进，强化领导力和执行力，使教育科研在我校既是自上而下的工作指导，又是一种全员参与的教育教学实践活动，保证教师队伍综合素质不断提升。

　　学校有健全的教科研管理机构，实施教科研一体化管理，教师们在研究的过程中加深了对教育对象、教育内容的认识，并在教育教学实践中提高理论水平。

　　"十一五"期间，我校参与的课题有：《中小学数字图书馆的应用与研究》《小学生学业成就评价改革研究》《多元文化教育的研究》《小学生阅读能力的培养研究》等。几年来我校的专题展示有："不同年段计算教学研究"，"提升教学实效性，培养学生自主学习能力的研究"北京市课程改革现场会，"不同年段作文教学研究"，"以科研带教研，促学校科研特色发展"市级专题研讨会，北京市信息技术与学科教学整合研讨会等。

　　学校引领教师以科研促教研，以教研促教学，打造"名师"、"优师"、"青师"三级团队。通过专家引领及各级培训，开展教科研一体化的系列实践研究，教师的课堂教学水平、科研能力、课程建设水平都有了质的飞跃。学校骨干教师人数有所增加，教育教学水平有所提高，多项科研课题获得立项。2010年学校获得北京市科研先进单位；2011年、2012年分别获得北京市综合质量评价先进单位；学校连续多年获得区级科研先进单位，在全区教育教学大赛中连续获得团体五星奖。

　　3. 建设科研梯队

　　良好的科研氛围、先导的科研意识是科研型教师队伍建设的前提，然而合理优选重组研究团队，在共同体的"科研场"中共同面对挑战，面对教育科学实践研究中的矛盾和冲突，在同伴互助中优势互补，群体攻关形成合力，将日常教育科学研究工作变得事半功倍。为此，我校针对教师科研工作水平与现状，通过前期调研建立了学科教研团队、校课题立项团队、市、区课题立项团队及专家名师团队组成的四级科研梯队。

科研梯队成员分工

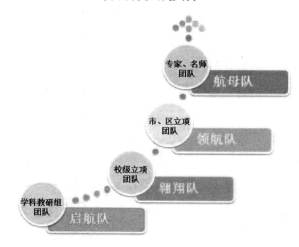

各级梯队任务：

（1）航母队对下属三级团队在科研课题研发上进行不同层面的指导引领、跟踪研究、评价反馈。

（2）领航队对下属两级团队在课题开发立项、研究策略与方法上进行示范交流，同时兼顾已立项课题不断深入开展研究。

（3）翱翔队在学科科研领域及校本课题中进行学习研讨，申报课题有成效、出成果。

（4）启航队展开学科组内校本课题的研究，做好科研渗透课的研讨工作，梳理归纳出行之有效的教育教学策略。

四级梯队的成立更好地打造学校骨干教师科研团队，在专家、名师的引领下，在同伴互助中、在不断发现问题、解决问题、反思问题中，探究、分析、总结、分享来寻求更加有效的教育教学策略，提高教学质量的同时自觉提高教育科研的理论水平。同时在学科同行的共同研究交流中，形成有效的跨学科科研合力，推出一批高质量的科研成果，提升教师专业发展水平。

（三）提升教师师德水平

不同时代有不同的道德观，不同职业有不同的道德内涵。从古至今，无论哪个时代，也无论何种职业，道德观念必有其共通的地方，教师作为社会的一员，其道德内涵必然融汇于社会公德之中；教师的特殊职业与地位，则决定着师德必然对整个社会公德产生极大的影响。

1.感知师德

全社会的人,其道德品质的形成,几乎都深深地留着教师的烙印,受到过教师的直接影响。一个人的素质包含多方面的内容,其中最重要的一方面便是人的道德品质。原教育部长周济指出:"教师大计,师德为魂"。韩愈在概括教师的职责时有过这样描述:"师者,所以传道授业解惑也"。也把"传道"放在"授业"之前。师德修养高的人,在多方面都会是积极的,你认为不能做的小事,他都会默默无闻的去做,而且做好。他懂得维护、促进社会公德的发展。

偶尔为师,乐不可支。天天为师,难免辛苦,关键是心灵如何感受。为了方便老师们交流工作中的感受,分享心得,树立正能量,我校教师坚持每月一篇的师德反思,在教师们的师德反思中,我们经常发现许多闪光的事例,对于这样的事例,我们在论坛中设为精华帖子予以鼓励,并对作者所在工会小组进行加分奖励。对于一些教师在师德反思中反映的困惑和问题。我们则以谈话、写回复的形式加以解决、处理。因此,教师每月的师德反思真正成为教师师德交流、心得反馈的平台,成为我校师德建设中了解教师思想的重要渠道。

在论坛中我们经常发现教师们的优秀教育经验:

反思之一:五年级五班马海清老师在(幸福)中这样写道:王A是一个智力上有障碍的孩子。和其他随班就读的孩子相比,她的情况更加严重些。她的语言表达不清楚,数学、英语一窍不通,自理能力很差,找不到课任课专业教室。最严重的是,她有时候不能自己控制自己,一旦发作,就容易发生攻击别人的事情:扔东西,揪同学的头发,紧张性的自己较劲、课上大叫等等。四年级接这个班以前,她这样的孩子我只在特殊学校见过,在我们这样的学校我还真是第一次遇到。但是,我发现班里的学生和她相处得很和谐,还会照顾她,我感动于她原来的班主任老师的细心、耐心和爱心,我暗下决心,让她在新的学期,在我们这个集体中快乐地成长,成为将来能自理、自立的人。

接纳——我和班级里的学生共同接纳她。我和她游戏,交流,从她咿呀不清的语言中感知着她的世界,走进她的心灵。有时,她会不知轻重的向我和同学们表达着她的感情:猛地抱住你,不管你在干什么;追着你抓,不管别的班的同学误会、议论或害怕、躲闪;下课突然从位子上走过来,捋住你的头发问你"为什么不扎辫子?"……凡此种种,在她的眼中,在她的心里,只是直白的表达着简单的情感,从不会想到别人会怎样看待她。每当我看到她单纯的、痴痴的脸庞,心里总会有种酸酸的怜爱。接纳,我默默接纳着她的表达,轻轻回应她的问候,

不论她懂还是不懂。我相信，她在长大，在我们的平等、真挚的关心下，她的心灵在混沌中经历着爱的洗礼，总有一天会走进光明。

尊重——她从不会怪别人对她是否尊重，因为她从不明白尊重的含义，她只是知道我是她的老师，这里有她的同学，这是她的学校。但是作为她的老师，我深深地知道，没有尊重就没有一切，没有尊重就是空谈师爱。她虽然学习很困难，可以说什么也不会，但是她很爱写字。她常常会不停的写字：生字、词语、语文练习册……一切能写的字，一切能用来写字的时间，不停地写，却不管写的内容，她从不知道写字的意义。

尊重，不是任由她的发展。课上大家在读书，她置若罔闻地写她的字。我轻轻走到她的跟前，合上她的本子，帮她打开书，我告诉她读书，和大家一样大声的读书。她开始很茫然，不听，还是按照自己的习惯写字。一次，两次……她开始读书，声音有些怪异，尖利而不和谐，但是不管怎样她开始读书了。一次，两次……她的表达开始清晰，不再单纯地重复别人的话语，她开始用简单的语言叙述着她的思想，她开始成长。

尊重，给她和别人同等的权利。课上，我请她起来领读词，她很羞涩，只念了一个，全体同学为她鼓掌，她很高兴，因为这是她第一次带领别人，而不是跟随大家。在她以往的世界里，她已经习惯了跟随别人。每天，跟随母亲上学、放学；每天，跟随同学走走、停停；每天，跟随老师听听、写写。她乖巧的时候，是会被大家忘记的，因为她没有自己，也不明白这个本该属于她的世界应该有属于她的精彩。可是，自从那次的读词，自从那次的掌声，她仿佛明白了，她该在这个世界中寻找她的精彩。她主动地向老师、同学表达她的愿望，她仍然大声地读书，认真地写字，但她不再需要已陪伴她四年学校生涯的母亲的伴随，她自己已经融入了集体，融入了相处了四年的同学们中间。

现在，她和同学们一起学习、游戏。她有事情会找到我——她最信任的班主任马老师，述说她的心事，或是快乐或是委屈。或许，她永远不会像其他孩子那样生活、学习、工作，但是她快乐、勇敢、自信。她知道，无论在何时何地，都会有像爸爸、妈妈、老师、同学那样的有爱心的人们在帮助她、支持她，让她勇敢地面对未来的人生。

现在，我每天都看见她的笑脸，看见她傻傻地笑着望着我上课，我也和她一样，感到很幸福，很快乐。

反思之二：许艳辉老师曾经这样记录下她的心灵轨迹：什么样的力量能使残

缺的世界变得完美？面对随班就读的学生，教师永不言弃！提起王P，学校没有几个人不知道他。是因为他从一年级起上学就和别人不一样，身边总是多了一个陪读的妈妈；是因为他无论上课还是上操总是想做什么就做什么，一分钟也管不住自己；更因为他身上总是有一股怪怪的味道，同学们都不愿意和他挨在一起。就是这样一个孩子，在我第一天进班时就给了我一个"下马威"——把脚高高举在桌子上，还发出很大的声音，像是在故意考验我。因为事先对他已经有了基本了解，所以我没有理会他，只是边说话边走到他的桌子前把他的脚轻轻拿下来，然后就静静地扶着他的肩继续我的讲话，而他也不得不安静地听。铃声响起，我大声对全班同学说："同学们，别吝啬你们的掌声，让它响起来，送给听讲最认真的王P！"此言一出，别说同学们感到惊讶，就是王P本人也有点丈二和尚摸不着头脑。现在回忆起来我仍然可以想到那时他半张着嘴，瞪大眼睛的样子。我不等他说话，只是始终都扶着他的肩膀："我想告诉你，你刚才的举动是不礼貌的，但是我知道你是控制不住自己的行为，身体有病不是你的错误，错误的是你不能把它当作你违反纪律的借口。你有没有想过，你生来也是可以得到许多人的掌声。你是病人，但你更是一个可爱的孩子！永远记住，尊重别人就是尊重自己，自己做好了，就一定会有人为你鼓掌……"我也不知道当时我说这些话时他是否听懂了，只是一口气就说出来了。

现在想想在以后的日子中我可以和他近距离交流，使他对我心悦诚服应该源于开始的尊重教育，那次的掌声也许真的让他难以忘怀！

自信的人最美，为你喝彩，让你的世界变得分外亮丽。开学已经一周了，我发现王P总是不交作业。在无意间我收作业时问他："你的作业本呢，你为什么不交作业？"他却反过来一连问了我好几遍。"老师，你是要我交作业吗？""是的，为什么你可以不交作业？你和大家一样呀，有什么特殊吗？"我坚定地说。从那一刻，我发现他看我的眼光有点光彩了。只要是他交上来的作业，我只会把他做正确的题目重重打上对钩儿，剩下的就是那些错题我会讲给他看着他改。我时常会很夸张地表扬他的作业有进步。我最常说的一句话就是："只要努力，你是能够做好的！老师知道你懂这些题目，看，多少对钩呀！"同学们都会明白我的话，每当这时候就会给予王P最热烈的掌声。而他也会傻傻地笑。接下来的日子，我找专人负责他的作业记录，学校有什么事情也让专人及时通知他。每天和他妈妈交换意见，告诉他孩子今天的情况。其实，我一直感觉做这些都不是我刻意的，而是应该的。渐渐地，我发现王P在刻意转变什么，他知道及时交作业了，

还及时改错，班级活动也乐于参与了……这让我感到：也许一个人总是生活在指责轻视中，就是一个正常的孩子也会自甘平庸，丧失自信。更不要说他这样一个特殊的孩子了。我们教师的一句善意的喝彩，让他残缺的心灵有属于自己的自信，也会让他的世界变得分外亮丽！

反思之三：小晨同学是一个脑瘫患者，自一年级入学以来到现在，我们共同度过了整整四年的光景，他从一个不能站立的孩子，到今天能够蹒跚而行，我是看着他一点一滴进步的。在他成长的路上他遇到了常人所不能完全体会的艰辛。这种艰辛不仅仅是他一次次摔倒又爬起来的肉体上的痛苦，更包含了由于与正常人之间的距离感而造成的精神上的困苦。四年来，我非常注意为他创造一个和谐的充满爱心的环境。时常关注它的心理需求。

首先，我从一年级起教育孩子们有爱心，从帮助身边的小晨开始。他有了困难，周围的同学都积极主动的帮助，并以此为乐。其次，发现他身上的顽强、有毅力、为人热情等闪光点，就全班表扬，为他树立自信。再有注意多鼓励他的进步。比如，他会站立了，我就在月总结时发给他一个大奖状，鼓励他坚持训练，早日学会走路。

今年的开学初，小晨由于泻肚，没来得及去厕所……周围的同学首先做出了反映，他们捏着鼻子做出不堪忍受的表情，紧接着教室开始出现骚乱。了解到情况，我脑海里立刻想到是："我要以身作则，为人师表，不能让孩子们看到老师半点的嫌弃，以自己的坦然处之，尽快结束这次短暂的骚乱，不给班集体造成不良影响，不给他的心灵造成伤害。"于是，我镇静的一边让大家安静，继续写作业，一边指挥同学打开窗户和前后门，又亲手扶起小晨，找来报纸和手纸一点一点擦干净椅子上的粪便，扶着小晨离开教室，同时迅速拨通了家长的电话。

一股股难闻的气味袭来，我忍受着不做出任何反应，因为，我知道有近四十双眼睛在悄悄看着我，我的举动影响着他们的情绪。我还知道，小晨也在看着我，此时的他心里是多么难受，如果我稍流露出反感，他心里会更难过：连老师都嫌弃他，他在同学们的眼里会更抬不起头。我坚定地搀扶着小晨，在同学们的复杂的目光中走出了教室，我感到了这目光中有惊讶：老师不嫌臭吗？这目光中有厌恶，因为他们是孩子。但是我明显感到教室内的声音已经变得越来越小。

我把小晨送到一个楼道僻静处，为他擦干净外面的裤子，小晨懂事地说："老师您不用管了，等我妈妈来了擦吧。"我说："要及时擦，天冷会着凉的。"回到教室，我感到教室异常安静，就像什么都没发生一样，卫生委员和一个男孩正在用纸擦着地面，中队长把小晨的椅子用湿布擦了又擦。我很欣慰，接过孩子手中的报纸继续打扫，直到干净。我没有表扬，也没有批评，我想此时任何言语都是多余的。

很快这件事像空气一样渐渐散去了，淡淡的没留下任何痕迹，但是同情、理解和关爱却深深留在了孩子们的心里。

教师的职业，面对是众多的学生群体，需要爱，需要付出。人世间，博爱莫过于母爱，再次就是师爱。师德修养会产生职业理想，职业理想出现了，精神上就会有愉悦感。因为幸福是一种感受，只要心理得到满足，潜能得到发挥，快乐的感觉就会随之而来……

2.提升师德

（1）提高业务素质，夯实师德建设基础

"学高为师，身正为范"。我校把师德建设与培养教师高超的教学水平和先进的教育理念结合。我们认为一个教师要具备良好的师德，首先要拥有过硬的业务素质，这才是对学生负责的表现。学校106名教职员工，市、区骨干和区教学能手27人，占专任教师总数的27.84%，校骨干33人，占专任教师总数的34.02%，中高、小高教师71人，占教师总数的69.81%，本科学历和研究生学历94人，占教师总数的90.57%。我们的教师队伍是一支业务精，师德高的优秀群体。面对这样的群体，我们首先在教育教学工作中充分发挥骨干教师作用，一是在教学上与青年教师结成对子，二是在班级管理上做到互帮互助。针对青年教师在教学管理中经验不足的现状，为青年教师建立了个人"成长手册"，记录教育教学工作的点点滴滴，以便帮助他们尽快摸索出教学组织、管理经验。在班主任工作中，学校坚持月例会培训制度，在培训中班主任的管理心得，优秀骨干教师的管理经验，得以及时传播给所有的教师，实现资源共享，优势互补。

（2）从困难生入手，改进师德建设薄弱环节

我们剖析了学校师德建设中的薄弱环节，经调查发现，一些违反师德的隐患多集中在学困生和纪困生身上，教师追求教育教学完美的脚步往往与这些孩子的表现发生碰撞。针对这一问题，我校对各年级的困难学生采取了特别教育，双层管理的方法，即将这批学生集中在一起，帮助他们找优势，找自信，以学校颁发喜报的形式，对他们单独进行教育工作，班级、校级的双层管理使学生原有的不良习惯加以改善。这样，我们从学校的角度协助了各班的管理工作，也减少了教师与这部分学生的冲突几率，同时也引导教师们对学生的教育更有章法，避免一

时的头脑冲动。

（3）开展创意活动，教职工团队凝心聚力

在实验小学，每个特殊的日子里都有丰富的活动。每个月都有隆重的生日会，让老师们感受实验小学这个大家庭的温馨友爱。在情人节里，学校为老师送去玫瑰花；三八妇女节时，男老师为女老师安排丰富多彩的游艺活动；中秋节时，老师们亲手制作月饼，分享节日的快乐。

我们还开展了"实验达人秀"系列活动：在"唱歌达人"活动中，老师们一展歌喉，颇有歌星风范；在"厨艺达人"活动中，刀工PK、冷拼高手、私家菜创意、擀皮比赛等让老师们大展厨艺、大显身手；在"阅读达人"活动中，教师分享读书心得，用阅读开启快乐的人生；"运动达人"活动中，教师们参与登山、羽毛球、游泳、乒乓球、台球、跳绳、踢毽、设计等活动，锻炼身体，愉悦身心。

在组织区教职工运动会中，工会动员全校教师积极报名，并以工会小组为单位进行组内初赛，择优上报。教师们在活动的准备中锻炼了身体，各组在练习、参赛这一过程中，组员彼此进一步沟通，组内关系更加融洽，增强了工会小组的凝聚力。

精心设计的活动点燃老师们的情，凝聚老师们的心。活动中的欢笑、参与中的体验，无不给每位老师以身心素质上的提升，这种提升的直接受益者无疑就是我们的学生，他们会被老师身上的光芒所感染，从而感受到如阳光般的爱，如春风般的情……

校园内、工作中的关爱仅仅是我们工作的一部分，看似与学校工作不相关联的教职工家庭生活，一样是我们关注的问题。我们力求以师长、兄弟、姐妹、朋友等多重身份，洞察每一位教职工的苦、乐、甘、甜，对于出现家庭问题的教职工，我们采取"清官要断家务事"的态度，努力调解，以保证教职工能够将心思投入到教育教学工作中。在教师节，我们向每一位家属送上一封热情洋溢的感谢信及慰问金，以感谢家属们一直以来对学校工作的支持与理解。对于教职工及其家属生老病死、婚丧嫁娶，学校都积极出面操办，对职工的生育、伤病、住院，学校都无一例外进行慰问并协助处理有关事宜，及时反映和解决职工切身利益方面的问题，当好困难职工的贴心人，为群众办实事、办好事。把党、政领导的关怀和工会的温暖送到教职工的心坎上，延伸到教职工的家庭里。因为我们坚信，实验小学一百多个和睦的家庭，是构建学校这个温馨之家不可或缺的元素。

(4) 开展多元评价，促教师扬长发展

实验小学拥有一支高素质的教职工队伍，这是我校的财富与自豪。在这样一个集体中，发现每一位教师的优势，发挥优秀教师作用，也是学校工作的一个亮点。为了扬教师之长，在工作中，我们力求淡化以区分和奖惩为目的的评价，强化挖掘教师潜力，张扬教师个性的评价，具体方式如下：

"感动实验——十大影响力年度教师"。我校每两年一次开展"感动实验--十大影响力年度教师"的评选。这项评价是学校各项评价中最被教师所关注的，教师们综合身边每一位教师一个学年度各方面的表现，全民"公投"评选。当选的十位教师，不一定是论文发表最多的，不一定是学生成绩最优的，不一定是公开课上得最好的，但一定是被全体教师所认可的。他们也许默默无闻，也许不善表现，但都无法掩饰他们的光芒，因为我们每一位教师都有一双善于发现的眼睛，他们关注着周围人的付出、惊喜着周围人的变化、赞美着周围人的成长。

获奖教师在获奖感言中说道："我们幸运，我们的工作得到了大家的认同；我们光荣，我们取得了最令人信服的荣誉；我们激动，我们成为了会场上最具风采的明星……"

"感动实验——年度扬长教师之星"。此项评价是与"感动实验——十大影响力年度教师"隔年进行的。如果说"感动实验——十大影响力年度教师"是从综合、全面的角度对教师进行评价，那么"感动实验——年度扬长教师之星"则更注重张扬教师的个性、给予不同优势的教师的肯定。从我们奖项的设定就可看出：来校五年，新岗两年的"星光新人奖"；仪表优雅、气质大方的"时尚达人奖"；进步突出、效果显著的"神勇进步奖"；主动学习、提升内功的"虚心好学奖"；家属支持、家庭和睦的"理解支持奖"；热爱工作、尽心尽力的"春蚕敬业奖"；工作扎实、认真待事的"稳扎稳打奖"；服务全局、内化矛盾的"团结协作奖"；无私付出、淡泊名利的"无私奉献奖"；身心健康，充满活力的"健康阳光奖"；全面发展、业绩突出的"年度教师奖"；号召力大、凝聚力强的"最佳人气奖"；热爱学生、爱岗敬业的"师德高尚奖"；从业资深、志向不移的"老骥伏枥奖"；深入教改、勇于创新的"改革创新奖"。

以上奖项的设立注重从单方面发掘教师之长，并以此激励教师反思自我，扬长促全。学校在"年度扬长教师之星"颁奖典礼上的颁奖词中写道：

她把自己的爱平分给班里的每一位学生，用她的公正、无私、善良、正直使学生在与自己的交往中体验到公正。她用自己的每一点行动为孩子们健康成长打

下心理的基础，帮助学生追求真、善、美的优秀品质，得到学生的信赖和尊敬。

他喜欢站在儿童的角度思考问题，深知只有使孩子们愿意学，才能真正提高成绩。愿意学，其实不单纯是课件内容丰富多彩，教师语言生动幽默，而是从本质上，让孩子感受到数学的魅力和成功感。这就是他给学生的课堂——充满轻松教学氛围的课堂。

近年来，我们开展的评价还包括"我心中的最美教师"、"实验达人——智慧教师"、"幸福家庭"等内容的评选，这些评选都以"扬长教育"理念为核心，通过学生、同事、领导或是家长的不同视角来发现教师的长处，鼓励教师扬长，赞许教师个性发展。

通过感知师德的学习、提升师德的活动及评价，我们认识到教师职业道德对学生发展，尤其是品德培养的作用不一定是唯一的，但一定是不可替代的；教师职业道德对学生发展的作用不一定是决定性的，但是一定是长远深刻的；教师职业道德对学生发展的作用不一定是立竿见影的，但是一定是潜移默化的。

实验小学扬长教师师德"十要十不要"

要爱国守法，履行职责，不要违背法律，迷失方向。

要爱岗敬业，乐于奉献，不要敷衍搪塞，斤斤计较。

要热爱学生，耐心教导，不要讽刺挖苦，体罚学生。

要严谨治学，刻苦钻研，不要浅薄浮躁，弄虚作假。

要遵循规律，赏识学生，不要分数至上，追求排名。

要为人师表，举止文明，不要表里不一，辱没形象。

要作风正派，廉洁自律，不要以教谋私，有偿家教。

要团结协作，谦恭诚信，不要自由散漫，嫉贤妒能。

要尊重家长，发掘资源，不要指责家长，推卸责任。

要终身学习，提高能力，不要因循守旧，故步自封。

附：实验小学扬长教师承诺书

一、努力学习马列主义、毛泽东思想，坚持四项基本原则。学习和掌握教育理论和教育法规，坚持不懈地学习科学文化知识和本学科专业知识，为适应新时期教育发展的需要，不断提高思想政治素质和业务水平。

二、忠诚党的教育事业，有强烈的事业心和高度的责任感，顾全大局，服从分配，勇挑重担，无私奉献。关心学校的发展，维护学校的荣誉，全心全意为学校的教育改革贡献力量。

三、贯彻国家的教育方针，认真履行教师义务。面向全体学生，实施素质教育，充分挖掘学生的长处，培养创新人才，提高教育质量。

四、全身心地投入本职工作，坚守岗位，勤奋敬业，专心教书，精心育人，扬己之长，保质保量完成教育教学任务。

五、树立牢固的法制观念，自觉遵守宪法、法律、执行《教育法》等各项教育法规，热爱学生，尊重学生，按照教育法规施之以教，培养和保护学生的身心健康，重视学生的个性特长。不体罚和变相体罚学生，维护学生的合法权益。

六、清正廉洁、公私分明。不收学生及其家长的礼物。不私自乱收费，不私自订资料，对收取学生的相关费用，按学校规定严格履行财务手续。

七、遵守学校规章制度，自觉执行工作纪律。按时参加学校组织的升旗、会议等各项政治业务活动。上班时间不擅自离岗、不干私活，不做影响学校工作秩序的事情，不搞有偿家教。

八、团结同志，以诚待人，善于发现他人的长处，弥补自己的不足；遇事出以公心，互敬互让，互帮互学。坚决制止挑拨离间，诋毁他人，破坏团结的自由主义和极端利己主义的言行。

九、衣着整洁大方，符合教师职业身份，既不穿奇装异服。也不得过分随意。仪表大方，稳重端庄。

十、有文明规范的语言和行为习惯，课堂上不用手机，学校内不打电脑游戏或上网做与教育教学无关的事情。保持健康向上、充满朝气的精神状态，做学生的表率。

十一、在与学生和家长沟通交流时，多使用教师用语，不使用教师忌语：

1. 忌脏话。在任何场所教师不能说各种脏话、粗话、低级的话。

2. 忌过头话。教师对学生不能说："你再……你就走人/你就别上我的课了。"等过头话。

3. 忌不负责任的话。教师对学生言必行、行必果，不能哄，如"我将来给你如何如何的照顾"等；对应该负责的工作不能说推脱责任的话，如"你爱怎么着就怎么着吧，我不管了"、"别人能学好，你学不好是你的事"等。

4. 忌言过其实的话。教师在学生面前讲话要实事求是，不能言过其实，不能吹牛，如"我的本事如何大，如何不得了"等。

5.忌威胁、恐吓的话。如"你再这样，我就找家长惩罚你"、"你把这题再给我写多少多少遍"。

6.忌讽刺挖苦学生的话、损坏学生人格的话。不能以生理缺陷挖苦学生，如"你学习不中用，你还要怎么样"等。

7.忌损害学生自尊心、上进心的话。如"这个学生没治了"等。

8.忌损害学校全局工作的话。如在学生面前说"学校的安排如何不合理"等。或"×××教师不行，不中用"等，这样做既伤害别人，更丧失自己在学生中的威信。

附：实验小学师德考核一票否决制度

教育大计，教师为本；教师大计，师德为本。师德建设是学校永远不变的重点工作，是推进素质教育向纵深发展的有力保证，为加大师德建设的力度，塑造实验小学教师的良好师德风范，特实行《实验小学师德考核一票否决制》，凡违反以下条例中的任何一条，即视具体情况减发直至停发基础性绩效工资，同时列入奖励性绩效工资教育教学成果奖考核。视其后果和影响，年度考核定为基本称职或不称职，不评先、评优，不得晋升职称，并承担一切后果，造成严重后果者，将负法律责任。

1.体罚、变相体罚学生情节严重的；

2.言行上严重侮辱学生人格，严重歧视差生，辱骂学生、故意造成学生流失的；

3.对学生进行有偿家教，或向家长索要礼品、收受家长馈赠，影响恶劣的；

4.不服从学校工作安排，无理取闹的，影响学校教育工作的；

5.言行不端、严重损害学校声誉的；

6.挑拨离间、无中生有、搬弄是非、说不利于团结的话，吵架、打架，造成恶劣影响的；

7.发生安全事故、责任事故，给学校造成不良影响的；

8.没有及时完成上级安排的工作，给学校造成不良影响的；

9.违反学校教育教学要求及上级和学校有关师德师风规定，给学生或学校造成不良影响的；

10.因工作失误有家长负面反映，给学校造成不良影响，学校调查属实的。

二、扬长教师的课题研究

教育科研促进学校内涵发展，教育科研助推教师专业成长与教学改革，教科研一体化的实施促进了学校各部门管理意识的更新，同时学校教育科研课题的研究更是提高教师素质的重要途径，为推进教育教学改革，为提高学生综合素养提供科学的、有效的方法指导，为教师改进与优化教学活动提供科学依据，使教师在课题研究的指引下有序、规范、高效的创新教育教学实践，形成与时俱进的学生观、课程观。课题研究成为教师落实学校"扬长教育"理念的助推器。

（一）学校科研室对扬长教师课题研究要做到"三清"

为了使科研的服务功能得以顺利体现，对课题的情况必须了如指掌，这样无论指导还是参与，无论是管理还是培训，才能有的放矢，避免隔靴搔痒，说外行话。科研室作为学校的一个职能部门，虽然表面上只是抓学校的科研工作，但是，这一部门与其他部门一样，必须起到引领学校发展，体现学校特色，提供管理决策的作用，课题的研究尤其要体现学校的课改研究思路和研究进程。为了达到上述目标，科研室要对扬长教师课题研究做到"三清"。

1.课题自然情况清

每学期我们进行科研课题立项统计，让所有主持课题和参与课题的教师上报自己的课题情况进行备案。学校建立课题备案档案，包括课题名称、级别、课题负责人、参与人、开、结题时间、成果呈现方式等等，便于学校随时进行检查，避免了开题轰轰烈烈、结题悄无声息的有头无尾的研究弊端。对于从事课题的研究人员，给予积分奖励，同时颁发课题研究人员聘书，每学期根据聘书的内容考核研究人员的研究绩效，保证了课题研究教师踏踏实实地落实研究计划，完成研究任务。

2.校本课题品质清

作为解决学校教育教学问题的校本课题，体现了教师身边的科研需要。但是，由于校本课题一直没有区级考核，所以有些课题渐渐流于形式，而缺乏一定的技术含量。怎样促进教师的研究积极性，主要是要让好的课题项目从校本课题中脱颖而出，给大家树立榜样。为使校本课题提升应有的水平，我们在学校举办校本课题开题论证会，对符合要求、严谨规范的校本课题发给立项证书，使校本课题负责人和研究人获得成就感。然后，参照区级课题的考核办法，进行中期视导交流与结题视导交流活动。在交流和检查中直观地体现课题水平的差距，使校本课题的品质有很大提升。一些成熟的校本课题借此可以逐渐申报区级课题乃至

市级课题，这样就做到了发挥科研来源于基层再回到基层解决教育教学实际问题的作用。

3.研究者的成果清

为鼓励和培养研究型教师，促进教师专业化发展，学校根据教育教学发展的实际需要建立教师个人科研档案，每学期学校科研室及参与课题研究的教师分别进行科研档案的整理与登统工作。参与课题研究的教师将自己一学期的科研成果以量化的形式进行自我评估，教师可以从总分上清晰地知道自己的科研成绩，比较出与他人的差距，同时在个人的科研档案中留存比较有价值的研究资料，如开题报告、中期报告、结题报告、研究报告、调查报告、研究指导手册、研究资料汇编、论文、案例、立项证书、结题证书、培训学习资料、活动照片等等，记录自身研究探索、改革发展的印迹，记录真实的思想轨迹。在档案记录整理的过程中参与研究的教师加强了反思，更清晰课题研究下一步发展的方向或思路。为加强对课题相关信息的搜集、对科研资料和教师科研档案的管理，2013年学校建立科研信息网络平台，通过网络平台的互动，教师们更快捷地学习与分享教育科研的新成果。

（二）扬长教师课题研究"五先行"

在教育科研实践工作中我们遵循课题研究"五先行"的工作方式，在整体推进学校科研工作过程中，注重"先行"的引导作用，为广大教师积极参与科研课题树立信心搭建平台，促进其专业化发展。

1.培训先行

近年来，学校定期邀请教科研专家与名师为教师进行有关教育科研新方法、新理念的培训及实践指导，建立帮带关系。同时，开发学校科研骨干教师资源进行自研互动式交流培训。

2011年我校邀请区教科所王曦所长为全校教师进行科研方法的培训，帮助教师把握科研方法，开展科学研究，以科研促进教研，提升校本课题研究的实效性。

同年，学校推荐王国庆、陈媛、王琳、孙征四位青年教师参加区级科研骨干班的培训，他们认真参加每周的科研培训并与全校教师分享科研方法、科研成果。学校信息中心在2011年承担北京市电化教育市级课题《数字化教师专业发展平台的建设与应用研究》和《扬长教育生态管理系统数据驱动下的教育决策研究》。王国庆老师是学校科研课题的直接受益者，现已成长为学校信息中心主任。

2. 干部先行

在课题研究中，我们倡导领导干部先行的原则。以更好的引领与影响教师积极参与教育科学实践研究。2011年"十二五"课题申报之初，学校德育副校长殷佳主持申报北京市教育学会自主立项课题《扬长教育理念下的校本德育课程建设的研究》并获得立项。

2012年教学副校长杨红主持申报区级自主立项课题《扬长教育特色校本课程开发实践研究》并获得立项。

这两个课题分别从德育工作、教学工作两个角度，以学校扬长教育特色为根本出发点，引领学校教育教学一线教师展开课程实践研究。

2012年10月殷佳副校长主持《扬长教育理念下的校本德育课程建设的研究》课题进行了带题授课活动，由美术组王莉老师讲授校本课程《面塑——老寿星》，陈媛老师主持主题班会《创新思维》，同时接受区教育学会专家组的阶段检查与指导，使我们在今后研究中对成果的提炼更加明确。

2013年5月，杨红副校长主持的课题《扬长教育特色校本课程开发实践研究》进行带题授课活动，由马海清老师执教国家课程五年级语文《乡下人家》，由张雪玲老师执教校本课程《阅读欣赏——对联》，以此展示出在课题研究下，国家课程与校本课程有机衔接，体现扬师生专长，为师生发展服务的课程理念。

3. 骨干先行

2012年学校区级语文学科骨干马海清老师带头自主立项区级课题《指导低、中年级学生进行语文自主学习方法的研究》。另外，学校区级骨干、校级骨干教师及教研组长在学校大课题引领下，组织学科组开展具有学科特色的校本课题研究。

学校各教研组校本课题					
时间	课题名称	类型	研究状态	负责人	
201309-至今	小学美术生活化情境教学实践的研究	美德教研组校本课题	研究中。2013.12 李艳做课题渗透课	贾景荣	区级骨干
201309-至今	在音乐教学中培养学生的视唱练耳能力	音乐教研组校本课题	研究中。2013.12 解华做课题渗透课	张国珍	区级骨干
201209-至今	培养学生说完整话、写完整句的策略研究	一年级教研组校本课题	研究中。2013.5 张志坤做课题研究课，郝玉莉做经验交流	郝玉莉	校级骨干
201209-至今	指导低、中年级学生进行语文自主学习方法的研究	四年级语文教研组校本课题	研究中。2013.5 孙征做课题渗透课	马海清	区级骨干
201209-至今	阅读教学以"有效性提问"促"课堂实效性"提高的研究	五年级语文教研组校本课题	研究中。2013.5 陈媛、李颖晖做课题渗透课	陈婷娟	教研组长
201209-至今	培养小学低年级学生数学读题能力的研究	二年级数学教研组校本课题	研究中。2012.12 王晶做课题渗透课	王晶	教研组长
201209-至今	中年级数学课堂教学中动手操作有效性的研究	三年级数学教研组校本课题	研究中。2013.5 郭静做课题渗透课	邢海莲	教研组长
201209-至今	在课堂教学活动中培养小学生数学阅读能力的策略研究	五年级数学教研组校本课题	研究中。2012.12 周磊做课题渗透课	杜艳艳	区级骨干

这些校本课题由骨干教师带领本组教师开展研究活动，在活动中及时发现教育教学中存在的真问题。这当中，有的问题来自学生的学，有的存在于教师的教。教师们带着问题结合日常教学实践展开真研究，在实践中总结经验、提炼规律、寻找对策，提升教育教学水平的同时撰写出一篇篇具有实用价值的科研论文与案例，教师的科研理论水平不断提高。

4. 实践先行

（1）校内带题授课

为扎实深入地开展学校的教育科研工作，2012年学校组织各教研组开展校内带题授课"科研课题渗透课"活动，以此促进组内教研活动深入开展，同时为教师搭建展示平台，促进科研工作深入细化。

三年级数学组校本课题《中年级数学课堂教学中动手操作有效性研究》，由郭静老师带题授课《搭配问题》，让学生在动手实践中发现合理搭配的规律，总结简便记录与展示的科学方法。五年级语文组校本课题《阅读教学以"有效性提问"促"课堂实效性"提高》，由陈媛、李颖晖老师做"同课异构"课题渗透课。两位教师课前做好问题预设方案，课上引导学生围绕"问题"逐步领悟文章内涵，进入积极而深入的思考与探究之中。这两次活动不仅在学校教研中进行了大量的尝试，还在区教研活动中公开展示，得到区教研员和兄弟学校老师的首肯，同时更加激励老师们以科研的方法促进教研活动。

（2）探索教学模式

2009年末学校参与可持续发展教育实验研究，积极探索"预习探究、自主-合作探究、应用探究"三段式的教学模式，建立低耗高效课堂，培养学生归纳、比较、分析、综合、概括等能力，引导学生选择和掌握正确的学习方法与思维方式，提高教学质量，减轻课业负担。

各学科在教学实践中，以三段六环节课堂模式为指导，探索各类课型的教学模式。

如：数学教师在教学"生活中的立体图形"这一单元时，指导学生利用已有生活经验进行充分的预习探究，培养学生收集、分类、概括相关信息的能力；课上组织学生用折、剪、观察等方法自主-合作探究，培养学生与他人合作探究与解决问题的能力；最后利用生活中丰富的学习资源展开深入的应用探究，使学生学以致用，牢牢把握本单元的学习内容。

科学教师教学"磁铁"一课，首先组织学生通过头脑风暴呈现对原有概念的探究，使学生产生认知需求。接着，在自主-合作探究中引导学生三"玩"磁铁，验证原有经验，提出新问题，形成新概念，完善经验世界，获得科学认知。最后拓展应用，提高学生运用新知解决生活实际问题的能力。

实验小学赏识探究型课堂教学模式

学科	课型	教学模式
语文	古诗课	预习探究，激趣导入→综合参与，感知诗意→合作探究，领悟诗情→诗境再现，应用探究。
	诵读课	预习探究，解除畏难→初读课文，指导朗读→合作探究，理解大意→以演促悟，明理养性→背诵积累，应用探究。
	口语交际课	课前预习探究，激趣导入话题，创设交际情境，课中合作探究，展示个例示范，拓展应用探究。
	作文评价课	学生交流，同伴互评，阅读评价，自我评价
	作文教学课	出示题目，质疑探究→交流理解，习作选材→独立构思，绘制导图→合作探究，思维碰撞→展示导图，讲解思路→当堂评议，应用探究。
数学	计算课	创设情境提出质疑，尝试探究理解算理，比较归纳优化算法，巩固练习拓展提高。
	概念课	质疑探究引入概念，合作探究形成概念，知识梳理巩固概念，应用探究解决问题。
	复习课	创设情境揭示课题，检查预习整理复习，深化练习巩固知识，全课总结激励评价。
英语	故事课	创设环境，引入情景→布置任务，开始学习→感知故事，语言讲解→角色扮演，复述故事→语言提升，应用生活。

5. 推广先行

学校每周开展智慧教师展示活动，为教师搭建展示自我，体验成功的平台。学校邀请在教育科研工作方面有特色的教师面向全体公开展示，一方面促进教师之间的相互了解，相互促进，另一方面为教师搭建推广自己教育科研成果的平台，便于各学科教研组之间相互借鉴，共同受益。

学校为推广六年级组"利用思维导图提高小学生的语文阅读与写作能力"的成功做法，在六年级学生毕业后，学校把六年级老师们安排到四个年级组，以此把他们的科研意识和成功的、有价值的研究方法带入新的教研组，发挥课题研究的辐射作用，将这种实践性校本研究课题成果不断推广下去。

在学校扬长教育理念下，课题研究"五先行"的工作方式有效地激发教师参与课题研究的热情，有力地推动一线教师将课题研究落实于日常的教育教学改革之中。

（三）扬长教师课题研究的策略

科研是什么？在近年教育科研的实践探索过程中科研还原了具有亲和力的面孔，让大家明白科研本身就是解决我们身边问题的工具，而这一工具的使用是可以学会的。因此我们开始给大家提供与教师教学活动紧密结合的研究方式与研究途径。

1. 研究方式

（1）叙事研究

叙事研究是20世纪80年代由加拿大的几位课程学者倡导的。他们认为：教师从事实践性研究的最好方法，是说出和不断地说出一个个"真实的故事"。这样的教育叙事研究是教师了解教育和向别人讲述其所了解的教育的最重要的途径之一。我们分三步进行叙事研究。

第一步 用叙事的方法记录教学环节

案例：

让学生在数学学习的过程中学会思考

《有余数的除法》这个内容在三年级的整个教学中占有十分重要的位置，虽然多次教学，但心里还是没有什么把握上好，可是今天孩子们的表现让我吃惊。课的一开始，我复习了上一节课的内容：

师：8÷2=4表示什么意思？

生1：有8个苹果分给4个小朋友，每人分到2个。

生2：有8个苹果，每组分4个，可以分给2个组。

师：2位同学都是分苹果，但是我们细细听来还是不一样的，一个告诉我们每份是多少，而另一个是要我们求每份是多少，那谁能来列一个竖式？

学生很愿意把自己的想法表现出来，一个个都想板演。这个复习看着简单，其实从孩子们的表现来看，他们喜欢这样，因为这样会让他们有成功的喜悦。同时教学的基础是学生要会列除法竖式，而这一个环节正好可以了解一下学生的原认知。

随后，我规定，8表示8根小棒，用来搭正方形，怎么解释？学生争先恐后，个个都想回答。看学生来劲时我马上问：9根小棒能搭几个正方形？学生动手操作。

师：这个过程你能用算式来表示一下吗？

学生动手写。

老师收集学生信息，大致有这样几种：

$2 \times 4 + 1 = 9$······（1）

$9 - 1 \div 4 = 2$······（2）

$9 \div 4 = 2 + 1$······（3）

$9 \div 4 = 2$······1······（4）

当学生列出这么多式子时，我真的十分佩服孩子们灵活的思维。

师：这4个算式你们最想说哪一个？

生1：老师，我觉得（3）号不对的。

师：噢，哪里不对了，你能仔细说一下吗？

生1：等号后面1+2=3而前面9÷4不是等于3的。

众生开始点头表示同意了。

师：看来大多数同学都同意这位同学的说法了，那我们来听一听作者他是怎么想的。

生：后面的1是多出来的1根小棒，我就在后面+1了。现在我觉得不对了。

师：噢，那你觉得要怎么改正啊？

生：把+号改成多。

师：同意吗？

众生一起回答：同意

教师把加号擦了，改成一个"多"

师：那现在和（4）我们来比一比有什么不一样啊？

生1：（4）号的把多用"……"符号来表示了。

师：那你们喜欢哪一种？

众生：第4种。

师：那"……"这个符号后面的1表示什么啊？

生1：就是多出来的1根小棒。

生2：后面的1是余下的，所以可以写成2个多1个。

生3：因为1根不能再搭正方形了，是多出来的数，所以写在后面。

师：现在我们都知道1表示什么了，那你能解释一下（1）和（2）两个式子吗？

由于有了对1的认识，对于上面两个式子学生理解就快多了。

师：刚才同学们用了好多式子来表示了我们搭小棒的过程，上面4个式子你最喜欢哪一个？

众生说：第4个。

师：那我们今天就来学习第4种。刚才我们说了式子里的1，现在你能给剩下的1起一个名字吗？

生1：叫"剩数"写在商的后面。

生2：叫"多出来的数"也是写在商的后面。

生3：叫"余数"，写在商的后面，和商用横线分开。

生4：叫"多余数"。

众生：叫"余数"最好。

生5：我看书后知道商和余数之间要加"……"

师：生5的写法是我们约定的方法，我们以后就要这样写，也就是和我们上面第4种方法一样，读作：9除以4等于2余1，"1"我们就叫做余数，这就是今天我们要学习的"有余数的除法"我板书课题。

余数对于孩子们来说是一个新的概念，而课上学生在自己动手搭小棒的基础上，自己主动去建立"余数"的概念，我想通过这样的理解学生的印象应该是深刻的。孩子们在课中表现出对数学知识的探究精神，让我也为之惊讶和感动。在数学学习中，孩子们会遇到各种各样的新概念或问题，老师不应该扫清孩子们学习中所有的"障碍"，而是要让孩子自己学会思考，找到解决问题的方法。我们在平时的教学中也应该多为孩子提供机会，创造条件，当孩子遇到困难时，老师有意识的少说一些将时间将课堂留给孩子，让孩子多发言多思考，让他们通过自己的努力解决生活中的数学问题。

第二步 组织教师进行交流，大家对每位教师教育故事给予评价并对教师的做法提出建议。

如：针对《让学生在数学学习的过程中学会思考》这一描写教学环节的叙事故事，老师们纷纷提出改进意见。有的老师认为，"看学生来劲时我马上提问"中的"来劲"一词过于口语化，用"看学生兴趣高涨时我马上提问"来表述更加准确；有的老师认为，"刚才同学们用了好多式子来表示了我们搭小棒的过程，上面4个式子你最喜欢哪一个？"中用"最喜欢"一词进行封闭式提问导致问题指向不具体，不便于学生有针对性、深入性的思考问题，如改为"上面4道算式中

哪一个算式将题意表达得最清楚呢?”会更加清晰地引导学生有目的的思考问题。

通过教育叙事研究真正使研究回归教师的教育经验本身,回归教育生活本身,使每位教师都有机会参与,发出自己的声音。教师以叙事的方式讲述自己的教育教学故事,为教师提供了适合自身需要的科研途径。在这个过程中,教师能够体会到自身的价值,逐步提升职业信心和自我认同感。

第三步 教师改进自己的教育故事,尤其在自己感受方面写出自己新的认识。

2008 年学校结合数字图书馆课题,指导教师进行《一本书改变一个教学行为》的叙事研究,教师们根据自己看到的数字图书,记录下自己的感受和认识,并对以往的教学行为进行反思。下面是我校语文教师陈媛读《课堂提问艺术》一书有感:

一直都认为教师提问只要学生听得懂,能回答就可以,对问题的开头语无关紧要,无需精挑细选,为几个问题的开头大费周章,意义不大。看了《课堂提问的艺术》这本书后,使我豁然开朗。原来提问有如此大的学问:“你懂了吗”这一封闭式提问只需学生简单的回答“懂”或“不懂”。你从课上理解了什么?改变了这个问题的整个意向,拥有开放式主干的问题欢迎学生回答问题,它期待学生会与我们分享他们的个人看法,肯定学生的感受、理解与认识,提问方式细微的变化使得学生的学习产生了天壤之别的效果,与其削弱学生的学习自信心不如使学生成为主动地学习者,课堂提问恰当与否,对教学效果的影响十分大。有价值的提问能启发学生深入思考,激发他们的求知欲,引导他们提出新问题,培养他们的认知能力、思维品质,促进其全面和谐的发展。因此,课堂提问必须精心设计、触动心灵,将学生引领到探求问题的忘我境界,以达到开发智力、培养能力的目的。就小学语文教学而言,究竟怎样设计使课堂提问恰到好处,乃是我们每一位教师所孜孜以求的。我们应当深入探究提问的规律和技巧,使我们的课堂教学逐步达到艺术境界。

通过《一本书改变一个教学行为》的叙事研究,教师们更加明确教育故事的选取与撰写。学校每月将教师们的教育故事进行点评,展示其中的优秀作品,一些作品还在市电教馆的论文评比中获奖。如王晶老师《课堂因生成而精彩》讲述了教师精心设问后的喜悦,冯磊老师《抓住小细节 课堂现精彩》领悟到教学细节透射出教育的大理念、大智慧。通过教育叙事研究,使我们看到做教育叙事研究就是以多元的叙事形式来呈现和描述教师的教育事件、教育经验、教育活动,使教师通过这种自我叙事来反思自己的教育行为,找出优点和不足,进而在反思中改进自己的教育行为，重构教育生活。在这个过程中，教师对自己的教育行为和教育生活不断审视，对自己的教育理论和教育信念进行拷问。这样，教师就会渐渐提高反思能力，潜移默化地促进自身专业发展。

（2）行动研究

行动研究分为两部分：

一是小课题研究。引领教师结合自己的教学，按照寻找问题--实践研究--反思总结——实践提升的研究链条进行研究。

二是骨干教师承担市、区、校课题的研究。这部分教师具有一定的教学经验和教学理论水平，因此让他们参与国家级课题研究或承担区级、市级课题研究，在研究中使其研究水平、理论水平得到进一步的提升。如区级骨干刘彩霞老师主持了"小学科学实验探究教学中自主学习策略的案例研究"；市级骨干赵宁老师、区级骨干高俊环老师参与了北京市教育科学规划课题"重视小学低年级多声部感知力培养 循序渐进提高合唱水平的研究"；区级骨干张雪玲老师参与了国家课题"可持续发展教育理念指导下的学校文化建设"的研究，其研究成果在市、区科研成果评选中获优秀奖。

2. 研究途径

（1）个体探究

每位教师都会根据学校、教研组的课题，结合自己的教育教学实际制定自己的研究课题，在研究过程中不断学习与探索。有的时候这种研究更多的是系列化、专题化的个人探索。学校借助科研管理档案使个人的研究更明晰、更系统，使教师能够及时总结、及时整理、及时归纳、适时展示、交流评议，使教师的个体研究充满个性又不单打独斗，发挥教师个人研究专长的同时又便于互相促进、共同提高。

（2）群体互助

群体包括多方面的，教研组、备课组、年级组、课题组以及不同层级的教师。互助既包括群体内个体之间的互助，也包括群体之间的互助；群体的互助不排除竞争的存在，但这种竞争是一种良性的竞争。在互助、研究、展示、交流的过程中，不断完善自己的研究过程，探索科研规律，实践研究设想，提升研究能力。

（3）争取外援

所谓外援就是指重点参与课题的优秀指导资源，我们借其为学校的教师队伍进行科研培训。"十一五"期间，我校参与的科研课题有国家级课题《中小学数字图书馆的应用与研究》（我校的子课题为《数字图书馆阅读促进小学生习作应用的研究》），市级课题两个：《多元文化教育的研究》（子课题为《多元文化教育与校园文化建设的研究》），《小学生阅读能力的培养研究》（子课题为《小学生阅读应用能力的培养研究》），这些研究课题都由市级专家牵头，我校作为实验校获得直接指导。因此，我们抓住机会参与课题研究，认真领会课题的研究思想，执行课题计划，学习先进的课题研究方法。

对于外援的专家，我们充分利用其资源进行下面两方面的指导：

直接指导——指对于参与的课题研究进行的指导。例如《中小学数字图书馆的应用与研究》（我校的子课题为《数字图书馆阅读促进小学生习作应用的研究》），我们利用定期召开课题研究交流汇报会的形式，请专家进行现场把脉，了解研究进程，进行现场评议指导，使我们的研究不偏离轨道。

间接指导——指对于我校的自主课题和校本课题的指导。我校的校本课题和自主课题有许多与参与课题的学科研究内容有联系，如我校参与的国家级重点课题《中小学数字图书馆的应用与研究》，与我校的区级自立项课题《中高年级小学生自主阅读能力策略的研究》《大量阅读促进小学生习作水平提高》课题同属对语文学科中阅读习作方面的研究，只是研究的角度和特点不同，我们经常将参与课题中的先进研究经验应用于我们的自主课题研究中去，扩大资源的有效利用，收到事半功倍的效果。

（4）展示交流

学校每学年都要举办全校性的研究活动。2007年学校进行提升教学实效性，培养学生自主学习能力的研究，并召开了北京市课程改革现场会；2008年开展不同年段作文教学的研究；2009年学校进行了《以科研带教研，促学校科研特色发展》的市级专题研讨会；2009年我们进行了关于友善用脑思维导图的教学研讨活动；2010年参与区级科研展示交流活动；2011年进行《扬长教育理念下的校本德育课程建设的研究》课题研讨交流活动；2012年进行《扬长教育特色校本课程开发实践研究》课题研讨交流活动；2013年参与石景山区"绿色教育理论与区域教育改革实践研究"研讨交流活动。在系列展示交流活动推动下，学校的科研工作走在区前列。

在课题研究方式、策略与研究途径上，学校尽可能地使个体研究、群体互助、争取外援、展示交流这四个层面的研究优化组合、互相促进，使个体研究成为普及研究，并把学科课题研究组的研究视为改进与落实教育教学改革策略的关键，使全校的研究发挥指导和推动全校教育科研的作用。

（四）扬长教师课题研究案例

学校进行课题研究是为了解决教学中的具体问题，因此学科教研组的课题研究更具体，更具实用性和普及性。我们采取规范——定题——指导——提升的工作链条，促进科研教研行为的统一。每学期初我们将教科研计划印成表格，以便学科教研组有计划、有步骤地落实课题研究。

课题名称	小学高年级英语语篇故事阅读教学有效性研究
研究人员	英语组全体教师
资料综述	对于故事教学，目前国内外的相关研究较少，但对于小学英语语篇阅读有一定的研究。 美国学者古德曼（K.S.Goodman）在 1972 年指出："阅读是对三种相互有关而各有区别的信息，即形符的、句法的和语义的信息，进行信息处理的一种形式。"阅读也是语言学习的一项重要技能。语言心理学认为，阅读是从文字系统中提取信息的过程。 目前对于阅读教学，中小学的英语教师做的最多的是阅读教学模式。 现行最流行的阅读教学模式主要有三种：自上而下的模式(the top-down approach)(Eddie&Moran,1989)自下而上的模式(the bottom-up approach)和交互补偿阅读教学模式(the interactive-compensatory approach).(Stanovich.1980).①自上而下的阅读过程是指读者运用自己的知识进行阅读，整个阅读过程就是读者与文章的交互过程。读者的背景知识比词汇问题更重要。这对教学对象的水平要求较高，适合采用于高年级学生阅读教学中，阅读前的大部分工作是激发学生的知识库，和对文章内容进行预测。②自下而上的模式是指读者对材料的理解是从较小的语言文字单位到较大的单位，从低层到高层一步步进行的。读者从字母、到单词、到句子，逐个进行解码，从而理解全文。在阅读教学中，比较看重词汇教学，包括读前讲授单词和阅读过程中词语用法的分析。这种教学模式也是现今小学英语课堂上，较常用的。③交互补偿阅读教学模式，是以上两种模式的结合。既强调背景知识，上下文预测的重要性，又不忽视单词、短语的解码能力、迅速捕捉关键信息以理解阅读材料的重要性，反映了阅读过程的本质。教学中，教师应根据学生的具体情况、阅读材料的具体情况来选择教学模式。

资料综述	**小学英语语篇故事阅读教学有效性的定位** 　　北师版小学英语教材是利用孩子爱听故事这一年龄特征，将英文单词、词组、短语、句子等教学内容通过学习故事的形式，教授给学生。词在句子中教，句子在篇章中教，篇章围绕故事写，故事围绕兴趣选，兴趣以理解为前提，最终达到灵活运用英语知识的目的。"故事是儿童的第一大需要"。生动、有趣的故事最能唤起学生的学习兴趣，教育家苏霍姆林斯基说："教师如果不想方设法使学生产生情绪高昂和智力振奋的内心状态，而只是不动感情的脑力劳动，就会带来疲倦。"在小学的英语教学中，以故事为载体，进行生动活泼的英语教学，无疑是明智的选择。所以，在课堂上运用故事教学是一种能使学生产生高昂情绪的好办法。 　　语篇故事教学主要分为对话语篇和叙述语篇，有效性是指学生通过对故事的学习，学习成绩有所提高，学生的听说读写能力得到全面发展。而从学习效果角度来考察，结合澳大利亚学者 Biggs 的理论，"效"的核心观点是指"育人"，指向学生和教师的共同发展。教学是师生互动和共同发展的过程，"有效教学"与"有效学习"密不可分。因此，"语篇故事有效教学"的目标应包含三点。第一、有效地促进学生的全面发展，特别是学生情感态度和创新思维的发展；第二、有效地改善学生的学习方式，变被动学习为主动学习、合作学习，促进学生的有效学习；第三，有效地发展教师的教学效能，促进教师的专业成长。
研究内容	**（1）研究小学英语语篇故事教学的教学模式：** 　　现行北师大版先锋英语每单元第一课时的语篇故事教学以符合儿童年龄与兴趣的教学方式，与词汇教学、句型教学相结合，逐步发展学生的综合语言实践能力。教学中以任务驱动教学模式为指导，结合教材，探讨小学英语故事教学的有效教学模式，让学生在教师的指导下，通过感知、体验、实践、参与和合作等方式，实现故事教学的任务目标，感受成功。 **（2）研究小学英语语篇故事的课堂教学的有效方法：** 　　语篇故事作为每一单元新的语言起始课，其任务着重在于给学生一定的语言输入，让学生在情境中，体会理解句子中的词义，提高学生的英语理解能力。教师要探索故事教学的教学模式，使教师采取有针对性的方法，对培养学生英语学习兴趣，提高综合语言实践能力大有帮助。
研究方法	（1）实验法：根据实验目的，对小学英语语篇故事教学的教学模式进行不同的设计、探索，并将不同课堂教学现象做记录、分析，寻求最佳的教学模式。 　　（2）案例分析法：对课堂案例进行微格研究，直观地体现研究情况。

研究计划成果预设	（一）第一阶段——准备阶段 1.学习、查找相关资料； 2.研究确定课题研究方案； 3.学习相关文献； （二）第二阶段——实际研究阶段 1.研究国内外相关课题研究的现状； 2.开展相关的理论研究； 3.研究小学高年级语篇故事教学有效性 （三）第三阶段——实验研究阶段 1.进行前测工作，对话故事以及语篇故事学生的喜好程度等。 2.进行实验研究 3.进行中期测评工作，发现问题，继续研究； 4.进行后测，整理数据、资料，进行初步分析。 （四）第四阶段——总结阶段 1.总结各项研究成果：课堂教学课例光盘、教学案例 2.撰写相关研究报告、论文。
参考文献	1.胡春洞主编 《英语教学法》 高等教育出版社 2.章兼中主编《外语教育学》浙江教育出版社 3.《教育学》1982 年版，人民教育出版社 4.英语课程标准(实验稿)》 5.纪玉华 许其潮 2000 年，"三文治故事教学法：发展与应用"《外语与外语教学》2000 年第 8 期 6.刘莹 谢乃莹 王晓东 《小学英语典型课示例》 7.《牛津英语教学参考》上海教育出版社 8.章兼中《外语教育心理学》 9.张莺 付丽萍《小学英语教学法》 10.陈波 关文信 《新课程理念与教学行动策略》

表格中印有"课题名称"、"资料综述"、"研究内容"、"研究方法"、"研究计划"、"参考文献"等几个基本格式，普及和规范了科研课题的基本研究过程。每一个教研组的教研专题都按照科研立项专题的思路进行管理，在形式上比正规的研究报告宽松一些，内容上偏重于解决教育教学中的问题。我们还要求各教研组的校本课题按照规范的科研课题申报程序进行申报。

定题——确定研究课题

最初各教研组的课题普遍存在着课题范围过大，教师缺乏对研究课题的研究状况及研究创新点的思考的问题。各组提交上来的课题大而空，找不到研究的切入点。如"如何培养学生的习作能力"、"如何进行阅读教学"等。针对教师的

实际问题，我们请市教科院专家为教师进行如何确定研究课题，选择研究内容的培训，通过培训教师们认识到，研究的专题就在我们日常教育教学中，处处留心皆学问。只要教师事事处处留意身边的问题，关注身边的事情，就可以找到很多可以用于开展研究的专题。结合专家的培训，各个教研组依据本组的实际再次重新制定具体研究的专题，提交上来的专题为"中年级作文教学中学生进行合理想象能力的培养研究"，"高年级学段小学生自主阅读质疑策略的研究"，这些课题的确定，达到了教育科研与教师们的教学实际相统一的目的，具有创新性与实操性。

指导——指导研究方法

各教研组在填写表格、规划课题时存在着对自身研究课题的现状及创新点认识不清、撰写不明的状况，学校就有步骤地进行科研方法培训，帮助教师理清思路，了解研究的现状，确定课题研究方向。

为此，我们进行了系列科研方法培训。如：《如何撰写文献综述》《如何撰写开题报告》《如何设计调查问卷》等等，通过一系列的科研方法培训，教师们掌握了研究课题应做的前期准备、确定课题、方案撰写等科研方法。之后，在各教研组研究方案的基础上又进行了二次培训，解决教研组的研究措施及研究方向等实际问题。

例如：三年级语文《"以读促写"培养小学生习作能力的研究》的文献综述片段：

著名特级教师丁有宽是广东潮州市浮洋镇六联小学教师。从1963年至今，创立了"读写同步，一年起步，系列训练，整体结合"综合训练型教学体系，变逐课传授为单元分组导练"，总结出有关导练内容、原则、要求、模式、导练设计与操作要领等一系列经验；改革作业结构与批改方法；改革考试内容和方法。

朱作仁教授在其著述的《阅读心理》中，曾把阅读定义为："一种从书面言语中获得意义的心理过程。"并指出：这种意义，不但指阅读材料内说的"是什么"，对于学生来说，更重要的是作者是"如何表达的"。阅读不仅是自外而内意义上的吸收过程，更是写作的基础。上述研究都对"以读促写"作了研究，但是对于在教材中渗透读写结合的内容涉及不多，这就需要教师研究如何在课堂教学中进行读写能力的培养，尤其是在经典段落的教学中进行培养。其途径一是在教学中探索总结教材读写结合的结合点；二是探索"以读促写策略"实施的基本教学步骤；三是在阅读中积累，以读悟写，有计划有目的地对学生加以指导与训练，培养学生良好的读写能力。

案例：

英语组所设计的课题调查问卷

亲爱的同学们：

通过几年来的英语学习我们的英语水平都有了较大的提高，为了能够更进一步地了解同学们的学习状况，使你们的英语成绩更上一层楼，同时综合语言的运用水平也能够得到提高，因此在这里我们要进行一次小调查，希望同学们能如实填写，谢谢大家的合作！

Thank you!

请选择正确的答案，把字母编号写在括号里。

1. 你最喜欢哪一门课，其次呢？请按照你喜欢的程度将学科的序号填在横线上。

①英语　　②语文　　③数学　　④科学　　⑤体育

⑥美术　　⑦音乐　　⑧思想品德　　⑨社会　　⑩计算机

我最喜欢_____，其次是_____，然后是_____，我最不喜欢_____。

2. 你喜欢现在的英语课吗？（　）

A. 喜欢　　B. 一般　　C. 不喜欢

3. 你最喜欢的英语课类型是_____和_____，最不喜欢的是_____。

A. 故事课文　　B. 句型　　C. 阅读短文　　D. 语音　　E. 练习　　F. 测试

4. 你愿意完成老师给你布置的背诵故事的家庭作业吗？（　）

A. 愿意　　B. 不愿意

5. 对于学习过的故事，你都能够背诵下来吗？（　）

A. 能　　B. 一点点　　C. 不能

6. 你愿意把你所学习的故事讲给你的爸爸妈妈听吗？（　）

A. 愿意　　B. 不愿意

7. 你觉得故事教学有意思吗？（　）

A. 有意思　　B. 有一点意思　　C. 没有意思

8. 你觉得老师留的背诵故事的作业有意思吗？（　）

A. 有意思　　B. 有一点意思　　C. 没有意思

9. 你觉得你不能背下故事的原因是什么？（多选）_____

A. 不会，不想背　　B. 会，但是忘了　　C. 故事没意思　　D. 不喜欢英语课

E.不喜欢英语老师　　F.英语太差，没信心　　　G.学英语没用

10. 你本单元的阅读测试考了多少分？＿＿＿＿＿＿＿

下面问题请你的爸爸或者妈妈来回答：

11. 您认为您的孩子对于英语每单元的故事学习有困难吗？（　　）

　A.很轻松　　　B.一般　　　C.感觉有困难　　　D.很困难

英语组根据调查问卷做出的问卷分析：

1. 实验初期，为了听取学生以及家长的意见，不断完善故事教学，教师在所教的四年级一班进行了问卷调查。四年级一班有学生38人，全部接受了问卷：各项喜欢程度具体见下表：

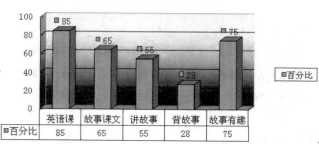

学生对于故事的喜欢程度数据表

	英语课	故事课文	讲故事	背故事	故事有趣
百分比	85	65	55	28	75

在问卷调查中，对于孩子在英语故事学习中出现的情况，家长认为42%的学生是比较轻松的，47%的学生有一定难度，有11%的学生觉得比较困难。另外，在上一个单元的测试中，四年级一班阅读题优秀率为37.8%。从上表可以看出，虽然大部分孩子都比较喜欢英语课，喜欢英语书中的故事，但是对于故事的背诵以及讲述还比较困难，同时，在单元的检测中，阅读题失分率较高。

2. 研究数据分析

通过近一年的实践，教师对四年级一班进行了二次问卷调查，结果如下：

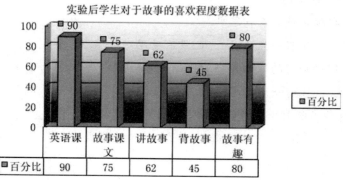

实验后学生对于故事的喜欢程度数据表

	英语课	故事课文	讲故事	背故事	故事有趣
百分比	90	75	62	45	80

从表中可以看出，学生对于英语故事喜欢程度都有不同程度的提高，尤其是喜欢故事课文的同学提高了10%，而喜欢背故事的学生也由28%上升到45%，同时家长的反馈也说明语篇故事教学的有效性，现在通过对家长的调查表明：64%的学生做此项作业是比较轻松的，31%的学生有一定难度，有5%的学生觉得比较困难。另外，在刚刚结束的飞扬英语节活动中，四年级一班阅读题的优秀率已经达到52.3%，提高了14.5个百分点。

通过上述学科课题研究案例，我们清晰地看到教师用科学的研究方法与手段梳理研究进程，改进研究策略，学习用科学数据具体分析与掌握研究现状，及时发现问题、解决问题，提高课题研究的有效性，提升了教师教育科研能力。

三、扬长教师的实践创新

课题研究是培养科研型教师的舞台，是推动学校快速发展的有力杠杆。科研工作是一项开拓性的事业，创新才有科研成果。缺乏创新意识的教师是不会了解与掌握教育教学方法与规律，对于课题研究更是无从下手。这就要求我们教师具有超前思考、多维思考和求异思考能力，在探究实践中乐于学习、勤于反思、敢于尝试、勇于创新。

（一）课题研究实践创新

新的教育思想，必然在教育教学改革的实践中产生；新的教育观念，应当在教育教学试验的探索之中，逐步升华与完善。在资源共享和信息传播日渐便利的网络时代，远程教育从未像今天这样触手可及。只要打开电脑，虚拟课堂便呈现眼前，足不出户，全世界的学生都可以在线交流。网上教育更可以变为"移动教育"甚至"掌上教育"。为此，我们倡导教师树立信息意识，课题研究向网络创新发展。

查阅文献、搜集资料，获取信息是每一位从事教育科研的教师必须认真做好的一项基础工作、必须具备的基本功。它关系到课题研究的质量和效果，贯穿在课题研究的始终。无论是选题、论证课题，制订方案，还是开展研究，撰写论文，形成研究报告，都离不开对有关资料的搜集和利用，而网络信息为教师教育科学研究提供更加立体生动、多元互动、信息万变的资讯平台，为此我校课题研究向数字化平台创建迈进。

在扬长教育理念下，学校以科学指导，帮助教师"寻长"、管理建模，保障教师"施长"、搭建平台，鼓励教师"扬长"的思路打造教师发展平台，在我校数字校园建设的大背景下，研究利用数字校园建设和信息技术应用促进教师专业发展，并针对出现的问题寻找解决策略显得尤为必要，它直接影响着教育信息化发展的进程。根据我校目前的实际情况，确定了"数字化教师专业发展平台的建设与应用研究"这一课题，将数字校园信息化建设确定为"学校发展五年规划"的主要着力点，并以此促进学校管理、师资队伍建设、课堂教学改革等诸方面的全方位提升，营造开放性、动态性、交互性和主体性的学习化环境。其中，科研管理系统将教师科研的足迹记录下来，在平台上互动交流形成特色资源库，促进教师教育科研专业发展，促进学校教育科研有效管理。

学校科研管理模块功能图

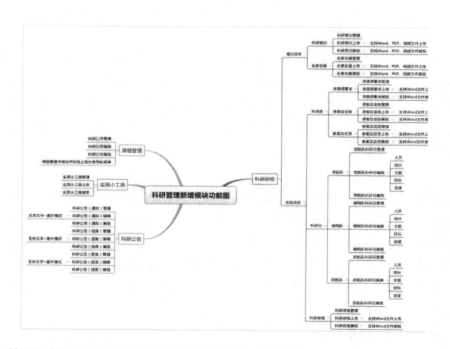

科研网络平台上的科研资料为教师提供事实依据，从而积累经验，提升理论；科研资料帮助教师了解有关研究领域的已有成果、发展历史、当前的研究动态；科研资料帮助教师理顺思路，促进课题研究的深入与开拓，启发教师课题研究的思维，激发了灵感。课题研究实现网络互动创新这一形式，使得我校的教师在科研能力、课堂教学水平都有了质的飞跃，整体教育教学水平迅速提高。

实验小学近年来学校科研课题情况

承担课题实验校				
时间	课题名称	类型	研究状态	负责人
2013 年 3 月至今	《创新人才培养实践研究》	项目学校	研究中	叶艳
2012 年 10 月至今	《绿色教育理论与区域教育改革实践研究》	实验校	研究中	叶艳
2012 年 10 月至今	《国家课程建设研究》	实验校	研究中	杨红
2012 年 5 月至今	《基于课题研究的教研组组织变革研究》	实验校	研究中	张雪玲
市级自主立项课题				
时间	课题名称	类型	研究状态	负责人
2010 年 9 月至今	《扬长教育理念下的校本德育课程建设研究》	北京市教育学会自主立项课题	研究中	殷佳
2013 年 7 月	《利用互动反馈技术进行小学课堂减负增效的实践研究》	中央电教馆自主立项课题	研究中	杨红
2012 年 9 月至今	《数字化教师专业发展平台的建设与应用研究》	北京市教育技术研究"十二五"规划立项课题	研究中	杨红
区级自主立项课题				
2008 年至 2010 年	《中高年段小学生自主阅读能力培养策略的研究》	石景山区自主立项课题	已结题	张秀芬
2012 年 12 月至今	《指导低、中年级学生进行自主学习方法的研究》	石景山区自主立项课题	2012 年 12 月开题 2013 年 5 月进行带题授课活动	马海清
2012 年 12 月至今	《扬长教育特色校本课程开发实践研究》	石景山区自主立项课题	2012 年 12 月开题 2013 年 5 月进行带题授课活动	杨红
2013 年 9 月至今	《提高小学生英语阅读能力的实践研究》	石景山区自主立项课题	研究中	闫莹

学校各教研组校本课题					
2013年9月至今	《提高中年级学生习作能力的研究》	四年级语文教研组校本课题	研究中。2014.5韩冬做课题渗透课	韩冬	教研组长
2013年9月至今	《利用现代化媒体培养学生提取和整理信息能力的行动研究》	科劳教研组校本课题	研究中。2014.5刘彩霞做课题渗透课	刘彩霞	区级骨干
2013年9月至今	《培养学生说完整话、写完整句的策略研究》	二年级语文教研组校本课题	研究中。2014.5张志坤做课题研究课，郝玉莉做经验交流	郝玉莉	校级骨干
2013年9月至今	《指导低、中年级学生进行自主学习方法的研究》子课题——自主评价研究	五年级语文教研组校本课题	研究中。2014.5孙征、马海清做课题渗透课	马海清	区级骨干
2013年9月至今	《通过绘本提升小学生英语阅读能力的行动研究》	英语教研组校本课题	研究中。2014.5张嘉涛做课题渗透课	闫莹	区级骨干
2013年9月至今	《利用思维导图提高小学生的语文阅读与写作能力的研究》	三年级数学教研组校本课题	研究中。2014.5李亚然做课题渗透课	吴克骄	教研组长
2013年9月至今	《利用互动反馈技术进行小学课堂减负增效的实践研究》子课题——小学平板教学策略的行动研究	信息教研组校本课题	研究中。2014.5王国庆、李绍华做课题渗透课	王国庆	区级骨干
2013年9月至今	《在课堂教学活动中培养小学生阅读能力的策略研究》	六年级数学教研组校本课题	研究中。2014.5周磊做课题渗透课	周磊	区级教学能手

（二）团队建设实践创新

科研是什么？我们认为科研是发现我们工作中的问题，发现就是科研；是反思我们的教学行为，反思就是科研；是质疑我们手中的教材，质疑就是科研；是审视我们留给学生的作业，审视就是科研；是探讨我们不能独立解决的难题，探讨就是科研……科研是我的事，是你的事，是我们大家的事……这是写在学校"科研日"手册第一页上的一段话。在2014年春季学期，学校科研室改革教师科学研讨的方式，改进活动手册研究内容的设置，新增周周"问题清、方法清"的留言板块，新增次次活动剪影板块等。同时，开展每月"科研日"集体研修活动，以各级研究团队为单位展开开放的、有针对性的课题研讨交流活动，推进学校科研四级梯队的建设与实施工作。

科研日手册

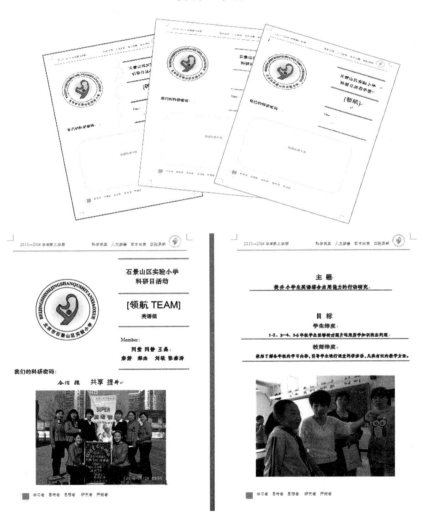

　　实验小学的教育科研工作不仅纳入学校整体工作，而且在具体执行过程中，将学校的扬长教育特色与学校教育科研工作紧密结合，使学校的教育科研课题评价更具体，评价奖励的标准更清晰，并逐步成为国家课题实验校、拥有市、区级自主立项课题、校本研究课题，三级课题层级化推进教科研一体化的科研场。"科研兴校、科研兴教、科研强师、科研助学"，我们已经在路上。

第三节 扬长教师的评价体系

评价体系的构建应以人的潜能激发为出发点，充分尊重教师管理工作的创造性、科学性、差异性，这对于构建和谐校园、促进教师的全面发展具有持久而深刻的意义。教师评价体系归根结底就是想方设法调动广大教师的积极性，使广大教师以身作则、敬业爱岗、积极主动地干好本职工作。所以，我校在形成评价体系的过程中，充分引导教师互动参与，充分发扬民主，在方案起草阶段广泛征求教师的合理化意见和建议，调动和激发教师的积极性、主动性和创造性。

我校扬长教师的评价体系建立，有助于提高教师的职业素养和教育教学能力，激发教师不断改进教育教学的主动性和创造性，促进教师专业化成长，实现和提升自我价值。

一、促进教师扬长发展的制度体系

整合学校已有的学习制度、培训制度、进修制度以及其他管理制度，建立扬长教师持续发展的新的制度和保障机制。

主要内容涉及：

项目	内容
扬长教师专业发展的常规管理制度	扬长教师专业发展的规划制度
	扬长教师成长记录册登记制度
	扬长教师校本研修制度
扬长教师专业发展的激励制度	扬长教师专业发展积分制度
	教师校级课题管理制度
	骨干教师工作室制度
	扬长教师专业化发展学习交流制度
	扬长教师专业化发展论坛制度
扬长教师专业发展的考评制度	常规考核制度
	优秀教研组、优秀年级组评选制度
	扬长教师专业发展成果展示制度
	扬长教师专业发展成果申报推广制度

建立教师扬长发展制度体系的目的主要是促进教师自身的专业化发展，提高学校教育教学的质量，以达到办学理念所蕴含的教育价值取向。对于教师来说，他们大多都有强烈的事业心，希望自己的工作能做得更好，因此在扬长教师的评价体系管理中，运用以教师扬长发展为导向的教师评价，帮助他们提高与发展，这在大多数情况下比判定他们工作的等第报告更有意义。

二、扬长教师的评价制度

学校针对教师个人的扬长发展目标，结合各教研组的具体发展目标和教师制订的个人发展规划，制订出具体的测评点和测评标准。完善了《实验小学月考核标准》《实验小学骨干教师考核标准》、《实验小学导师带徒考核标准》。对各类不同层次的教师建立不同标准的评价机制，并突出教师自我评价的重要性和比例。通过建立以教师自评为基础的考核和评价机制，将教师个人扬长发展规划与学校的"发展性扬长教师评价体系"相结合，突出检测教师在个人发展规划指导下的目标达成情况，从而对教师工作现状做出诊断，找出存在问题，及时调整教师发展规划，进一步强化教师自我激励、自我评价、自我完善的发展行为。

（一）扬长教师评选内容

我校不断丰富和完善教师激励机制和评价体系，设立先锋教师奖励体系。学校仔细制定评选和奖励规则。每年评选出三类教师：赏识探究型教师（在扬长方面做得出色的教师）、先锋型教师（在探索创新方面做得出色的教师）和"扬长之星"（在发挥特长方面做得出色的教师）。

（二）扬长教师的评价原则

扬长教师的评选遵循"民主公开、自下而上、好中选优"的原则，扬长教师评价以促进教师的持续发展为最终目的，在评价方向上立足现在、兼顾过去、面向未来，不仅注重教师的现实表现，更加重视教师的未来发展，重在促使教师自身的成长。

扬长教师评价是一种建立在双方互相信任的基础上，以和谐的气氛贯穿评价过程的始终，是双向的教师评价过程。因此在扬长教师的评价制度中，运用以教师专业发展为导向的教师评价，帮助教师提高与发展，进而提升学校教育教学的整体水平。

（三）扬长教师的评选方法

按以下程序进行：

1.个人申报

教师对照实验小学扬长教师的评选条件，认为初步具备条件的，向学校提出申请，并填写"实验小学扬长教师申报表"。

2.教研组进行审核评议

申报教师所在教研组根据本人提供的申报材料，对照有关条件，进行审核评议，择优确定入选的初步名单，上报学校领导小组。

3.领导小组进行考核评议

学校组建扬长教师评选领导小组，全体小组成员对教研组推荐的申报对象进行严格审核。考核、评议主要根据本人提供的申报材料，对照有关条件进行，择优确定入选名单。

4.学校命名颁发证书

领导小组将择优确定的扬长教师入选名单，提交校务会讨论决定，并向全校公示一周，在充分征求广大教师意见后，由人事处命名，颁发证书。

5.扬长教师每年评选一次

（四）实验小学扬长教师评价体系特点：

1.在评价目的上

以促进发展为目的，是依据目标、重视过程、及时反馈、促进发展的形成性评价。在不以评价结果作为奖惩依据的宽松环境中，促进教师自觉主动地发展，从而实现教师个体的自我发展。

2.在评价内容上

（1）评价者和评价对象共同协商制定扬长目标，把实现教师个体扬长目标和实施评价看作是双方的共同职责。学校根据教师过去的基础和现实表现，指导其规划未来的扬长目标，并创设条件，促进教师扬长目标的达成。

（2）评价者和评价对象共同商定评价内容，评价内容可以分解为一般评价内容和重点评价内容。在评价内容设计上力求从教师的思想素质、业务素质、师生关系、个人规划等方面确定合理的评价标准和评价权重。主要包括以下几方面：

思想素质：爱国爱岗、职业道德、团队意识、协作精神。

业务素质：教育理念、教学方法、教材把握、学情关注。

师生关系；全面了解、耐心辅导、关注身心、科学评价。

个人规划：扬长目标、教育科研、学术交流、专业探索。

3.在评价方法上

（1）多渠道交流信息：重视领导与教师、教师与教师、教师与学生、校内与校外间的沟通，鼓励全体师生、学生家长以及校外有关人员积极参与双向的教师评价工作。

（2）实施同伴互评，促进教师的共同发展。

4.在评价结果上

（1）不以奖惩为目的，扬长教师评价将立足点放在教师的未来发展方面，而不是放在升降级、加减薪酬等奖惩性方面。评价的根本目的已不再是为了奖惩教师，而是为了促进教师和学校未来的发展。

（2）对扬长教师评价的结果不进行量化处理。采用描述性语言，对前一阶段的表现由不同的评价主体作出简要总结。并提出发展性的意见和建议。评价结果敏感部分替被评价者保密，尊重被评价者的隐私权。

（四）扬长教师评价步骤与方法

1.评价的一般步骤：

（1）评价的准备：明确评价目的，制定评价方案。

（2）评价的实施：初次面谈、收集信息、评价面谈、复查面谈。

（3）评价结果的处理：处理收集到的评价信息、做出价值判断、确定下一步扬长发展目标。

（4）评价结果的反馈：写出评价报告、反馈评价信息、建立评价档案。

2.具体实施方法：

在具体实施扬长教师评价方案中，把评价分为七个阶段来进行。

（1）宣传培训阶段

首先要让全体教师知道什么是扬长教师评价制度，为什么要实施它，预期达到的效果以及实施的步骤方法等，动员广大教师自觉自愿地参与这一评价活动。同时要对评价者进行制定标准、收集信息、评价面谈等评价方法的培训。

（2）评价双方初次面谈阶段

①明确扬长教师评价的整个过程。明确实行这一制度旨在促进教师个人的未来发展和提高学校办学质量，而不是为了对教师作出评判或者奖励、处罚，从而消除被评教师的疑虑，明确扬长教师评价的整个过程和步骤，使评价双方做到心中有数。

②确定评价的重点，共同研讨和修改被评价者的扬长发展目标。探讨信息和数据收集的渠道、方式和类型，确定征求意见的人选。同时还要达到消除评价对

象其他疑虑的目的。填写教师状况分析表，负责教师通过和教师的充分讨论，记录教师自我制定的目标，以便进行检验。

③确定整个评价工作时间。

（3）收集评价信息阶段

①收集信息的类型：有口头信息和书面信息两种。

②自我评价：填写业务档案表，先由评价对象评定自己过去的工作，再由教务处填写近年来的业务工作情况。对照业务等级标准，由评价对象自我评定其业务等级，拟定发展目标。自我评价可包含如下内容：在你的工作中，你有哪些特长优势？在工作中你的特长发展受到哪些条件限制？为了发挥你的特长，是否需要其他人的帮助？过去一年里，你采取何种措施扬专业发展之长？

③课堂听课：可先由评价对象说课，介绍课的设计思路，然后按照学校听课要求听课评课。听课前，被评教师应将该节课的教学进度、教学目标和授课计划等基本情况主动告诉评价者，并与之共同商定本节课教学中可能遇到的困难和问题，进而确定教学方式与听课重点。听课中评价者应准确做好课堂记录。课后双方就该堂课的教学进行讨论。

④来自学生的评价：通过座谈会、问卷、个别交谈等方式，了解学生对教师的评价。

⑤来自领导及同事的评价。

⑥来自家长的评价。

⑦查阅材料：评价者可以通过查阅有关资料，如被评教师的教学工作计划与总结、教案、学生笔记、学生学业成绩、作业、作品等了解被评教师的基本情况。

（4）评价面谈阶段

此阶段是教师评价过程的核心部分，应在相互信任和相互尊重的气氛中进行。其内容为：

①总结评价对象的工作，包括成功和需改进的方面。

②探讨评价对象在制定学校管理政策方面发挥的作用，学校现状在哪些方面限制和影响了评价对象的参与。

③撰写评价报告，内容含两部分，一是评价面谈的讨论记录，二是讨论制定的扬长发展目标。

④确定评价对象的进修需求，向学校提出进修建议。

（5）复查面谈阶段

复查面谈在评价面谈一年后进行，这是一种比较随和的面谈，目的是回顾评价过程，了解一年前确定的扬长目标是否妥当，调整和制定新的扬长发展目标，开始新一轮的评价循环。

（6）撰写评价报告

当评价对象实现了某一阶段的扬长目标，或者评价对象经过一段时间的努力取得了一定成绩后，由评价者在征得评价对象同意后，将上述工作进行总结，同时，拟定新的扬长发展目标，形成书面材料，存入个人业务档案。

（7）经验交流

总结被评价教师一年来的工作，探讨其优点和成绩，发现存在的问题和不足，寻求解决问题和克服不足的方法。在教研、科研等方面成绩突出，特长明显的教师，以各种方式（示范课、经验报告、成果展示）进行全校范围的交流，促进教师间相互学习，共同进步。

三、扬长教师的反思提升

教师成长是通过日常教育实践的摔打和磨砺逐渐形成的。大量的实践智慧是书本上没有的，这就需要教师自己去体验、总结和反思。当教师开始将思考指向自己的活动痕迹时，就意味着对旧我所包含的教育理念和行为的扬弃，与对未来发展图景的规划，这就是一种自我超越。在教育实践中，有许多优秀教师在回顾自身的成长历程时，不约而同地指出反思对教师自主成长的重要作用。

（一）扬长教师感悟、提升

感悟源于教育教学实践，教师的提升过程也是不断自我学习、发展的过程。教师边实践边探究，提升自身理论修养的同时，创新能力得到相应提高，对教师发展产生实效。例如：教师在反思中写到"为了进行研究我要博览书籍报刊，不断了解学科最新发展动态，拓宽视野，以增加研究广度，做积累资料的有心人"，"成为赏识探究型教师的锻炼让我懂得成长是渐进的过程，需要知识不断更新，必须学习、学习、再学习"……如果说扬长是"点火器"，感悟是"发动机"，扬长与感悟互为依靠，促进教师成长。

在实施扬长规划过程中，许多来自教师教育教学实践中的问题，经过教师全程参与，不仅使一个教师个体获得提高，而且让更多的个体在参与中学会和把握发现问题、解决问题的方法和途径，领悟到自主参与和自主反思是自我提升的关键。同时，教师们在同伴互助中获得友好和善意的支持与欣赏，增强了教师对自身专业化的成就感和荣誉感，激发教师今后参与研究的热情，促进教师研究水平的提高，从而将研究引向深入。

把扬长计划作为促进教师群体成长的有效手段，赋予教师新的角色定位，教师不仅是个人规划的实施者，更是取得成果的受益者。

1.是先锋队又是主力军

在扬长计划实施过程中，老师们参与教科研的意识越来越主动，参与中自我提升的愿望越来越强烈。这当中青年教师的成长是最快的，他们在教育教学实践中，既是先锋队又是主力军。

如数学组的周磊老师，他在组里虽然年轻，但敢于迎战，善于应战。每次教研组开展校本教研活动，不管是谁要上研究课，周老师总是积极参与，协助做课件、出建议，增长了实践研究意识；跟着教研组的老师们一起说课、试讲、评课、反思、小结……在反复参与过程中，他积累了教学经验，提高了应变能力，锻炼了教学基本功。从课堂导语的设计，到课上对学生的评价，从一个肯定的手势到板书的设计，周老师都在努力学习。

积淀是为了向更高的目标发展，机会是留给有准备的人的。在近两年的区、校研究课上，时常能听到周老师越来越精彩地讲课了。在教研实践活动中，他凭着自己的努力，认真求教，加之同组教师的大力支持和帮助，课堂教学实践能力和教师专业水平确实得到锻炼和提高，他代表六年级组上的区级研究课，受到教研员和听课老师的好评，并在教学大赛中获得市级一等奖。

像周老师这样受益于扬长计划，快速成长起来的还有陈媛、孙征、李绍华等一批青年老师，他们在计划实施中找到自信，明确了奋斗目标。其中王道静、冯磊等更成为区、校级骨干教师，能独当一面。

2.重新审视发现自我潜力

看到青年教师成长起来，中年老师们自然不甘落后，张文溢、马海清、韩冬、张雪玲、李玉成等作为市、区、校级学科骨干教师，在教研活动中，发挥着骨干作用的同时，更注重自身教育教学能力的提升。他们在教育活动中重新审视自己的价值，发现自身的潜力，焕发青春光彩。张文溢老师参加小学生学业成就评价课题研究，丰富了对小学生开展发展性评价的内容，并在教学实践中积极应用，不仅以内容和形式多样的评价激发孩子们学习的兴趣，更培养了孩子们良好的学习习惯和端正的学习态度。教师自主的科研意识在教研中凸现出来，为教师专业化发展提出更高更新的目标。

吴克骄、侯锦霞、褚建华等老师将自己在作文教学中的经验，以教学研究课的形式，或是在教研组专题交流中奉献给大家共享，研讨教与学的科学性，修改其中的随意性；提高实践教研的实效性，摒弃教研活动的空泛性，使教师在教育理论与实践相结合层面上更加专业化。

同伴的互帮互助，相互协作，教师彰显出个人魅力，学校更加充满生气。赵玉花老师就是教学特色鲜明的代表。赵老师在实践中不断反思，总结出发现式阅读教学法的四个发现点："从对比中发现、从修辞中发现、从数字中发现、递进式发现"，出版了个人教学专著《教你玩转作文》，为老师们的习作、阅读教学提供新的研究途径。

3. 角色转变教学相长

如果说课程改革使教师角色、观念发生转变，那么扬长计划就是推动这种转变的润滑剂。

扬长计划为老师们的转变提供了很好的探索和研究平台，尤其是老教师，看到青年老师用课件辅助教学效果很好，就努力尝试学习运用多媒体教学，先学习用课件，后来试着自己做课件，真正从身心角度体验做学生的苦与乐，同时在学习与探索中受到了启发，教学中不仅重视研究教法，更重视学生的学法，放手让学生自己去探究，去学习。每次备课时，老师不仅站在教师的立场准备，更要换位于学生的角度思考。课堂上，老师们给学生自主学习的时间长了，一言堂的时候没了；老师帮助和引导学生总结方法多了，简单灌输让学生死记硬背没了；老师对学生的评价指导更准确了，含糊的定论和表扬越来越少了……课堂教学质量的提高最明显地体现在学生学业成绩和学习热情的变化上。

4. 共享资源，团队和谐

扬个人之长，汇集体力量。每一位教师的成长都离不开他的团队支持，一个人获得集体智慧的支撑，才可能成长得更快。因为在这个团队里，同伴资源可以随时、随地，及时、应景地给予你支持和帮助。每天，老师们可以随时在办公室、教室进行口头的教育教学交流活动，把自己刚才在课堂上成功的经验或不足、疑惑，班级管理的新鲜事儿跟大家说说，互相交换教学信息，征求意见、建议，这就是交流，与大家共享同样是一种交流。一学期结束后，把自己的研究专题从实践到理论进行小结提升。

如：四年级语文组主题为"在作文教学中培养小学生合理想象能力的研究"，由年级组内教师设计一课《听声音编故事》，以自然界的声音为载体，激发学生的想象，创编故事。集体听课后，大家发现了问题：虽然声音为学生创设出情景，但学生还缺少语言的准备与合理的想象。于是大家研讨决定采取示范仿写策略，给学生一段范文，引导学生展开合理想象，为学生的语言表达打开一扇新的窗口。课堂实践中，学生果然有了明显变化，随着学生想象力和表达欲望增强，又出现"意境不美"、"主题不突出"等问题。进过反复研讨与实践，教师们总结出"以例引路—合理想象—主题升华"这样有层次的指导策略，抓住声音中的"一滴水"把文章做细做深，开阔学生的思维，合理引导，适当点拨。学生创造的形象越来越鲜明具体，他们的眼中"仿佛看到寂静的夜里，荷叶上的一滴露水滴入湖中，伴着鱼儿的美梦"，"在饥渴难耐的沙漠，一滴水唤起了人们生存的希望"……学生们以自己的生活为基础，想象出各种美好的事物。在教师的启发下，学生们纷纷选择喜欢的一个或几个声音编写小故事，表达自己内心的感受，传递热爱自然、热爱生命的情感。

教师们在反复研讨与实践中，不仅授课教师一人在实践锻炼中得到提高，所有参与的教师都在发挥着作用：发现问题寻找出路时是"智囊团"、谋划策略提供理论依据时是"专家团"、解决问题总结经验时是"培训团"……教研组内深入教研，变个体努力为同伴互助，共同提高。一个组的成功为大家提供学习的榜样，仿效的范例，涌现出一批市、区、校级优秀教研组。

有着三十多年的教龄的贾景荣老师写道："集体的力量是无穷的，我是一个容易被感动的人。别人一个鼓励的眼神，一句温暖的问候，一次及时的帮助……都会激起我内心的涟漪，甚至使我眼眶潮热。有时想起这些人和事，我的内心常常充满着幸福和温暖感。幸运的是在我的工作中，集体给予的力量是无法取代的，在我的周围有一群充满活力、积极向上的老师们，大家的工作热情在感染着我，使我不能有一丝的倦怠，否则我就会被落下……我庆幸自己是个很容易满足的人，在感受了工作的忙碌之后，却仍然爱着我的职业，喜爱我的孩子们，在平和中，总能找到快乐的理由，正所谓选我所爱，爱我所选。领导、同事、孩子们的鼓励，成为我工作的动力，我会安于平凡的工作，在平凡中享受快乐的。"

和谐的团队创造出和谐的教育，"扬我所长，爱我所选"就是和谐团队的基础。

（二）扬长教师发展案例

扬长教师成长强调教师自我的主动发展，是追求成长的历程，其目的是教师追求自我完善、个人价值的实现。教师通过追求成长获得职业幸福体验。

杨琳，出生于1980年11月，2000年开始任教，学校发挥她在"思想上积极要求进步，工作上创新争优，学习上不断完善"的长处，协助她实施"个人扬长规划"，取得了骄人的成绩。

她先后担任四至六年级的班主任、中队辅导员、教工团支部书记，曾任数学、语文等学科教师，现在学校根据她的特长安排其担任大队辅导员工作，扬长促全，发挥其最大的优势。

她积极向上，踏实勤恳，能够创造性地开展工作，具有强烈的事业心和责任感。

1.高标准严要求。杨琳作为一名大队辅导员，她处处对自己高标准、严要求，时时不忘拜师学艺，不断完善自己的道德修养提高业务技能。不断优化自己的情趣、才艺、品味。结合我校的"扬长"发展目标，结合孩子们的特点，创新少先队工作，形成"扬己之长"的活动体验教育，通过不懈的努力，我校少先队中的"特长之星"激流勇进，在各个方面开花结果，队员们充满自信的实现自我价值。我校荣获"全国优秀少先队大队"，北京市"星星火炬"奖，北京市少先队首批"千优带队"示范大队，北京市红领巾先进单位等荣誉。

2.精益求精不懈探索。她向有经验的教师学习，在业务上精益求精，探索多媒体、网络教学，拓宽教学新思路，提高学生的学习成绩。无论进行语数教学，品社学科教学，还是班主任辅导员的工作，都能在本职岗位中求实创新，做到精益求精，力创新高。在担任班主任辅导员期间曾代表石景山区参加了北京市班主任大赛荣获二等奖，荣获北京市优秀班主任，北京市辅导员"银质奖章"以及区"十佳青年教师""十佳优秀辅导员"等荣誉称号。在担任学科教师之时，勤学善思，在每个任教的学科中都形成了自己的独特教学风格，并在国家、市级、区级教学大赛中荣获佳绩。

3.研究实践，增长技艺。她先后参与了12项科研课题实践研究，并从中汲取精髓，与实践结合，增长了处理实际问题的能力，获得了国家级、市级、区级的科研成果奖项数篇。

学校评价小组肯定了她积极进取，虚心求教的长处，并提出进一步发展的希望：

（1）工作中热情足够，知难勇进，但细节之处还要多留意，细微之处促成智者的成功。

（2）应继续加强业务学习，从多方面入手全面吸纳他人经验，促使自身业务发展。

（3）通过组织的培养与自身的努力成为业务创新与实践的能手，并能成为团队业务的引领者。

杨琳从一个没有课堂经验的大学毕业生，发展到学校后备干部，她的成功不外乎有以下原因：

一是学校"扬长"善任。开始将杨老师安排在年级任教，逐步培养她把握课堂的能力，安排她参与少先队活动，积累组织经验。尽管当初杨老师在工作中还存在很多问题，但学校还是用发展眼光和帮助的态度去决策，为年轻教师发展创设空间和条件。

二是教师自身勤奋上进。正如杨老师写到的，要善于发现自己的长处，利用自己的长处，工作中依己之长，给自己定一个目标，摸索前行，不管遇到多少阻碍和挫折，都要坚持不懈的朝着这个目标努力；越认真，得到的资源越多，机会越多，越容易成功，了解自己，完善自己，不断学习，超越自己。

三是学校工作落在实处。在杨老师成长过程中，学校一方面为她创造各种条件和机会，另一方面有帮助、有监督、有要求、有落实。并时刻注意保护和扶持她的工作积极性，引导她不断地健康成长。

第六章　扬长共育社温馨学校

　　我校"扬长共育社"是通过构建教师、家长共同参与，学校、家庭协同推进的开放式、立体化的教育机制，实现学校和家庭双赢的教育目标。基于此，我校积极探索家校合作发展模式，以扬家长协作之长为出发点和归宿点，构建实验小学扬长共育社。通过家校委员会、家长讲师团、家长志愿者及家长义工等形式推进扬长共育社的工作。

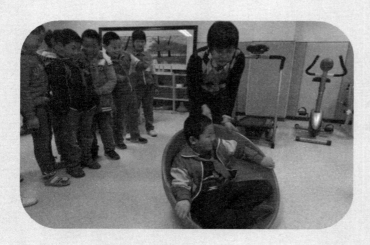

第一节 扬长共育社协作共识

共育社是现代学校自主开放办学的一种教育机制，社会教育资源的有序参与成为现代学校教育制度的一个重要组成部分。实验小学扬长共育社调动家长参与的积极性，扬家长协作之长，让家长积极主动地参与到学校的管理和各项活动中来，发挥家长资源优势，形成教育合力，建设双赢的家校文化，提升家校合作层次，达成家校携手共同培养学生的协作共识，使其在协调社会资源参与学校教育方面发挥着重要的作用。

国内外大量的教育研究证明，家长对孩子的教育以及所营造的家庭教育环境，对孩子的健康成长影响巨大。建设扬长共育社，对于建立学校、家庭与社会教育协同机制，提高家长的教育素养和家庭教育水平，具有重要意义。作为家长，除以个人身份对学校教育有知情权、参与权、监督权外，还可以通过扬长共育社这个协作平台参与学校民主管理，支持教育教学工作，提升家庭教育水平。家校携手，共同努力，达成实验小学的育人目标。

一、扬长共育社组织机构

扬长共育社作为一个与学校教育机构相对独立、相互制约、相互促进的教育组织机构，有利于形成家庭、学校教育的合力，为学生的健康成长创造有利的条件。

实验小学扬长共育社组织机构图：

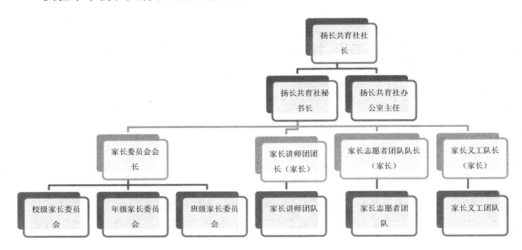

扬长共育社社长由校长担任，负责扬长共育社的整体发展规划；扬长共育社秘书长由家长代表担任，负责扬长共育社整体工作的安排；扬长共育社办公室主任由德育主任担任，负责学校扬长共育社整体工作的协调。

实验小学扬长共育社成立主要由：家校委员会、家长讲师团、家长志愿者及家长义工队伍组成。

家校委员会的会长是由年级分会及班级工作小组共同推选的家长来担任；家校委员会下设组织是年级分会和班级的工作小组。年级分会由本年级的学校家长委员会委员和年级组长组成，分会主任由年级组长担任；班级的工作小组由该班的学校家长委员会委员或家长代表大会代表和班主任组成，班主任任组长。

家长讲师团的成员是家长根据自身的条件，自愿申报，由学校德育处教师审批通过后加入到家长讲师团，学校为其颁发聘书。团长由家长讲师推荐与学校推荐相结合产生。

家长志愿者团队，由家长自愿申报，加入到资源库，队长由家长自荐与学校推荐相结合产生。

家长义工团队，由家长自愿报名，义工团队的成员要有充足的时间，且具备一定服务技能，能够无偿地为学生服务的家长。队长由家长自荐与学校推荐相结合产生。

二、扬长共育社行动目标

扬长共育社的行动目标是：充分发挥家长资源，改变教育模式，让家长参与到学校的管理中来。促使家庭教育和学校教育保持一致，形成教育合力，促进学生综合素质的全面提升，培养身心健康的扬长少年。同时通过扬长共育社的工作开展，提高教师、家长的教育素质和能力，促进学校管理水平的提升，推进开放式办学的教育社会化的进程。

三、扬长共育社行动准则

第一：建立扬长共育社教育协同机制。

扬长共育社参与学校的民主管理工作，参加讨论学校工作计划，听取校长就学校各方面的工作情况汇报，对学校工作进行监督评价的同时，向学校提出意见和建议。

第二：健全扬长共育社组织机构，明确职责。

为切实加强对扬长共育社的领导，保障扬长共育社的工作顺利开展，学校成立了扬长共育社的领导小组，具体负责共育社的管理、组织和协调工作，有效统筹各种教育资源，推动学校形成良好的育人环境。

第三：发挥扬长共育社的桥梁纽带作用。

扬长共育社发挥家长与学校之间的桥梁纽带作用，提高家长教育能力，家长配合学校开展各项活动，与学校合力推进素质教育。

第四：加强家长讲师和家长志愿者队伍建设。

扬长共育社充分挖掘家长资源，吸收广大家长进入扬长共育社团队，为学校的发展、学生的健康成长提供智力资源和物力资源支持，形成实验小学强有力的教育力量。

第五：确定研究活动，特色带动，追求实效。

扬长共育社积极参与学校教育、教学研究活动，协助学校共同提高教育教学质量。与学校联手，共同实现学校的育人目标。

四、扬长共育社行动方略

更新观念，提高认识，推进扬长共育社工作。扬长共育社每学年召开一次全体大会。由秘书长汇报扬长共育社的工作情况，由社长对共育社成员进行"扬长教育"理念的培训，并部署共育社新一年的工作计划，提出新一年扬长共育社的工作目标，由扬长共育社办公室主任公布新一届扬长共育社的负责人员名单，颁发聘书。

　　加强沟通，密切联系，提高扬长共育社质量。实验小学扬长共育社的成员由热心教育工作、关心下一代成长、具有较高思想文化素质和社会活动能力的在校学生家长担任。扬长共育社通过公共邮箱、QQ群、家校平台及微信服务平台等形式及时与学校、家长沟通，落实具体要求，安排具体活动，全面提高扬长共育社的服务质量。

　　开展活动，丰富内容，深化扬长共育社内涵。学校通过计划讨论会、教育培训会、大型活动部署会等形式，定期向家长介绍学校有关制度、决议和办学信息。使家长及时了解学校教育教学重点，从而理解、支持学校工作。扬长共育社还定期收集家长意见并反馈给学校，与家长分享先进的家教理念和经验，向家长公布学校重大事项的决议及重要活动的日程。家长在扬长共育社的组织协调下，积极参与学校各项活动，共同为学生的发展出谋划策，深化扬长共育社内涵。

　　加强管理，完善评价，推进扬长共育社发展。实验小学扬长共育社为家长了解学校提供了平台，同时也为教师与家长有效沟通搭好了桥梁。相互理解、相互监督、相互沟通，有效地促进学生的健康成长，实现双赢教育目的。通过在家长、学生中评选"我最喜爱的教师"以及评选实验小学"好家长"和"优秀家长讲师"的过程中，加强了教师与学生、家长的进一步沟通，对家校共育的进一步发展有着积极的推进作用。

第二节 扬长共育社协作资源

《纲要》提出："学校应与家庭、社区密切合作，综合利用各种资源，共同为学校的发展创造条件。"由此可见，学校培养目标的达成离不开家长的支持和配合。尤其在德育领域，学生的品德发展是一个长期的、复杂的过程，需要家校双方教育内容的一致性。否则，学校里教师苦口婆心、语重心长的教育很快就会被与之相悖的家庭教育所抵消，甚至走向反面。因此让家长积极主动的参与学校的活动或管理就显得尤为重要。我校的扬长共育社深入挖掘家长的人力资源，同时充分的利用这些资源为学生服务，形成家校教育合力。

一、扬长共育社的家长志愿者

为了优化育人环境，完善学校、家庭、社会有机结合的教育体系，实验小学特成立"家长志愿者团队"。家长志愿者是由热心学校工作的家长组成，家长根据自身优势自愿报名，参加服务项目。

扬长共育社的家长志愿者职责是：为学校组织的各类活动提供力所能及的服务，为学生的成长发展提供帮助。家长志愿者根据自身的实际，有的为学校提供知识技能上的支持，有的以自身的兴趣爱好举办专题讲座的形式参与活动，还有的提供时间及物力来支持学校工作。我校在每次活动前都要通过家长委员会发一个"家长志愿者招用通知"。每次活动都有家长志愿者自愿参与，这样就充分发挥了家长志愿者在学生活动中的"保驾护航"作用。

二、扬长共育社的互动平台

1.丰富家校沟通的渠道

为丰富家校沟通的渠道，学校开通了家校互动平台、微信平台、建立了班级博客，使家校交流沟通变得随时随地。既能把问题解决在萌芽之中，又增进了家校之间的感情交融，使家长与学校能够更好地相互沟通，相互理解。家校育人目标一致，提高了教育的实效性，达到了家校共育的目的。在一次次家校互动活动

中，进一步增强了家校情意，更有利于促进孩子健康、快乐的成长。

2.网络家长委员会平台系统

我校是北京市第一批数字校园，我们借助数字化平台，充分利用网络加强家校共育，建立合作共赢的关系。学校建立网络家长委员会平台系统，平台对接家长和学校。其中，家长通过网络自荐和老师选定的方式来选出家长委员，家长委员在家中通过平台随时的参与家长委员会工作。网络家长委员会平台系统为家长提供完善规范的工作流程，主要分为两大部分：议案和选举。学校在平台上提出需要家长参与的议案，家长在平台上可以自由讨论并投票，由系统对投票结果进行分析整理，学校参考家长的讨论结果进行决策，并将其公示出来。整个议案的决策过程由家长高度参与、公开透明，公信力大幅提升，执行思路更为明确。学校也可通过平台更有效的监控换届和议案，让家长更便捷、更有效的参与学校工作。

同时，网络家长委员会平台系统也是家长和学校意见交流的平台，平台的开通使问题反馈更为及时、防微杜渐。平台上，学校通过校方发言人和家长进行沟通，公开需要家长知晓的学校重大教育教学方针、重大活动情况、学校收费情况以及有关教育的法律法规等内容。同时在此还可与其他家长进行沟通，更有效地发挥家长主观能动性，方便家长了解学校，更好地参与学校建设。

三、扬长共育社的亲子沙龙

扬长共育社亲子沙龙开展了亲子讲堂、亲子运动会、亲子游园会等，主要通过这样的活动方式拉近家长与孩子间的距离，建立人际交往的平台，为孩子提供互相交流、互相学习、取长补短的学习机会。如：学校每学期都以亲子讲堂的方式为家长和学校建立有效沟通的平台，同时充分发挥家长的有效资源为孩子提供丰富的课外知识。

为了保证"家长讲师"的上课质量，学校开展了"家长讲师"岗前培训活动，由学校教学骨干为上岗前的家长进行岗前培训。经培训合格的"家长讲师"，学校颁发上岗证，并纳入"家长讲师"资源库。同时，为了保证教师资源与家长资源更好融合，我们还组织每位"家长讲师"与一位任课教师"一对一"的携手合作。这样，教师的授课经验与"家长讲师"的专业特长和特色资源就得到了最大限度的融合，发挥了最佳效益。

我校教师以伴随听课的方式，观察家长讲师是否切实为学生提供了他们感兴趣的内容和活动，是否对学生成长起到了促进作用。评价结果客观性强，能反映"家长讲师"在整个课堂中的真实表现。

学期末，学校对"家长讲师"的教学成果进行验收，根据验收情况和过程评价，评选出"最优家长讲师"，颁发荣誉证书。

扬长共育社的建立，改变了家校教育观念存在的分歧，扭转了家校间相互推诿教育责任及缺乏信息沟通和交流的局面。使家长的教育观念有了明显的转变，从思想上明确了教育是家庭和学校共同的责任，孩子的成长不仅需要学校的教育，更需要来自于家庭和社会的正确引导。扬长共育社工作从根本上树立了家长正确的教育观，有效地促进学生健康成长，实现家校双赢的工作目标。

第七章 数字校园助推扬长教育特色发展

　　数字校园是借助信息技术手段，对学校的教育、教学、管理等主要业务以及资源和数据进行优化、整合和融通，拓展现实校园的时间和空间维度，在传统校园的基础上构建一个数字空间，实现从环境、资源到活动的数字化，从而达到提升教育教学质量和管理水平的目的。

　　实验小学在制定数字校园规划中，始终秉承"扬长教育"的办学理念，坚持以人为本，以应用为核心，以服务为宗旨的原则，结合学校信息化建设现状，利用先进技术手段构建数字化的教学、科研、管理和服务环境，建成支撑教学业务和学校文化可持续发展的数字化环境，实现学校95%以上的日常业务工作都能借助数字校园完成，积累至少一个学年的完整业务数据和资源，建立数字化工作体系，提高工作效率和管理水平，实现学校的可持续发展。

第一节 夯实硬件基础，打造优质数字环境

　　中共中央、国务院《关于深化教育改革，全面推进素质教育的决定》中指出：大力提高教育技术手段现代化水平和信息化程度的教育方针政策，形成以教育信息化带动教育现代化，大力促进教育跨越式发展的共识，走教育信息化发展之路，形成信息化办学特色。学校认真贯彻落实《决定》精神，按照"设备先进、软件配套、运用普遍、优化教学"的思路，在学校原有教育技术设施设备的基础上，有目的、有计划、有步骤地进行硬件建设，促进信息技术与学科课程的整合，构建多媒体课堂教学模式，完善师生数字学习环境建设。

　　一是硬件基础设施建设。2010年8月，在教委的支持下，学校完成了北校区全部28间教室的设备更新，班级中配备电子白板互动设备，同时培训、考核同步进行，强化教师在课堂中的应用。同年建成，北校区电子阅览室、计算机教室、语音教室，满足40名学生同时进行网上阅读学习，提供师生信息技术应用培训和学生英语阅读学习的需要。

　　2013年，学校完成南校区整体校舍设备更新改造，所有教室配备了触动互动大屏，方便师生课堂互动教学。同年完成计算机教室的46台学生计算机设备更新。实验小学作为北京市名师同步课程的录制点，投资62万元完成南校区名师同步课程精品录课室的环境改造和设备购置工作，学校出色地完成了北京市英语学科30节名师课程的录制工作。投资58万元完成中里校区视频会议室的改造工作，实现两个校区的视频会议直播，解决了两校区间会议及培训转播不便的问题。投资56万元完成南、北两个校区自录课教室的建设，为日常教学研究课程的录制提供了便利的设备支持和技术保障，同时兼具直播功能，建设完成后多次完成学校各项培训、会议和日常活动的网络直播。

　　二是打造师生数字环境。2009年，完成北里、中里校区的地下光纤的直连工作，为校区间网络服务一体化打下坚实的基础。2009年、2010年完成两个校区共计700多个信息点的部署工作，同时结合校企合作的新思路，借助中国移动公司完成全校的无线网络全覆盖，为今后的学生终端应用奠定了良好的环境基础。

数字环境建设从底层入手，首先在现有基础上，以网络核心机房建设为核心。利用优质畅通的网络环境，更好地为师生提供服务。

2013年，在数字校园建设中，对学校网络整体硬件环境进行详细规划设计，完成资源中心建设：利用2台高可靠性全存储设备，实现校内教育教学资源和各应用系统数据库的安全存储和备份。核心机房改造建设：对中里和北里网络核心机房进行改造升级包括机房环境和动力监控、综合布线、空调制冷设备、核心交换机升级，为网络核心机房提供安全可靠的运维服务。服务器虚拟化建设：通过购置2台高性能服务器，整合资源中心高性能存储设备，利用虚拟化技术，提高服务器整合的效率，简化服务器管理的复杂性，提高了整体系统的可靠性，减少投资成本。网络安全设备建设：采用实名认证、上网行为安全审计设备，保证入网的安全审计，保证网络的安全运行。通过安全运维管理软件，准确定位校园网络和应用服务的故障点，增强运维管理能力。

应用环境建设是为师生搭建必要的应用设施和环境，从而更好地促进数字校园的运行。校园信息发布系统建设：及时发布学校重要信息和通知，展示学校的教育教学成果。多功能电子触控展示屏建设：实现校内重要信息发布，展示师生风采。同时作为学生在校学习终端，为学生使用数字校园资源提供网络查询服务。IP广播系统建设：解决两个校区广播的同步问题，提供点对点、一点对多点的个性化广播服务，为不同年级不同校区定制不同的播放服务，现在每天都可以在不同时段播放学生喜闻乐见的经典诵读音乐，丰富学生的业余生活，并为集中召开家长会提供有力的服务保障。

2013年，学校投资560万元，完成北里新建多功能楼数字化电教设备的建设，建成精品录课室1间、虚拟校园电视台1间、200人多功能厅1间、数字图书馆1间，实现网络的全部覆盖，为实验小学数字环境建设再添溢彩。

通过整体规划设计实施，实验小学数字化环境建设呈现出绚丽的景色，学生在课堂、在阅览室、在花园，使用着轻便的电子书包，手指轻轻滑过，静静地享受数字化学习的快乐；教师使用着各式的终端设备，在信息的海洋中徜徉，时而与学生进行交流，指导他们合理安排时间，提高学习效率；时而通过终端及时发布班级信息，让家长随时看到孩子在校状态，建立家校间沟通的桥梁。校园成了一个多维度的数字环境，应用体验已成为师生的一种习惯。

第二节 挖掘扬长教育特色，打造数字应用平台

一、数字校园建设思路

实验小学数字校园的设计思路是：围绕一个核心，指向四大主题，建设四个环境。

一个核心：以扬长教育理念为核心。

四大主题：扬和谐管理之长、扬教师专业之长、扬学生个性之长、扬家长协作之长。

四个环境：管理环境、育人环境、教科研环境、服务环境。

数字化的管理环境：支撑各项业务的实现，提高工作效率，促进办公协同、采集业务数据，为管理决策提供详实的数据基础。

数字化的育人环境：为教师、学生、家长提供以"扬长"为核心的数字互动平台，使所有对象都能获得所需资源，完成各自的活动。教师通过平台发布校园各项活动信息，供学生借鉴使用。学生通过平台获取知识资源，交流活动，展现个性。家长通过平台交流，了解学生动态及学校各项信息，打造优质的沟通环境。

数字化的教科研环境：为教师提供专业发展平台，为学生提供个性成长平台，以此为基础，建立支撑教科研活动的数字化环境。教师通过平台使用不断增强专业素养，提升专业能力，形成研修氛围。学生通过平台使用主动探究人文科学与自然科学知识。

数字化的服务环境：为教师、学生、家长的日常活动提供便捷的服务支撑。以底层数据抽取为依托，打通各服务平台间的数据链接，为师生、家长及管理者服务。通过平台的推送，让各类应用群体获取各自需要的信息及资源。

图示：数字校园设计思路

以扬长教育理念为核心，本着一切以为"师生"服务为原则，围绕"资源、管理、服务"三要素，依托数据中心、资源中心构建数字校园的管理环境、育人环境、科研环境和服务环境。

实验小学数字校园建设本着"整体规划、分步实施"的原则，坚持"统一规范、软硬结合、继承发展、整合创新"的十六字方针，分三阶段逐步完成：第一阶段，建平台、建规范，逐步完善数字校园基础建设；第二阶段，以课题为引领，推动数字校园的应用；第三阶段，深化应用的尺度，拓宽应用的广度，使数字校园应用逐步常态化。

二、设计规划模型

数字校园不是将原有的应用系统建设推倒重来，而是在现有软硬件基础上，深度挖掘校内业务需求，理清特色脉络，建立稳定的基础设施网络，在此基础上，以北京市CMIS系统和北京市教育资源网为基础资源数据，与学校现有资源系统进行深度融合。建立统一门户，统一认证、统一消息，建设学校管理环境、育人环境、教科研环境、服务环境。通过数据的深度融合，进行数据挖掘和资源的再利用，进而形成生态化的资源管理和服务模式。

首先建设网络基础设施。即：核心机房环境动力监控改造，网络核心交换机改造、网络安全设备改造、服务器及存储设备改造，在此基础上构建高速稳定的网络运维环境，以保证应用服务的正常运行。其次搭建"五个中心"即：统一认证中心、统一消息中心、统一资源中心、统一数据中心、统一门户中心。通过统一认证基础服务整合现有资源。如CMIS学籍管理、OA信息服务及其他应用服务，从而在统一平台中正常运行。完成统一基础服务后，建设"四大环境"即：管理环境、育人环境、教科研环境、服务环境。各系统模块在统一基础平台中进行数据的整合复用，进行深度数据挖掘，从而形成各平台间的数据融通和再利用，让服务变得简单易用，形成生态化的自主管理的数字环境。

数字校园设计模型

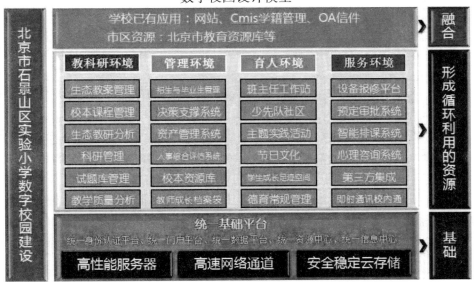

三、搭建特色平台

（一）扬长教育生态管理系统

随着新课程改革的不断推进，对教师的要求越来越高，作为学校的管理者，在学校管理中如何以人为本，关注教师发展需要，引领教师专业化发展，是摆在我们面前的紧要任务。

通过多方调研细致梳理，学校以科学指导，帮助教师"寻长"；管理建模，

保障教师"施长";搭建平台,鼓励教师"扬长"的思路打造平台。通过以网络教研活动、生态教案管理、网络科研管理等方式,进行教学推优积分,平台应用积分,优质资源积分,教学业绩积分。为不同层次教师的成长提供不同的专业支持,使教师具备与新课程理念相适应的素质,并以提升专业能力为基点,提高教师的职业幸福感。

系统设计模型

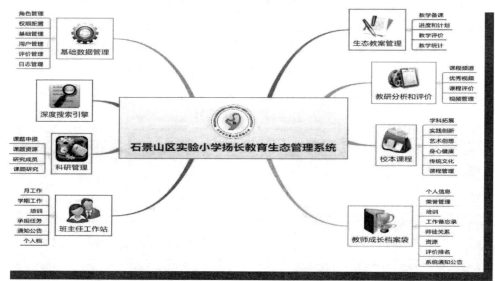

——生态教案管理模块:

在教学过程中,编写教案是教学工作的重要环节,同时也是教师花费时间和精力较多的环节。生态教案管理模块通过在线上传教案、复备教案、模板教案三种模式简化教案编写,通过主、复备留痕比对、教案评价和推优,按照统一的教学设计评价标准对教案进行评价,促进教师专业化发展。

生态教案管理模块可以支持教案模板设计、教案在线、离线编辑;教案的主备、复备;支持教研组长评价、教学主任评价、主管校长评价、校长评价;支持教案的审核、存档及推优;涵盖教师备课、上课、课后反思等一系列教案生长变化,逐渐成熟的过程,形成规范、优质的教案资源种子,在不断复用的过程中衍生、完善、成熟,不断累积教师的教学设计优势。使教师的教学设计,实现复用、评价、完善,再复用、再评价、再完善的生态演化环境。

数字教案形成模式的具体表述如下。

数字化教案的生命周期特征图

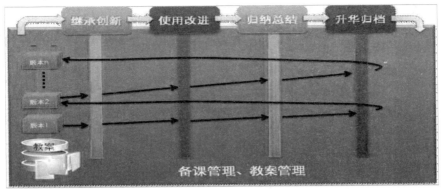

继承创新：教师在进行备课时，在首轮备课教案的基础上，根据自己的认知，教师的教学风格及本班学生的实际情况，进行删改和补充；

使用改进：在课堂教学中，教师根据学生课堂上的生成，及时进行教案的调整、改进；

归纳总结：每单元教学结束后，教师对单元教案的改进、复备、创新等部分进行二次创造，形成新的单元教案；

升华归档：同一教案通过不同教师的教学实践会有所差异，教研组根据教师对单元教案的归纳总结，升华出本册新的教案，新版本一旦生成就成为共享的资源，作为新的创新工作的基础。

数字教案整个生命周期的相关功能由在线备课系统和教案管理系统实现支撑，其功能说明如下：

在线备课系统：以教案管理系统为数据基础，提供小组集体备课、教师个人复备等在线备课功能，并能统计教师的在线时间、工作量、主备、复备的区别等数据。

教案管理系统：在主备、复备、评课、反思等过程中形成的教案，实现资源积累和共享优秀教案的功能。同时提供附加的课件库和素材库功能，共享优质课件，提供教学准备中所需的素材和资源，支持从互联网抓取资源。教学管理者可通过平台对优质教学设计进行推优评价，让优质的资源最先呈现出来，以供其他教师加以借鉴引用。

——教研分析模块：

公开课、观摩课是展示教师教学水平、教学经验、基本功的平台。通过公开课，可推广教学经验，研究教学方法，探讨教学规律，是教师课堂教学水平自我

提高的重要途径。教研分析评价模块将优质的公开课、观摩课视频资源进行汇聚展示，通过评论叠加、视频标引，挖掘视频资源内容精华，提取评优视频片段，发现和重用优质教学资源。让优质的视频教学资源成为促进教师专业成长的助力器。

教研分析评价模块支持多种视频格式的上传、格式转换和在线播放，支持教学视频标引、知识点聚合、散评、总评、标注、评价、字幕叠加等功能。在多元评价过程中，从而更好地发现课程中的优势和不足，为教师学习参考提供借鉴，缩短教师快速成长周期。

与优质教学课例一同联动上传的教学设计、教学课件共同组成为成套的支撑体系，让教师在观看教学课例的时候，结合教学设计与课件更好地理解任课教师的设计思路，教学过程，鼓励教师通过扬己之长，促进教学相长。

——校本课程管理模块：

校本课程管理模块支持教师形成自己的个性课程，鼓励教师将自己的智慧成果进行共享、交流，形成教学资源特色展示区，构建精品课堂，由教师对学生进行课堂实时评价，对学生良好的学习行为、学习习惯及时进行激励，支持教师课后反思评价，形成教师个性发展档案。

秉承"扬长教育"理念，结合学校现有的课程资源和学生多样化的发展需求，学校制定校本课程开发的总体目标：通过校本课程开发、筛选、交流、完善以及评价，为师生创造主动发展的无限空间，弘扬实验精神，突出实验特色，为师生的持续发展奠定基础。

——教科研管理模块：

科研兴教已成为现代学校教育的主旋律。学校的改革与发展要合上时代的节拍，必须在教育思想、教育教学方法、手段及学校管理的运行机制等方面进行改革与探索。苏霍姆林斯基说过："如果你想让教师的劳动能够给教师带来乐趣，使天天上课不至于变成一种单调乏味的义务，那你就引导每一位教师走上从事研究的这条幸福的道路上来。"作为学校管理者要引导教师真正理解"科研是教师的动力源和生命力"这句话的真正涵义，注重教师的科研理论水平的提高，坚持以课题研究活动为载体，才能充分发挥教育科研对新课程改革、教育创新的先导作用和促进作用。那么，如何使教师更加深入、普遍、持久地开展教科研活动，凸现教科研工作对学校各项工作的支撑与促进作用呢？

首先，掌握课题研究的流程和方法，在平台设计伊始，以课题过程性管理方法为依据，建立流程化的课题管理模式，系统通过分步管理填写上传课题研究的资料，课题研究负责人，课题参与人等信息。在课题研究中，系统会根据进展设置的相关人员及课题研究的时间节点，进行系统地提醒和任务分配，让每位参与课堂研究的人员知道自己的职责和任务，从而准确把握每个环节的过程性研究成果的申报和准备工作。

其次，在课题研究中加入市、区级专家的指导，通过专家的过程性在线指导，及时反馈课题研究中的问题，更好地把握课题研究的方向，调整研究的策略和方法。同时，管理者对每个实施阶段进行阶段性考核评价，指导研究的方向，推出优秀的研究成果。

第三，教师还可在网络上学习别人的研究成果和成功经验，提高自己对课题研究的理解。科研管理系统提升了教师的专业素质，提高了教师的思维品质和教育教学水平，不仅张扬了教师自己的个性，而且促进了教师的专业发展。

——班主任工作站：

班主任是学校教育教学的基石，对德育渗透、学生良好的行为习惯养成、家校沟通、班级管理等工作起到至关重要的作用。一名优秀的班主任，是家校间沟通的桥梁，是学生终身发展的引路人。

通过班主任工作站的数字化建设，构建班级数字文化，采用虚拟的班级空间展示的方法，让更多的学生参与班级的特色文化建设，渗透出极富班级特色的文化气息；贴在班主任工作站的班级口号、班规、班训，及展示学生个性的作品、主题活动文字、视频、照片等。为教师提供可参考借鉴的培训资料，提高班主任

的班级管理水平。

扬长教育管理系统的建设，为教师的专业化发展提供了有力的支撑。

一是形成教师个人成长档案袋。以教师个人成长档案袋为依托建立教师个人发展空间，积累教学、科研、管理、学习等方面的工作痕迹。教师在完成各项工作的过程中，数字化平台系统全面、真实地记录下教师的研究轨迹，并自动汇聚到教师个人成长档案袋中，作为教师自我评价、提升管理水平的依据。

二是形成学校校本资源库。数字平台对所有教师积累的资料进行资源汇聚，并且组织推优，筛选出各类优秀资源，自动形成学校各类校本资源库，如教学设计、教学反思、教学课件、教学课例、音视频教学素材等。

教师课前上传的学科资源，自动形成按学科知识点归类的课堂教学资源库，为教师进行课堂教学整合提供参考，同时计算机自动筛选出符合学生学习的资源，形成学生学习资源库，支持学生个性化学习。

教师在教育教学工作进程中，数字化平台会根据教师选择的工作内容，智能化地从积累的资源库中推送出大量符合教师需要的、经过评优筛选的资源，为教师学习提供参考。

课后教师对课堂情况进行反思，总结本节课的得失，反思结果会自动推送到教学反思库中供其他人进行参考借鉴。通过资源的自动流转，最终形成教学资源的生态化管理。

三是形成教师个性化研修工作室。教师成长档案一方面可以将教师的优秀作品、成果、经验等在个人空间平台中"秀"出来，这是学校对教师成绩的肯定，鼓励教师再接再厉，取得新成绩，获得新突破。另一方面数字化的教学档案作为教师的学习工具，可以记录教师相互借鉴、相互学习的过程。通过学习借鉴他人的教案、课件、反思、说课、随笔、论文、课题等，学习同伴的实践经验，学习新的知识和理论、新的教育教学技能，并在同伴成果、荣誉的激励下产生"紧迫感"，进而快马加鞭、迎头赶上，加速教师的专业成长。

教师个人发展空间在规范记录教师个人教学积累和成果荣誉的基础上，展示了教师生命历程和成长轨迹，为教师制定个人发展目标、发挥专业之长进行导航。

（二）扬长教育生态成长系统

数字校园建设服务于学生的个性成长，为学生提供自主学习、个性化学习的平台，对学生的成长轨迹充分记录、统计、分析。

一是形成学生成长足迹空间。以学校原有扬长教育评价手册为基础，借助网络平台，建设虚拟化的学生成长展示空间，记录学生在各项活动中的成长足迹。通过"我的自画像"、"活动方案设计"、"参与体会"、"志愿者行动"、"多元评价"多个板块的记录，引导学生正确地认识与评价自己、他人和社会，学会用发展的眼光看问题。

二是形成学生个性化学习平台。学生个性化学习平台以学校六大类校本课程（"学科拓展"、"身心健康"、"实践创新"、"艺术创想"、"传统文化"、"国际视野"）为基础进行构建。直接服务于学生的成长，为学生提供个性化的学习平台。

课前：学生通过校本课程学习平台浏览所有课程，并选择喜爱的课程进行报名，满足学生个性化的学习需求。

课中：在课程学习中，利用平台提供的学习资源扩展学习，平台会对学生良好的学习行为、学习习惯及时进行评价激励。

课后：通过校本课程学习平台，共享、交流学生学习成果，形成学习资源特色展示区。

三是形成学生自我激励的展示空间。学生在校的各项活动成果，通过在平台中的展示，通过多元评价进行自动累计积分。如学生成长记录卡的积分、扬长之星积分、课堂表现积分、参与活动积分等。积分的取得依据科学发展的评价指标取得，积分的结果直接呈现在学生的展示空间中，学生可以看到自己哪些方面需要努力，那些方面需要继续保持永争第一。平台通过虚拟的小树成长变化情况进行展示，让孩子在比较中发现优劣，鼓励孩子扬长避短。

（三）综合服务平台

推进数字化管理是教育信息化的重要内容，是实现教育管理现代化的重要手段。综合服务平台服务于学校教育教学管理，为师生提供基础开放平台、统一门户平台、统一数据平台、校本资源平台和统一消息中心。

学校以人事管理、招生及毕业生流向管理、教务管理为载体，以资产管理、场馆预约、网站管理为基础，实现了"全方位、智能化、节约型、生态型"的数字化管理。利用人事、学籍、教务等基础管理系统，实现了对学生、家长、教师、课程等学校基本信息的网络化管理，能够方便地进行各种数据统计分析并实现报表输出、录入，减轻了基础信息维护的工作量。同时，系统中增加了完善的积分制度，与教师成长档案和人事管理结合在一起，可以在指定时间统计教师使

用数字校园的情况，并导出积分，作为教师综合考评的参考数据之一。利用资产管理、设备预约、设备维修等，实现了对学校设备从入库到出库的流动化跟踪，条码打印的方式更是简化了设备设施管理的难度；场馆预约则能够更加方便地实现对专业教室资源的合理安排。运用现代信息技术手段，优化办公管理流程，提高学校办公效率、沟通效率、协作效率、决策效率，营造高效、智能、和谐生态的校园办公氛围，高效、优质地为学校的教育教学服务。

（四）建立云授课平台

随着现代信息技术的不断发展，学习方式、教学形式、沟通方式发生着根本性的变革。

学习方式的变革。慕课这种新型的课程形式，通过结构化的设计，梳理出整套教材的教学知识点，每课以5~10分钟的微课程，针对某个知识点进行相应的讲解、答疑、讨论、布置作业。课程变成了线下的一种活动，学生可以随时随地借助移动终端上线参与学习和讨论，让学习变得简单、快乐、高效。

教学方式的变革。新型的平板教学形式，将学习资源快速推送到学生手中，方便学生自主学习。教师可以通过学生答题，直观的在平板中掌握学生学习情况，顺学而导改进教学方法，关注每一位学生。交流、评价等形式可以简单直观的用平板电脑实现。

如在语文学科教学探索中，我们为学生提供多样化、互动式的电子图书和丰富的网络学习资源，并遵循语文学科特点，在"读写"上进行了创造性的探索。我们充分发挥平板电脑的触屏学习、绘写融合、分享便捷等新技术优势，创新提出语文学习要培养学生"听-说-读-写-绘"五项语文学习能力。在低年级进行"阅读、写作、绘画协同发展"的探索，突出"图画"对儿童学习的作用，并有效融合绘画与习作教学，顺应低龄儿童"图视化"、"可视化"的认知特点，丰富语文学习的内涵，创新语文学习模式。

在数学教学中，我们主要是运用平板电脑以游戏化的学习方式开展教学。儿童天生喜欢游戏，他们在竞争性的游戏情境中，通过问题解决激发学生数学学习的兴趣，同时提升自主学习和协同学习的能力。在实践中，我们根据小学数学的知识结构体系为学生选择提供相应的计算、几何空间、统计测量、生活数学等方面的游戏化学习软件，让学生置身于愉悦的学习情境中，轻松突破数学学习难点，掌握相关数学知识。

沟通方式的变革。微生活已经随处可见，微信、微电影、微博……人与人沟通的方式进入了微时代。每天碎片化的时间，短短的几行字、几句语音留言、几幅图说，表达着自己对生活的理解和当时的心情。

为顺应信息化的不断变革，促进教育教学发展。学校经过细致调研，开发建立了云授课平台。利用微课程理念，教师可以针对课堂中学生的易错问题，利用移动终端录制成简短的微课上传到平台中供学生学习。课堂上教师、学生人手一台移动终端，借助无线网络，实现课堂中的资源推送和互动教学，教师针对课堂生成的学生学习数据，自动上传到平台中供学生、家长、管理者查看，为学生发展提供有力的保证。同时，学生可通过平台自我展示自己的各项学习成果与同伴进行交流互动。家长、教师可通过平台互发微信，上传、查看当天的作业情况、通知等信息，方便家校间的沟通与交流。云授课平台实现了利用多元融合的技术理念聚焦课堂，把教师、学生、家长及教学管理者紧密地联系在一起。

第三节 优化培训机制，助推师生发展

一、校本研修提高教师信息素养

学校为进一步促进教师信息素养的提升，开展了"四个一"主题活动和竞赛活动。即在教师中开展应用信息技术主题活动"完成一节课教学设计"（简称"设计"）、"制作一个多媒体课件"（简称"课件"）、"设计完善一个教师主页"（简称"主页"）、"上一堂学科整合公开课"（简称"整合课"）。制作了"四个一"活动方案，以"四个一"为载体，促进教师自主学习。学校注重加强对教师的引领，提高教师运用现代教育理论和现代信息技术手段，对教学过程及相关资源进行设计、开发、利用、管理的能力。"四个一"活动的开展，推进了教师运用信息化的进程，促进了教师群体读书、学习、研究习惯的进一步形成，营造一种让教师边学习、边研究，边反思、边实践，边工作、边创造的人文环境。

1. 任务主题，学以致用

我们在安排培训内容时采用任务主题学以致用的策略。根据学校教育教学实际需求把计算机、网络技术、新媒体技术分解为一个个具体的任务，每次培训的目标是完成一项任务，学了就使用。每次培训有辅导，有练习，有作业，有评价，同时对成绩优异的教研组和个人进行相应的加分奖励，指导教师较好地掌握计算机应用技术。

2.骨干辐射，互帮互学

由于教师年龄层次的不同，学习基础、接受能力的差异性很大。在培训中光凭专业人员的培训是很难做到全员覆盖的，这就需要有一批信息技术骨干力量的参与，达到以点带面的目的。因此，学校从每个教研组抽掉一人进行单独的培训，再由其去培训指导组内教师。这样不仅减轻了辅导压力，同时有辐射作用，提高了教研组全体成员的信息素养。

3.弹性管理，重在引导

为建立一支具有优良信息素养的师资队伍，学校推出一系列的管理举措。如：在策略上，以任务主题定内容，以互帮互学求效益；在制度上，划定参加培训的年龄段，根据教师的差异固定完成作业要求，并把培训成绩和上传教学资源数量纳入学期工作考核内容；在激励上，通过加分进行精神上或物质上的奖励，调动广大教师参与的主动性和积极性。

4.结合实际需求，培训内容多样

基本电教设备培训：随着中小学办学条件和质量达标工程的到位，学校多媒体教室设备焕然一新。多媒体终端互动大屏如何使用？如何更好地辅助教学？让教师更快的熟悉设备，掌握应用技术是一项艰巨的任务。因此在培训中首先对所有设备进行开关机的使用和视频切换方式的培训，让教师尽快熟悉设备使用方法。其次，结合实际教学课例，针对电子白板和触控大屏进行课堂结合培训，消除教师的畏难情绪，以最简洁的方式通过课件的呈现，展示其辅助教学的简单易用，让教师更快上手。

课堂实录培训：每位教师上课都有自己独到的特点。但是要录制精品课就需要有很多的注意事项。因此针对教师精品课的录制，我们进行了相应的培训。如：教师上课时的着装、发型、站位、操作设备的动作和操作技巧等。通过培训教师真正受益，并应用到实际教学中。

数字校园应用培训：学校聘请首师大王陆教授对教师进行《数字校园与数字学习》的专题培训。聘请原北京市电教馆馆长潘克明为全体教师做了《过程与方法》的专题培训，教师们对如何写好教学设计促进自身专业成长有了更深的理解。聘请北京市教育信息中心指导部主任赵保和做了《如何利用信息技术手段促进教学进步》的专题培训，让教师深层次理解了信息技术与学科整合的重要性。通过培训，使教师理解了数字校园建设的意义和目的，明确了数字化应用对简化工作流程，促进自身专业发展的作用。

在数字校园应用系统建设过程中，系统应用模块集中上线，如何更好地使用这些系统模块，推进数字校园应用工作。学校确定以每年2～3个重点应用模块培训的模式，逐步推进落实到位。

一是以综合服务平台即时通讯入手，打通学校、教师、技术人员的联系通道。通过即时通讯，及时快捷地下达通知、培训文档，辅导教师进行应用学习。

二是以个人网盘和校本资源库为纽带，让教师改变原有的数据存储和使用习惯，利用校本资源库下载照片、视频、课件等，体会到资源应用的安全和便捷。

三是以生态教案管理系统应用为突破口，引导教师实现备课过程的数字化管理和交流，管理者及时对教学设计进行考核评价。通过引用、复备、评价、提升，让教师体验教案生态管理系统对提高教师专业发展带来的益处。

四是以教师成长档案袋中的荣誉管理为增长点，明确系统使用积分与各项考核项目积分相结合，作为年终奖励的主要依据。教师通过个人成长档案袋，可清晰地查看自己本年度的教学成果和业绩情况，找出自己与他人的差距，明确发展目标，激励个人成长。

5.创新培训形式，紧跟时代步伐

微课时代的来临，为创新培训机制打开了一扇展现的窗口。为更好地通过培训促进教师专业化发展，学校录制5～10分钟的操作培训视频，放在学校培训资源库中供教师在线学习，方便教师从文稿式的枯燥培训中解脱，让教师可以看到每一步详实的操作和细致的讲解，并可以通过即时通讯工具进行及时的沟通和交流，为提高教师信息素养提供了有效的支撑和帮助。

二、信息社团促进学生个性成长

学生信息技术社团是促进学生个性成长的一种活动组织形式。每学期初信息中心招收各年级有志向的学生进入信息小组，每学习一段时间制定一个相应的目标，不断递进目标要求，使学生始终保持高昂的学习兴趣，通过作品展示激发学生的兴趣爱好和进取精神。

另外，通过学校开展学生电脑作品评比活动，让学生利用所学知识，使用画图软件、PPT软件、Word软件制作完成各种宣传画及电子小报，通过竞赛形式，让学生学以致用，发挥运用信息技术手段学习的优势。

机器人竞赛、个人博客、电脑动画制作、校园电视节目小主持人、小制作人、小录像师，这些兴趣活动的开展，丰富了学生的课余生活，张扬了学生的个性，让孩子在快乐的活动体验中健康成长。

第四节 强化运维管理，提升服务质量

随着学校信息化工作的不断推进，各项硬件基础设施建设基本完善，如何有效的保障设备的稳定运行，发挥设备辅助教学的最大优势。学校在运维管理方面进行了深入的研究，摸索出切实可行的管理模式。

一、确立网络管理一建、一制、四记的工作机制

一建：建立设备专项档案

进行全部设备的注册登记，建立相应的计算机硬件信息卡，便于计算机及电教设备损坏时及时进行处理和更换，并在维修时进行详尽地记录、存档，便于今后的维护。

一制：制作网络布线分布图

网络布线图的建立，可以更好地了解学校各个信息点的位置及具体的布线走向，一旦网络出现故障，可以迅速地对问题进行定位，及时进行处理，保障网络的运行顺畅。

四记：

一记：登记一份IP地址与网卡地址、计算机名、使用人姓名相对应的IP地址分配表。出现问题一查就可一目了然。

二记：做好网线上的标记，标清交换机或集线器上的端口线。为以后的维护工作带来便利，也符合学校管理的规范。

三记：建立交换机使用端口情况的记录，对于二层设备进行信息点和人员的登记、对于三层交换机进行VLAN端口的划分并建立相应的档案，便于网络故障节点的排查，方便网络维护。

四记：建立服务器设备运行及网站更新记录，保证其他管理员在操作时进行查看。

二、硬件设备的管理责任化、规范化

责任化——由于计算机及相应的外接设备众多，设备的管理和维护从上到下责任到人，保障设备的管理维护落实到位。

规范化——学校为所有网络设备建立档案，统一进行管理。建立所有硬件设备的驱动程序集便于师生使用。每学期统一对设备进行一次除尘处理及硬件检查。信息中心建立设备维修记录表，对设备的维修情况进行详细记录，保证设备的正常运行。

三、资源及网站建设系统化、科学化

学校信息化资源采用多级保存，逐级上交、细致分类的方法，进行有效的管理及维护。并根据教研组的上交数量每学期进行量化考核并给予相应的奖励。

首先，严格按照学校制定的资源分类标准（按照学科、年级、单元、课题、视频、音频、动画、文档等分类），由一线教师根据自己的学科进行分类整理打包上交到教研组，由教研组长进行二次分类整理上交到信息组进行刻盘保存，最后上传资源服务器。

其次，信息组摄、照相素材，按录像带、光盘、视频资料、流媒体资料的顺序进行保存并上传资源服务器及视频点播服务器。

经过两年建设实践，学校现有资源5.5TB，形成具有学校特色的资源体系，有效地为师生提供了点播及下载学习，充实了学校网站的建设。

第五节 完善制度保障，助推建设应用

　　数字校园是个持续建设的过程，需要有科学的管理制度为数字校园的发展保驾护航。

　　学校十分重视数字校园试点项目的建设与应用，为此，学校特别成立了数字校园项目领导小组，以校长为组长，信息中心主任担任项目总牵头人，各科室主任及教研组长为组员的数字校园建设领导小组。

　　一是以资源建设规范及课程需求为依据，建立相应的分类，保障资源的规范性。在具体实施中，以学科、年级、教材版本为一级分类，单元、课题名称为二级分类，以资源类型如：图片、视频、动画、课件、资料文档、教案等为三级分类，建立以学科为中心的教学资源分类。按照年段以课程视频、活动视频、培训视频、宣传视频、课程资源录制视频等为基础，建立了以电教资源保存为中心的视频资源分类。按照年段以教育教学、各项活动、教学环境、教师个人等为分类方式的照片资源分类。通过规范化积累，学校资源库建设取得了良好的效果，现有各级各类资源5.5TB。

　　二是建立分工明确的管理和审核制度，保证数字资源信息的准确性。以学校资源分类标准为依据，对各类资源建立多级审核制度，对于学科资源由学科教师进行分类整理，学科组长进行二次审核，教学主任进行最终评定，最后由资源管理员进行资源库的上传、发布工作。对于视频、照片资源，首先由拍摄录制人员进行资源的编辑审核，再由学科教师及主管领导进行科学性审核，最后进行上传发布。

　　三是建立行政领导和中层管理人员示范引领制度，带动教师群体对平台使用的能动性。新软件新设备的上线，首先对各层级领导进行相应的使用培训，掌握最新的评价技巧及使用方式，从而为后续教师应用推广创造条件。其次，在日常的教学办公中身先士卒主动应用，起到示范引领的作用，从而更好地促进全员应用。

　　四是建立以平台信息为依据的评优制度，保证教师评价的公正性。数字校园

平台在建设之初，对传统教师的评职、评优及年终评价考核的标准进行了系统的整理和分析，利用数字校园平台的数据抽取功能，建立教师专有个人成长档案袋，通过评价指标及平台应用自动统计进行积分，教师直观清晰地看到自身成长的结果，发现与其他同事的差距，从而更好的完善自我。

五是建立以围绕平台内容建设开展的教科研工作，拓展平台作用发挥的广泛性。利用数字平台建立科研管理系统进行课题研究工作，提升教师课题研究能力；利用教研分析评价系统中的优质课程进行网上听评课，从而促进教师教学相长。

六是建立网络信息管理制度，保证信息的安全性。网络信息的对外发布，严格按照多级审核的方式进行发布。编写人员上传文件，审核员审核资料，最后由信息发布人员对外发布信息。同时在校内利用网络安全管理设备，审核每个人网人员的信息发布，对关键字进行审核，避免出现信息安全漏洞。

七是建立各类评聘与教师专业发展平台提供的管理数据挂钩制度，提高学校管理的科学性。利用数字校园平台应用效果积分及个人业绩积分汇总成教师个人成长积分，在考核和管理上严格按照积分进行评定，公开、公平、公正的让教师清晰明了地找出差距，从而促进个人发展。

后 记

辛苦撰写的"扬长教育"一书即将出版，是一件令人快乐的事情。回顾一路走来的心路历程，看到学校"扬长教育"成果变成一本相对系统的著述，对自己不仅是莫大的鼓舞与鞭策，更是对未来征程的积淀与憧憬。

自2007年11月至今，我们的"扬长教育"实践走过了一段艰辛的历程，由实践之初的不理解而产生的担心——持怀疑的态度参与实践——理解接纳并付诸行动——广泛认可硕果累累。我的体会是：一是教育思想的转变，变"弃长补短"为"扬长促全"；我们改变过去只注重少数学生进行特长培训的情形，让每个学生有长可扬、有新可创。通过发展特长、培养创新意识，促进师生的持续发展。二是评价方式的转变，变"单一评价"为"多元评价"；学校摒弃唯分数论的做法，而是运用多元评价，全面、客观、具有发展性的评价方式对师生进行评价，帮助师生认识自我，肯定自我，建立信心。三是学习方式的变革，变"要我学"为"我要学"；这种主动的学习态度，才能使师生真正地把学习内容吸收消化变成为自己的东西与经验，进而转化为应对环境，解决问题的能力，才能真正享受学习带来的乐趣。四是家校沟通渠道的改变，变"被动参与"为"主动争取"。学校争取家长的理解与支持，家长争取一切机会参与学校的发展规划和教育教学活动，建立和谐、融洽的家校关系，形成教育合力。以上这些转变不仅改变了我们每一个人的思维方式，而且提升了我们每一个人的生命质量，充分享受"扬长教育"带给我们的幸福体验。

此书的出版得益于各方的支持与帮助，因此，心中充满无限的感激。感谢教育专家的悉心指导，为"扬长教育"实践研究指点迷津；感谢杨东启区长的建议，要我把"扬长教育"实践历程用笔墨记录下来，使我有勇气和信心提笔著述；更要感谢和我一路走来的实验小学的全体同仁们，正是他们的辛勤耕耘与实践探索，为"扬长教育"注入了不竭的原动力；感谢理解、支持帮助我们的家

扬长教育

长，感谢实验小学活泼、开朗、阳光、自信的孩子们，扬长教育的舞台上因为有他们的参与，才得以锦上添花，硕果累累！在此，对关心支持此书出版的所有人表示衷心的感谢！

有明确的目标指引，有一路同行的伙伴，有前期研究的基础，我们会在"扬长教育"实践中，常怀感恩之心，常为敬业之行，常思责任之德，努力实践探索，不断前行。